황제들의 숨겨진 중국사

황제들의 숨겨진 중국사

中国皇帝漫話
作者: 蔣玉幸
Copyright ⓒ 1996 by 黃山書社
All rights reserved.

Korean Translation copyright ⓒ 2016 by E-GA Publishing.
Korean edition is published by arrangement with 黃山書社
through /OPTION/ Literary Agency, Seoul.

황제들의 숨겨진 중국사

장위싱 지음 · 허유영 옮김

이가출판사

"옛날에 천황(天皇)과 지황(地皇), 태황(泰皇, 人皇)이 있었는데, 그 중에 태황이 제일이라. 그리하여 군신들은 왕을 태황이라고 불렀는데…, 왕이 이르기를 '태(泰)'를 버리고 '황(皇)'이라 하고 여기에 '제(帝)'를 붙여 '황제(皇帝)'라 하라."라고 『사기, 진시황본기(史記, 秦始皇本紀)』에 기록되어 있다.

황제(黃帝)와 황제(皇帝)는 모두 제(帝)이다. 그러나 이 둘의 뜻은 전혀 다르다. 황제(黃帝)란 중국 전설 속 상고 시대의 우두머리로서 제왕의 위업을 달성하고 나라를 세워 융성하게 한 사람을 칭했다. 황제(皇帝)는 중국에서 진(秦)나라 이후로 군주를 가리키는 명칭이다. 진시황이 6국을 멸하고 중원을 통일한 뒤 자신의 공이 삼황(三皇)에 버금가고, 덕이 오제(五帝)를 능가한다며 삼황오제에서 '황(皇)'과 '제(帝)'를 따서 자신을 황제(皇帝)라고 부른데서 유래되었다.

중국은 세계적으로 역대 황제가 가장 많았던 국가다. 진시황 때부터 청나라 마지막 황제인 선통제 푸이가 퇴위하기까지 모두 2천여 년 동안 중국을 통치했던 황제라고 불렸던 군왕은 모두 400여 명이다. 여기에 농민봉기를 일으켜 지방에서 세워졌던 정권과 소수 민족이 세운 지방 정권의 황제까지 합하면 그 수는 더욱 많아진다.

400여 명의 황제들 가운데 재위 기간이 가장 길었던 황제는 청나

라 강희제다. 그는 8세에 황제에 즉위해서 69세에 병으로 사망할 때까지 61년간 집정했다. 또한 재위 기간이 가장 짧았던 황제는 금나라 말제 완안승린이다. 그의 재위 기간은 불과 24시간도 채 안 된다.

중국에서도 황제의 보좌는 세습되었기 때문에 역사적으로 수많은 나이 든 황제와 어린 황제가 있었다. 가장 늦은 나이에 보좌에 올랐던 황제는 측천무후다. 그녀는 당 태종 이세민의 후궁으로 입궁하여 아들 중종과 예종을 폐위시키고 67세의 나이로 황제에 즉위하였다. 또한 가장 어린 나이에 즉위한 황제는 후한 상제 유용이다. 그는 백일도 채 안 되었을 때 황제에 즉위해 8개월 후에 요절하였다.

역사적으로 문무에 능하고 역사에 크게 이바지한 성군은 대부분 각 나라의 개국 황제이거나 나라가 건국된 지 얼마 안 되어 즉위한 황제들이다. 6국을 통일한 진시황은 최초로 전제주의 중앙집권형 국가를 세워 사회, 경제, 문화를 발전시키고 다민족 국가로서의 기초를 다졌다. 또한 전한의 유철이 무제(武帝)라고 불리는 이유는 그가 외치에서 거둔 눈부신 업적 때문이다.

형제의 피를 뒤집어쓰며 옥좌에 앉은 당 태종 이세민은 중국 역사상 가장 뛰어난 군주로 평가된다. 그의 치세는 정관의 치라 칭송받았고 후세 제왕의 모범이 되었다. 청나라 강희제 때는 정치가 차츰

관대하고 후덕하게 바뀌면서 재정적으로 안정되었다. 대외적으로는
영토를 크게 확장하였다.

　역사적으로 볼 때 성군보다는 폭군이나 어리석은 군주가 더 많았
다. 만행과 독선을 일삼았던 진 이세황제, 포악하고 음탕했던 수양
제, 주색잡기에만 빠져 있던 남당의 후주 이욱과 남조 진의 진숙보,
간신을 임용해 권세를 빼앗기고 나라를 망하게 한 송나라의 황제,
황궁의 깊은 구석에 처박혀 정사를 전혀 돌보지 않았던 명나라의 황
제 등 헤아릴 수 없이 많은 황제들이 폭정과 우매함으로 나라를 망
쳤다.

　폭군으로 유명한 진시황, 여색에 빠져 안사의 난을 불러일으킨 당
현종, 신하들을 무참히 살해했던 명 홍무제, 문자옥을 통해 사상과
문화의 발전을 완전히 봉쇄한 청 강희제, 건륭제 등 성군으로 칭송
되는 황제들 중에서도 잔혹하고 음탕한 면을 가진 황제들도 있었다.

　중국 고대에 황상에 앉는다는 것은 온 천하가 자신의 손안에 들어
오는 것을 의미했으며 불가능이란 없는 것을 뜻했다. 사실 미천한
중생에게 있어서 황제는 지고지상한 천자이며 우러러볼 수도 없는
신과 같은 존재다. 또한 황제는 깊은 궁궐 속에 숨어 있는 신비에 싸
인 인물이기도 하다. 신비롭고 고귀한 황제들은 도대체 얼마나 귀한

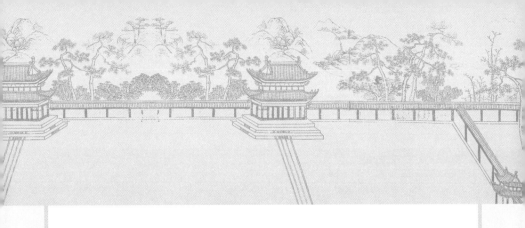

것들로 만들어지고 또 얼마나 고귀한 생활을 했는지 파헤쳐 보았다.

불로장생을 꿈꾸면서도 죽어서 묻힐 침릉을 거대하게 지으며 죽어서도 지키고 싶은 황위, 끝내는 피비린내로 얼룩진 황위, 죽음이 이미 운명이 된 황제의 장자, 황제의 여인에서 개국 황제가 되는 철의 여인, 황위를 찬탈하는 인물, 황제의 출신과 생사에 얽힌 수수께끼 같은 비밀스런 사건 등 절대권력 뒤에 숨겨진 중국 황제들의 본모습을 털어놓았다.

역사는 우리에게 25사의 정사뿐 아니라 수많은 야사를 남겨 주었으며, 그 안에는 천자와 그 가족들의 생활에 관한 기록들도 적지 않다. 이러한 기록과 연구를 토대로 황제와 후궁들이 입고 있는 두꺼운 비단옷을 벗겨 내고 그들의 적나라한 모습을 세상에 알릴 수 있게 되어 기쁘다.

장위싱

| 차례 |

황제黃帝와 황제皇帝

황제가 신의 아들로서
인간 세상에 내려와 나라를 다스리니
군주와 하늘 신은 하나니.

황제(黃帝)와 황제(皇帝)는 모두 제(帝)이다. 그러나 이 둘의 뜻은 전혀
다르다. 황제(黃帝)란 중국 전설 속 상고 시대의 우두머리로서 한 사람
을 가리키는 고유명사라고 할 수 있으며, 황제(皇帝)는 중국에서 진(秦)
나라 이후로 군주를 가리키는 명칭이다.

사마천(司馬遷)은 『사기, 오제본기(史記, 五帝本紀)』에서 "황제(黃帝)는
소전(少典)의 자손으로 성은 공손(公孫) 이름은 헌원(軒轅)이다. 탄생이
신비스럽고 총명했으며, 흙의 덕이 상서로우니 황제(黃帝)라고 하였
다."라고 기록하고 있다. 사마천은 황제(黃帝)가 흙의 기운에 힘입어
크게 발전하였으니 흙의 빛깔인 황색에서 비롯되어 황제라고 했다는
것이다. 전해 내려오는 역사 기록에 따르면, 황제의 조상은 섬서(陝西)

북부에서 살다가 동쪽으로 이주하였다. 북낙수(北洛水)를 따라 남하해 현재의 섬서 대여, 조읍을 거쳐 동쪽으로 황하를 건너고, 중조산(中條山)과 태행산(太行山)을 따라 동북으로 가다가 하북성 탁록현 부근에 정착했다고 한다. 전설에서는 황제의 성이 희(姬)씨, 호는 헌원씨(軒轅氏), 유웅씨(有熊氏)라고 하여 황제의 후예들은 주로 희씨 씨족부락을 이루며 살았다. 사마천이 말한 '흙의 기운이 상서로우니 황제라고 하였다.'는 것은 중국의 전설과 관련되었을 것으로 보인다. 중국인들은 예로부터 세상 만물이 목(木), 화(火), 토(土), 금(金), 수(水) 다섯 가지로 이루어졌으며 이를 오행(五行)이라고 했다. 이 오행은 청색, 적색, 황색, 백색, 흑색의 오색(五色)과 동쪽, 남쪽, 중앙, 서쪽, 북쪽, 다섯 방위를 의미했다. 황제가 태어나서 자라고 또 발전한 곳이 황토의 고원이고 중국의 중부였으니, 오행의 '토(土)' 그리고 오색의 '황색', 다섯 방위 중 '중앙'은 모두 일맥상통하는 것이었다.

제(帝)란 나라의 제왕을 뜻하는데, 제왕의 위업을 달성하고 나라를 세워 융성하게 하였으니 바로 황제(黃帝)라고 한 것이다. 후세 사람들이 황색을 존귀함의 상징으로 여기게 된 것은 황제(黃帝)라는 명칭의 본래 뜻과는 다르며, 실제로 진나라 이전에는 흑색을 가장 귀하게 여겼다.

황제에 대한 기록과 전설은 현재까지 비교적 많이 남아 있는데, 당시 황제족(黃帝族)의 힘이 가장 강했다. 중국 상고 시대에 3개의 큰 부락이 있었는데 황제 외에도 염제(炎帝)와 치우(蚩尤)가 있었다. 전설에 의하면 염제의 성은 강(姜)씨, 호는 신농(神農)으로 섬서성의 강수 부근에서 태어났다. 치우는 구려족(九黎族)의 우두머리로서 중국 남부의 만

신농
신농씨는 신화시대의 황제다. 약의 신으로서 중국의 한약
방에는 신농씨의 초상이 많이 걸려 있다.

족(蠻族) 부락에 모여 살았다. 후세 사람들은 이 치우를 중국 남방에
거주하는 묘족의 시조로 보고 있다.

전설에 의하면 이 세 부락 사이에 두 번의 큰 전투가 있었다. 첫 번
째 전투는 염제와 황제가 치우와 벌인 '탁록 전투(涿鹿戰鬪)'다. 이 전
투에서 염제는 치우에게 패한 뒤 탁록으로 도망가 황제와 연합하여
이곳에서 다시 치우와 전투를 벌였고, 그 결과 치우가 전사하고 구려
족이 모두 와해되었다. 이 전투에서 패한 구려족들은 뿔뿔이 흩어져
일부는 염제족과 황제족으로 들어가고, 일부는 남하하여 운남 일대
에 정착해 살았는데 이들이 바로 현재 묘족의 선조다.

두 번째 전투는 바로 염제와 황제 사이에 있었던 '판천 전투(坂泉戰
鬪)'다. 이 전투는 지금도 관광지로 유명한 팔달령 아래 연경현 장산

영진의 상판천촌과 하판천촌 일대에서 벌어졌으며, 염제의 패배로 막을 내렸다. 이 두 번의 전쟁으로 황제는 중원을 제패하고 명실공히 제왕으로 군림하게 되었고 다른 부락들은 모두 황제족에게 굴복했다. 이러한 이유로 중국인들은 지금도 자신들을 황제의 자손 혹은 염제의 자손이라고 칭하는 것이다.

한편 황제와 염제의 판천 전투는 탁록 전투에 대한 전설이 갈라져 나간 결과로 본다. 양옥승은 『사기질의(史記質疑)』에서 "헌원이 군대를 동원한 판천 전투는 탁록 전투를 가리킨 것이지 각각의 사건이 아니다. 그래서 『일주서, 사기해(逸周書, 史記解)』에서 치우를 판천씨라 했고, 그것은 정확한 지적이다."라고 말하고 있다. 『수경, 유수주(水經, 㶟水注)』에 "탁수는 탁록산에서 흘러나오며… 동북에서 판천으로 합쳐진다.…"라고 기록되어 있고, 『위토지기(魏土地記)』에는 "하락성 동남 60리에 탁록성이 있고, 성 동쪽 1리 지점에 판천이 있으며, 판천 위에 황제 사당이 있다."는 기록이 보인다. 이로 볼 때 판천과 탁록이 사실은 한 곳이며 치우는 곧 판천씨로, 판천 전투가 곧 탁록 전투임을 뜻한다.

황제(皇帝)라는 명칭이 쓰이기 시작한 것은 진시황(秦始皇) 때부터다. 기원전 221년에 진시황이 6국을 멸하고 중원을 통일한 뒤 자신의 공이 삼황(三皇)에 버금가고, 덕이 오제(五帝)를 능가한다며 삼황오제에서 '황(皇)'과 '제(帝)'를 따서 자신을 황제(皇帝)라고 부른데서 유래되었다. 『사기, 진시황본기(史記, 秦始皇本紀)』에는 "옛날에 천황(天皇)과 지황(地皇), 태황(泰皇 또는 人皇)이 있었는데, 그 중에 태황이 제일이라. 그리하여 군신들은 왕을 태황이라고 불렀는데…, 왕이 이르기를, '태(泰)'를 버리고 '황(皇)'이라 하고 여기에 '제(帝)'를 붙여 '황제(皇帝)'라 하라."라고 기록되어 있다. 청나라 양장거(梁章鉅)가 지은 『칭위록(稱謂錄)』에는 "덕이 하늘과 합하면 황(皇)이라 하고, 땅과 합하면 지(地)라 하며, 사람과 합하면 곧 왕(王)이라 한다. 아비는 하늘이요 어미는 땅이며, 사람을 기르고 사물을 다스리는 것은 곧 황제(皇帝)라 한다."라고 기록되어 있다. 이때부터 황제(皇帝)라는 말이 중국의 역대 군주를 가리키는 명칭이 되었다.

고대의 군주들은 황제라는 명칭 외에도 호칭이 매우 많았다. '고(孤)', '과인(寡人)', '짐(朕)', '폐하(陛下)', '상(上)', '만세(萬歲)', '천자(天子)', '구오지존(九五之尊)' 등이 모두 군주를 일컫는 말이었다. 이 가운데 '고', '과인', '짐'은 황제가 자신을 스스로 지칭하는 말로써 역사서나 문학 작품 등에서 자주 등장하는 호칭이다. 사실 이 3가지 명칭은 모두 군주를 뜻하는 말은 아니었다. '고'와 '과인'은 진나라 이전에 있던 작은 나라의 군주와 제후가 자신을 지칭하는 말이었다. 『예기, 곡례하(禮記, 曲禮下)』에는 "소국의 제후들이 자칭 '고'나 '제후'라고 하고… 민간에서는 '과인'이라고 한다."라는 기록이 있다.

진시황이 전국을 통일한 후에도 역대 황제들이 이 호칭을 그대로 사용하니 자연히 다른 사람들은 함부로 사용할 수 없게 되었다. '짐'이라는 호칭도 상고 시대에는 귀족이나 천민 가릴 것 없이 모두 사용하는 말이었다. 『이아, 석고(爾雅, 釋古)』에는 "朕, 身也(짐은 바로 몸이다)"라고 기록되어 있는데, 곽박(郭璞)은 여기에 '상고 시대에는 귀천에 관계없이 모두 자신을 칭할 때 짐이라고 했다.'라고 주석을 달아 놓았다. 그러나 진시황이 6국을 통일한 후에 군신이 모여 왕의 존

진시황제

호에 대해 의논하였다. 이사(李斯) 등이 천자를 짐이라고 하는 것이 좋겠다고 간언하면서 귀천을 가리지 않고 모두 쓸 수 있었던 '짐'이라는 호칭을 진시황 혼자서만 사용하게 된 것이다. 그 후 진시황은 도사 노생(盧生)이 "진인(眞人)은 물에 들어가도 젖지 않고 불 속에 들어가도 타지 않는다."고 말하자 그 말에 속아 자신을 짐이라 칭하지 않고 진인이라 칭하겠다고 선포했다.

이처럼 '고', '과인', '짐'은 처음부터 황제만 칭하는 호칭이 아니었다. 본래 황제만이 자칭하던 호칭은 '여일인(子—人)'이다. 『예기, 옥조(禮記, 玉藻)』에 "천자는 여일인이라고 자칭한다."라고 기록되어 있는데, 공영달(孔穎達)은 "여(子)란 나(我)를 뜻한다. 자칭 여일인이라고 하는 말은 내가 사람들 중의 하나며 다른 사람들과 다르지 않다고 자신을 겸허하게 칭하는 말이다."라고 했다. '여일인'이 황제가 자칭하는 정식 호칭이지만 실제로 자주 사용하지는 않았고 역사서에도 기록이 많이 남아 있지 않다.

이 밖에 '폐하(陛下)', '상(上)', '만세(萬歲)', '천자(天子)', '구오지존(九五之尊)'은 모두 다른 사람이 황제를 칭하는 존칭이다. '폐하'는 진나라 때 유래되었으며 후한의 채옹(蔡邕)은 『독단(獨斷)』에서 "폐란 계(階), 즉 계단과 서열을 뜻한다. 신하는 천자를 질책할 수 없으며, 항상 계단 아래에서 고해야 하니 천자를 존경하는 뜻이다."라고 했다. 또 '상'은 방향을 나타내는 말로서 황제의 위치가 높디높아 상이라는 글자 하나로 황제를 칭한 것이다. 때로는 '상' 앞에 '성(聖)'이나 '황(皇)'을 덧붙여 '성상(聖上)' 혹은 '황상(皇上)'이라고 했다.

'만세'라는 호칭은 사실 축원하는 말인데, 한 무제(漢武帝) 이후 황제를 칭하는 대명사가 되어 황제에게만 사용할 수 있었다. 명나라 환관 위충현(魏忠賢)이 실세를 장악하고 온 천하를 쥐락펴락하고 있을 때에도 그도 감히 만세라는 호칭을 사용하지 못했다. 자신을 구천세(九千歲)라고 칭해 황제보다는 천세(千歲)가 모자람을 나타냈다.

'천자'의 뜻은 천수군권(天授君權), 즉 하늘에서 군주의 권력을 내린다는 개념에서 유래된 것이다. 황제가 천상옥황대제의 아들로서 인간 세상에 내려와 나라를 다스리고 백성을 통치한다는 뜻이다. 이것은 군주와 하늘 신을 하나라고 생각하는 전통적인 개념을 내포하고 있다.

자주 사용하던 몇 가지 호칭 외에 고대에 자주 사용하지 않던 것들도 있다. '구오지존'도 그 중 하나다. 구오지존은 『주역, 건괘(周易, 乾卦)』의 "九五, 龍飛在天, 利見大人"이라는 구절에서 유래되었다. 공영달은 이 구절의 뜻을 설명하면서, "구오이면 양기가 하늘까지 닿으니 용이 하늘에서 날고 있다고 한 것이고, 황제가 용으로서 덕을 가지고 하늘을 날며 천하의 모든 사물을 내려다보고 있다."라고 했다. 그렇다면 옛날 사람들은 왜 구오(九五)이면 양기가 하늘까지 닿는다고 했던 것일까. 팔오(八五)나 구륙(九六)이 아니라 왜 반드시 구오인가. 이것은 중국 고대인들이 숫자 9와 5를 특히 좋아했던 것과 연관이 있다.

9는 한 자릿수 가운데 가장 큰수이기 때문에 고대인들은 9나 9의 배수를 가지고 어떤 규정을 제정하고 또 9를 가지고 여러 사물을 가리키는 습관이 있었다. 명나라 영락제(永樂帝)가 즉위한 지 4년이 지난 1406년부터 북경성(자금성) 건설의 대역사가 시작되면서 동쪽에 제화문(齊化門)과 동직문(東直門), 남쪽에 여정문(麗正門)과 문명문(文明門), 순성문(順城門), 서쪽에 서직문(西直門)과 평칙문(平則門), 북쪽에 안정문(安定門)과 덕승문(德勝門) 이렇게 9개의 문을 지었다. 그리고 천안문의 성루는 정면 폭은 9칸, 안 길이는 5칸으로 이루어져 있다. 자금성(紫禁城)과 황제의 정원, 행궁의 대문 장식 등에는 모두 구로정(九路釘)이라 하여 모든 문에 9개의 정이 박혀 있다. 이뿐만이 아니다. 청나라 때 궁궐에서 연회를 열 때에는 각종 과일과 먹을거리들이 99가지가 차려졌다. 옛날 사람들은 하늘이 높은 것을 구천(九天), 물건의 아름다움은 구화(九華)로 표현했다. 또한 궁궐의 대신들은 구경(九卿)으로 이루어져 있었으며, 음력의 절기 가운데 9월에 중구절(重九節)이 있다.

천안문
중국 북경에 있는 청나라 황성의 남면 정문. 명나라 때인 1417년(영락 15년)에 착공되어 1420년
(영락 18년)에 완공되었다.

　중국인들은 가운데를 좋아하기 때문에 숫자 5도 좋아했다. 황궁에
는 오문(午門)과 태화문(太和門), 건청문(乾淸門), 순정문(順貞門), 신무문
(神武門) 이렇게 모두 5개의 문이 주축을 이루고 있다. 인간관계도 군
신(君臣), 부자(父子), 부부(夫婦), 형제(兄弟), 붕우(朋友), 즉 오륜(五倫)으로
정리했다. 삼라만상이 목, 화, 토, 금, 수의 오행으로 이루어진다고
여겼고, 모든 맛은 시고 달고 쓰고 맵고 짠 5가지 맛, 즉 오미(五味)로
표현했다. 이 밖에도 오곡(五穀), 오악(五岳), 오향(五香) 등 5가지로 표
현한 것이 한두 가지가 아니다.

　바로 이런 이유 때문에 고대인들은 특히 9와 5를 좋아했고, 역학의
괘(卦)에서도 9와 5로 이루어진 괘를 가장 길한 것으로 여겼다. 초구

(初九), 구이(九二), 구삼(九三), 구사(九四), 구오(九五), 상구(上九), 용구(用九)
의 7개 괘는 건괘(乾卦)가 9와 결합된 괘다. 특히 '용이 하늘을 날고
있는 형상(龍飛在天)'이라 하여 가장 길한 괘로 여기며 부귀를 상징한
다고 했다. 황제는 천하의 통치자이며 세상 만물이 모두 황제의 소유
이니 황제를 '구오지존'이라고 칭한 것이다.

'구오지존'이 황제를 뜻하는 호칭이기는 하지만 일반적으로 신하
들이 황제를 직접 대면해서는 이 호칭을 사용하지 않았고 '폐하'나
'성상' 등을 사용했다. 물론 황제를 뜻하는 명칭이나 호칭에는 이 밖
에도 여러 가지가 있다. 황제를 호칭하는 연호(年號)와 존호(尊號) 외
에도 황제가 죽은 후에는 묘호(廟號)나 시호(諡號)를 따서 호칭하기도
했다.

피비린내로 얼룩진 황상

피를 나눈 혈족과의 황위 쟁탈전에서
승리한 자만이 황제의 자리에 올랐으니.

중국 고대에 가장 큰 유산이라면 금은보화도 아니요, 돈도 아니요, 바로 황위였다. 황상에 앉는다는 것은 온 천하가 자신의 손안에 들어오는 것을 의미했다. 황위는 온 세상 사람들의 생사여탈권을 거머쥐는 것이었으며 불가능이란 없는 것을 뜻했다. 이렇게 지고지상한 권력은 금은보화에 비할 바가 아니었다. 그러므로 수천 년 동안 황제의 자리는 거부할 수 없는 매력을 가지고 위로는 수많은 대신들과 황족, 아래로는 평민과 천민에 이르기까지 모든 야심가들을 강렬하게 유혹했다. 특히 황위를 바로 지척에 두고 있는 황족들에게 있어 이 황위는 항상 동경과 흠모의 대상이었으며, 황상에 앉기 위해서라면 피비린내 나는 싸움도 마다하지 않았다. 이러한 이유로 부

진 이세황제 호해
진나라의 제 2대 황제로서
환관 조고의 전횡을 방임하여
멸망으로 이끌었다.

자간에 혹은 부부간에, 또 때로는 형제간에 황위를 둘러싼 치열한
싸움이 끊이지 않았다.

황위 쟁탈전은 진나라가 세워진 바로 그날부터 시작되었다. 진시
황이 제5차 순행 때 중병에 걸려 객사하자, 환관 조고(趙高)는 21년 동
안 계속될 골육상잔의 서막을 열었다. 조고는 승상(丞相) 이사(李斯)와
흉계를 꾸며 진시황의 18남 호해(胡亥)를 도와 진시황의 죽음을 비밀
로 한 채 황제의 후덕한 장자 부소(扶蘇)에게 자결하라는 거짓 유서를
작성하였다. 변경을 지키고 있던 부소는 유서를 받아들고 스스로 목
숨을 끊었다. 호해는 맏형을 죽음으로 몰고 간 후 그 시체를 딛고 황상
에 앉았다. 그 과정에서 20여 명의 형제들과 몽염(蒙恬) 등의 공신을
죽음으로 몰아넣었다. 그 후로 황위 쟁탈전은 더욱 잔인해져 황제의
핏줄은 곧 권력의 수혜자이자 피해자가 되었다. 그들은 선대 황제가

건재할 때에는 세상의 모든 부귀와 영화를 한껏 누릴 수 있었다. 그러나 선대 황제가 세상을 떠나고 나면 오직 한 명만이 황위를 차지하여 천하를 장악했으며 나머지는 목숨이 붙어 있기만 해도 다행이었다.

남북조 시대의 송(宋) 대 60년은 황위를 둘러싼 골육상잔이 내내 계속되었다고 해도 과언이 아니다. 개국 황제인 무제(武帝) 유유(劉裕)에서 마지막 황제인 순제(順帝) 유준(劉準)에 이르기까지 모두 8명의 황제가 있었다. 이 가운데 4명이 20세가 되기 전에 피살당해 후사가 없었고 나머지 4명의 황제는 후사는 있었지만 편히 살다가 생을 마감한 사람은 거의 없었다. 무제에게는 9명의 아들이 있었지만 피살되지 않고 목숨을 보존할 수 있었던 아들은 단 한 명뿐이었다. 문제(文帝)는 19명, 효무제(孝武帝)는 28명, 명제(明帝)는 12명의 아들이 있었는데, 황위를 물려받은 아들만이 잠시 목숨을 보전할 수 있었고 나머지는 모두 희생자가 되었다.

수양제 양광(楊廣)은 위선적인 술수를 써서 어머니 문헌황후(文獻皇后, 獨孤伽羅)와 아버지 수 문제(隋文帝) 양견(楊堅)의 신임을 얻었다. 또한 교활한 방법으로 수 문제로 하여금 이미 태자로 책봉된 장자 양용(楊勇)을 폐서인시키고 자신이 태자로 책봉되도록 만들었다. 서기 604년, 수 문제가 병으로 세상을 떠나기 직전 입궁하였을 때에도 양광은 아버지가 병에서 회복되도록 노력하지 않고 황위를 물려받을 생각만 하고 있었다.

한편 문헌황후가 죽고 나서(602년) 수 문제는 성격이 이상해지면서 점술과 미신에 깊이 빠져지냈다. 본래 의심이 많았던 수 문제는 극단적인 성품으로 변하여 조금만 마음에 들지 않아도 원로대신을 간신으로 몰아 죽였고, 궁궐 뜰에 형틀을 만들고 매일 사람을 직접 매질하고 목을 베기도 했다. 그리고 후궁을 한꺼번에 여럿 들여서는 향락을 일삼았다.

수 문제의 후궁 중에 특별히 총애하던 진나라 황실 출신의 선화부인(宣華夫人) 진씨가 있었다. 어느 날 양광은 진씨가 옷을 갈아입는 틈을 타서 그녀를 희롱하였다. 진씨는 양광에게 욕을 보았다며 통곡하였다. 그때 마침 수 문제는 양광이 반역을 꿈꾸고 있다는 내용의 비밀 서찰을 읽은 참이었다. 수 문제는 양광이 한 짓을 알고 크게 분노해 양용을 궁으로 불러들였다. 양광은 이 사실을 알고 수 문제의 측근 신하를 납치하고 병사들을 시켜 인수궁(仁壽宮)을 포위한 뒤 수 문제를 때려죽였다. 야사에 의하면, 당시 피가 병풍을 붉게 물들였고 원통한 비명 소리가 담장 밖에까지 들렸다고 전한다. 놀라서 밖으로 도망간 궁인들은 수 문제의 비명 소리를 듣고 모두 얼굴이 하얗게 질리고 온몸이 돌처럼 굳었다고 한다. 양광은 그 후 유서를 날조해 양용과 그의 형제 10명을 모두 죽였다. 아버지를 죽이고 보좌에 오른 양광은 즉위 후에도 폭군으로서 이름을 날렸고 그로부터 불과 15년 만에 세상을 떠났다.

당 태종 이세민(李世民)은 중국 역사상 보기 드문 위대한 성군 중 한 명이다. 그가 실시한 정관의 치(貞觀之治)는 후대 역사가들에게 칭송되고 있다. 그러나 이세민이 황위에 오른 것도 현무문을 피로 물들인 결과였다.

서기 618년, 당 고조 이연(李淵)이 황제에 즉위한 후 장자 이건성(李

당 태종 이세민   중국 역대 황제 중 최고의 성군으로 불린다.

建成)은 황태자로 봉해졌고, 2남 이세민과 4남 이원길(李元吉)은 각각 진왕(秦王)과 제왕(齊王)에 봉해졌다. 그러나 이세민은 전국 통일 전투에서 큰 공을 세웠다는 이유로 형제 가운데 가장 큰 권력을 갖게 되었다. 그는 장안에 입성한 후에는 어진 문인들을 책사로 받아들여 명망을 높이며 형 이건성에게 보이지 않는 압력을 가했다. 이렇게 되자 이건성은 동생 이원길과 연합해 이세민에게 공동으로 대응하고 그를 모살할 계획을 세웠다. 어느 날, 이연이 이세민과 함께 제왕부(齊王府)로 갔을 때 그를 죽이려 했지만 실패하고 말았다. 얼마 후 또다시 이세민을 동궁으로 불러들여 억지로 술을 권해 만취하게 한 뒤 일을 도모하였지만, 이신통(李神通)이 그를 부축해 궁으로 돌아가는 바람에 계획이 실패하였다. 이연은 이세민에게 형제들을 피해 지방으로 내려갈 것을 제의하였다. 이건성과 이원길은 이세민이 먼 곳으로 가면 견제하기 힘들 것으로 생각되어 부황으로 하여금 생각을 바꾸도록 만들었다.

626년(무덕 9년) 6월에 돌궐이 침입하자, 이원길은 대군을 이끌고 전쟁터로 가면서 이세민의 수하에 있는 대장 몇 명에게 동행을 요구했다. 이 기회에 이세민의 세력을 와해시켜 그를 모살하려는 속셈이었다. 이세민은 급히 장손무기(長孫無忌)와 을지경덕 등을 불러 대책을 논의했다. 일이 이렇게 되었으니 먼저 두 형제를 죽여야 한다고 의견을 모았다. 그리하여 7월 1일, 이건성과 이원길이 부황의 후궁들과 은밀한 관계라는 내용의 밀고를 하였다. 이에 노한 이연이 두 사람을 궁궐로 불러들이는 것을 기회로 삼아 현무문에서 두 사람을 습격해 죽였다. 이건성의 동궁과 이원길의 제왕부 부하들은 자신의 주인이 피살당했다는 말을 듣고 곧 현무문으로 달려갔다. 이연은 이미 대세가 판가름 났다고 판단하고 모든 군대에게 이세민에게 복종할 것을 명령했다. 이렇게 현무문의 변이 평정되었고 3일 후 이연은 이세민을 황태자로 봉했다. 그로부터 2개월 후 이세민은 이연을 태상황의 자리에 올리고 황상에 앉았다.

1398년(명 홍무 31년) 윤5월, 명나라의 개국 황제인 홍무제(洪武帝) 주원장(朱元璋)이 병으로 붕어하자 그의 장손인 주윤문(朱允炆)이 황위를 물려받았다. 주원장은 모두 26명의 아들과 16명의 딸이 있었다. 1393년(홍무 26년) 4월 주원장이 66세가 되던 해에 황태자였던 주표(朱標)가 병사하자 몹시 슬퍼하며 5개월 뒤에 장손인 주윤문을 황태손으로 봉했다. 그리고 나머지 아들들을 모두 지방에 분봉(分封)하여 권력의 안정을 도모하였다. 주원장이 가장 걱정하던 황제의 위협세력은 그를 도왔던 개국공신이 아니라 26명이나 되는 그의 아들들이었기 때문이다. 주원장은 말년에 고독하게 살다가 1398년 71세로 병사하였다. 그가 죽은 후 아들들 사이에 피비린내 나는 권력 투쟁이 일어났다.

주윤문은 22세에 황제로 등극한 후, 숙부들이 막강한 군대를 이끌고 반란을 일으키지 않을까 우려해 각지의 숙부들을 하나씩 제거하기 시작했다. 윤5월에 황제의 자리에 올라 6월부터 숙부들을 숙청하기 시작해서 상왕(湘王) 주백(朱柏), 제왕(齊王) 주전(朱榑), 대왕(代王) 주계(朱桂) 등 숙부들을 폐위시키거나 감금했다. 그러나 연왕(燕王) 주체(朱棣)를 숙청하려던 중에 '정난의 변(靖難之變)'으로 인해 스스로 몰락의 길에 빠지고 말았다.

주체는 주원장의 4남으로 1370년(홍무 3년)에 연왕에 봉해져 북평(北平)을 담당했다. 여러 차례의 전투에서 혁혁한 공을 세우고 주원장으로부터 큰 신임을 얻게 되었다. 장자 주표가 죽은 후 주체는 자신이 황태자가 될 것이라고 믿어 의심치 않았다. 하지만 뜻밖에도 조카인 주윤문이 황태손이 되자 속으로 커다란 불만을 품고 주원장의 환심을 사기 위해 더욱 노력하며 주윤문을 폐위시킬 기회만 엿보았다. 하지만 조카 주윤문이 황위에 오르고 그의 형제들을 하나둘씩 숙청하기 시작하자 주체는 위기감을 느끼고 군사를 강화하였다.

1399년(건문 원년) 6월, 주체의 부하가 주윤문에게 주체가 모반을 꾀하고 있다고 밀고하였다. 주윤문은 주체의 부하들을 체포하고 북평에 주둔하고 있는 군대에게 연왕부(燕王府)를 포위하도록 명령하였다. 하지만 비밀이 누설되면서 그 사이에 주체가 군대를 이끌고 '정난(靖難)'을 자칭하며 군대를 남하시켰다. 내부의 재난을 평정하기 위한 명분으로 군사를 일으킨 이 사건을 역사에서는 '정난의 변'으로 기록하고 있다.

3년의 긴 싸움 끝에 서기 1402년(건문 4년) 6월, 주윤문은 도망갈 곳을 잃고 스스로 자결했다. 주체는 남경에 입성한 후 내부의 신하와 측근들까지 모두 무참하게 사살했다. 이렇게 해서 주체에 의해 죽은 사람이 모두 1만4천여 명에 달했다. 피가 강이 되어 흐르고 있는 와중에 주체는 승리자의 자태로 황제의 보좌에 올랐으니 그가 바로 영락제다. 그는 즉위하자마자 영락으로 개원하고 북평에서 북경으로 옮겨 정사를 돌보다가 4년 뒤에 북경으로 천도했다.

1328년(원 천력 원년) 7월, 원 진종(眞宗) 예순테무르(也孫鐵木兒)가 병사하자, 전통 관습에 따라 그 아우가 그의 자리를 계승해야 했다. 그러나 공교롭게도 예순테무르는 형제가 없어 그의 장자가 황위를 계승할 수밖에 없었다. 당시 장자가 멀리 떨어져 있어 돌아오는 데 시간이 걸리자 그사이 병권을 장악한 대신 엘 테무르(燕鐵木兒)가 하루도 군주가 없어서는 안 된다는 이유로 대도(大都, 현재의 북경)에 있던 2남 투크티무르(圖帖木爾)를 황제로 옹립했다. 그가 바로 문종(文宗)이다. 문종은 즉위했을 당시 장자가 도착하면 곧 황위를 넘기겠다고 약속하였고, 7개월 후에 도착한 장자에게 황제의 자리를 넘겨주었으니, 그가 바로 명종(明宗)이다. 2개월 후, 문종은 엘 테무르에게 명종에게 옥새를 가져다주고 신하로서의 복종을 표하라고 했다. 명종도 관례에 따라 문종을 황태자로 봉했다. 그런데 문종의 이러한 행동은 그저 명종을 안심시키기 위한 것이었다. 문종은 몰래 교활한 계략을 세우고 있었다. 1329년(천력 2년) 8월, 명종은 아우인 황태자 투크티무르를 위해 연회를 마련했다. 그러나 투크티무르는 엘 테무르를 시켜 몰래 명종의 술잔에 독약을 탔다. 아우의 축원을 받으며 아무런 경계도 하지 않고 있던 형 명종은 그 자리에서 피를 토하고 쓰러졌다. 투크티무르는 형을 밟고 일어서 다시 황위에 올랐다.

 황위 쟁탈전은 부자나 형제간에만 있었던 것은 아니다. 가족들 사이에서도 수없이 나타났다. 그 중에서도 진(晉)의 팔왕의 난(八王之亂)은 매우 전형적인 황위 쟁탈전이다. 팔왕(八王)이란 사마의(司馬懿)의 4남 여남왕(汝南王) 사마량(司馬亮)과 9남 조왕(趙王) 사마륜(司馬倫), 사마염(司馬炎)의 5남 초왕(楚王) 사마위(司馬瑋), 6남 장사왕(長沙王) 사마애(司馬乂), 16남 성도왕(成都王) 사마영(司馬穎), 사마의의 아우 사마부(司馬孚)의 손자 하간왕(河間王) 사마옹(司馬顒), 사마의의 아우 사마규(司馬馗)의 손자 동해왕(東海王) 사마월(司馬越), 사마염의 아우 사마유(司馬攸)의 아들 제왕(齊王) 사마경(司馬冏) 등 8명을 말한다.

진 무제 사마염은 위나라를 멸하고 진나라를 세운 후, 위나라가 종실을 너무 억압하여 왕실을 고립시킨 실패를 거울삼아 황족 27명을 요지의 왕으로 봉하고 병력을 맡겼다. 290년(서진 태희 원년) 4월, 진 무제가 병사하고 어리석은 사마충(司馬衷)이 황위를 물려받고 혜제(惠帝)가 되었다. 황제가 백치에 가까울 정도로 우둔하니 황후 가남풍(賈南風)은 전권을 장악하기 위해 혜제를 부추겨 초왕 사마위에게 여남왕 사마량을 죽이도록 시키고 그 죄를 다시 사마위에게 뒤집어 씌워 처형했다. 그 후 가남풍은 전권을 장악할 수 있었다.

299년(원강 9년), 가남풍은 태자 사마휼(司馬遹)을 폐위시켜 군신들의 불만을 샀다. 이듬해 조왕 사마륜의 부추김으로 가태후는 또다시 태자를 죽일 계획을 세웠는데, 뜻밖에도 사마륜이 세운 계책에 걸려들어 병사들에게 잡혀 사살되었다. 사마륜은 전권을 장악하고 스스로 재상이라 칭하면서 이듬해인 301년(영녕 원년), 혜제를 폐위시키고 황상에 앉았다. 그렇게 되자 사마경과 사마영 등이 연합해 반란을 일으켜 2개월 후 사마륜이 자살하고 다시 혜제가 복위되었다. 그 후 사마경이 정권을 장악하게 되지만 그 역시 사마옹과 사마애, 사마월도 군사를 일으켜 정권을 다투었기 때문에 낙양(洛陽)은 전란으로 폐허가 되고 말았다. 사마애는 그 후 사마옹과 사마영의 연합으로 정권을 빼앗기고 도망하다 낙양성에서 사마월에게 포로로 잡혀 사마옹에게 넘

낙양성
낙양은 중국 허난성 서부에 있는 도시. 서진(265년~316년)은 52년간 낙양을 도읍으로 삼았다.
낙양에 있는 낙양성은 현재 국가유적공원이다.

겨졌다. 사마옹의 대장인 장방(張方)은 잔인하게 사마애를 산 채로 불
태워 죽였다. 다시 사마영이 정권을 잡고 황태제로 봉해졌지만, 2년
후에 사마월의 거병으로 장안으로 도망쳤다. 이듬해인 306년(영흥 3
년)에 또다시 장안을 공격당하고 사마영은 포로로 잡혀 교살 당했다.
사마옹은 재상의 거짓 어지(御旨)에 속아 낙양으로 가던 중 남양왕 사
마모(司馬模)에게 피살되었다. 뒤이어 사마월은 혜제를 독살하고, 혜
제의 아우인 사마치(司馬熾)를 회제(懷帝)로 옹립하고 대권을 장악하게
되었다.

　이로써 피비린내 나던 16년간의 팔왕의 난은 막을 내리게 된다. 52
년에 불과했던 서진의 역사 가운데 이 팔왕의 난이 차지한 기간은 3
분의 1이나 되며, 조정의 혼란 속에 나라가 피폐해지고 백성들이 도

탄에 빠졌던 것은 더 말할 필요도 없다. 사마충이 낙양으로 환도할 때 성대한 행렬 가운데 수레는 황제가 탄 것 하나뿐이었고 나머지 신하들은 모두 걸어서 그 뒤를 따랐다. 이것이 바로 치열했던 환란의 결과였다. 팔왕의 난이 끝나고 진나라는 다시 멸망의 길로 들어섰고 또다시 끝을 알 수 없는 혼란이 시작되었다.

황제의 자리는 수많은 야심가들이 오매불망하는 보좌였지만 이 보좌에는 피비린내가 진동했다. 역대 왕조의 황위 쟁탈전은 황족뿐 아니라 무고한 장수와 병사들의 목숨마저 앗아갔고 수많은 백성들은 고통에 시달렸다. 황제의 보좌는 바로 수천수만의 무고한 희생 위에 놓인 자리였던 것이다.

황제의 여인, 후궁

황제는 수천의 후궁을 거느리고 희롱했지만
궁녀들의 애달픈 운명을 보아 주는 사람은 없었느니.

　역대 황제들은 대부분 자신의 지고지상한 권력을 이용해 천하의
모든 땅을 다스리고 모든 신하를 통솔했으며 또 천하의 모든 미인들
을 궁으로 불러 모아 일신의 사욕을 채웠다. 예로부터 전해지는 '3궁
(宮) 6원(院) 72비(妃)'는 그저 헛된 숫자에 불과할 정도였다. 이미 진
시황 이전의 군주부터 수없이 많은 처첩을 거느렸다.
　『예기(禮記)』에는 "옛날에는 천자가 궁이 여섯, 부인이 셋, 빈(嬪)이
아홉, 세부(世婦)가 스물일곱에 어처(御妻)가 여든하나였다."라고 기록
하고 있다. 이것은 주(周)나라 군왕의 후궁이 모두 126명이었던 것을
두고 한 말이다. 진시황은 6국을 통일하고 천하를 제패한 후에 6국
의 후비와 궁녀, 왕녀들을 모두 데려와 거대한 아방궁(阿房宮)에 몰아

넣고 희롱했다고 한다. 그 당시 진시황의 후궁이 1만 명을 넘었다고 하니 그의 음탕함과 전횡을 가히 짐작하고도 남음이 있다.

전한 시대에 처음으로 미인선발제도가 생겨났고, 후한에서는 법도까지 정해 제도를 강화했다. 매년 8월 조정에서 환관을 파견해 호구조사를 명목으로 전국 각지에서 미인을 선발해 오도록 했는데, 이렇게 뽑혀 입궐하게 된 여인들은 모두 황제의 후궁이 되었다. 당시의 미인선발 조건을 보면, "집집마다 13세 이상 20세 이하의 젊은 여인들 가운데 자색이 고운 자는 선발되어 후궁이 된다."라는 기록이 남아 있다. 이때부터 후비 제도가 정착되었는데, 황제의 정실은 황후(皇后)라 하고 정실 이외에 부인(夫人), 미인(美人), 양인(良人), 팔자(八子), 칠자(七子), 장사(長使), 소사(少使)가 있었다. 그리고 그 뒤 전한의 무제 때 또다시 첩여(婕妤), 첩아(婕娥), 용화(傛華), 충의(充依)가 더해졌고, 한의 원제(元帝) 때에 소의(昭儀)가 더해져 후비의 등급이 모두 14개나 되었고 후비의 수도 수천 명에 이르렀다.

한 무제(漢武帝)유철(劉徹)은 웅대한 기개와 재주를 지닌 황제로 평가되고 있지만 사실 그도 음탕하고 여색을 밝혔다. 그는 "삼일 동안 굶을 수는 있지만 하루도 여자 없이는 살 수 없다."라고 직접 말하기까지 했다. 그는 명광궁(明光宮)을 지은 후 15세에서 20세까지의 여인들을 그곳에 두고 자신의 노리개로 삼았으며, 30세가 넘어야 궁을 나가 결혼할 수 있도록 했다. 또한 몸매가 수려하고 미모가 출중한 소녀 200명을 선발해 자신이 가는 곳에는 반드시 따라다니도록 했다. 특히 미색이 뛰어난 소녀 16명은 자신과 같은 마차에 타도록 했다. 이렇게 해서 한 무제의 후궁은 모두 1만 8천여 명이나 되었다.

아방궁
진나라의 시황제가 세운 궁전. 시인 두목이 아방궁을 바라보며 지은 「아방궁부阿房宮賦」의 한 구절이다. '전국 시대의 여섯 국왕이 다 망하고, 천하는 진시황으로 통일되었네. 촉산의 나무 모두 베어 벌거숭이산으로 만들었고, 그 나무로 궁전 지으니 아방궁이 되었네.'

후한의 광무제(光武帝) 유수(劉秀)는 후궁의 수를 과감히 줄이고 황후 외에 귀인(貴人)과 미인, 궁인(宮人), 채녀(采女) 등 몇 등급만 남겨두었지만 순제(順帝) 때에 또다시 1천 명의 후궁을 두었다.

위진남북조 시대에는 부인, 소의, 첩여, 미인, 귀비, 숙원(淑媛), 수용(修容), 순성(順成), 양인 등의 등급을 두었고, 오(吳)나라의 마지막 황제 손호(孫皓)도 후궁이 수천 명에 이르렀다. 진 무제(晉武帝) 사마염(司馬炎)은 오나라를 멸한 후에 손호의 후궁을 모두 차지해 후궁이 갑자기 1만 명을 넘어섰다고 하니 가히 진시황에 버금갈 만하다고 하겠다. 하지만 진 무제는 이렇게 많은 여인들로도 욕망을 충족시키지 못해 273년(태시 9년)에 공경(公卿) 이하의 계급 가운데서 미인을 선발하고, 미인 선발전 때는 어떤 집도 딸을 시집보내서는 안 된다는 금령까지 내렸다. 진 무제는 전국에서 뽑혀 온 수많은 미인들이 눈앞에 아른거려 어찌할 바를 몰라 날마다 양이 끄는 수레에 올라 수레가 멈추는 여인의 처소에서 밤을 보냈다. 그러자 많은 궁녀들이 승은을 입고 출세하기 위해 대나무 잎을 문에 꽂아 두고 소금물을 길에 뿌려 양을 자신의 처소로 유인했다는 기록이 전해지고 있다.

수양제 양광도 폭군이자 음탕한 군주로 유명하다. 그는 태자 시절부터 첩과 희(姬), 궁녀가 2천 명을 넘었으며 황제가 되고 나서는 주나라의 제도를 따라 6궁, 3부인, 9빈, 27세부, 81어처를 두었으며 후궁에 또다시 6국(局)을 두고, 국 아래에 24사(司)를 두었다. 그리고 각 사마다 20여 명의 여자 관리를 두고 궁과 비의 일을 관리하게 했다. 『사서』에 의하면 수양제의 후궁이 3천 명이었다고 하나 어찌 3천 명만 되었을까. 그는 전국을 순행할 때마다 몇 달씩 걸리자 아예 비밀의 궁을 만들어 후궁 수천 명을 두고 밤낮으로 음욕을 채웠다.

당 초기에는 황후 아래에 귀비, 숙비(淑妃), 덕비(德妃), 현비(賢妃)를 각 한 명씩 두고 부인(夫人)이라고 했으며, 9빈과 9첩여, 9미인, 9재인과 보림공(寶林工), 어녀(御女), 채녀가 각각 27명이었으며 이외에도 수백 명에 이르는 후궁이 있었다. 그러나 당 현종(唐玄宗) 이융기(李隆基)는 후궁이 이미 수천 명이었지만 여기에 만족하지 못하고 천보 연간에 또 미인선발기구를 두고 매년 전국 각지에서 미인을 뽑아 들였다. 그러자 순식간에 후궁이 크게 늘어나 가장 많았을 때에는 그 수가 4만 명을 넘기도 했으니 당 현종 때처럼 후궁이 많았던 적은 전무후무하다. 당 현종은 후비들에게도 서품을 내려 황후 아래에 있는 3부인 혜비(惠妃), 여비(麗妃), 화비(華妃)는 정1품, 방의(芳儀) 6명은 정2품, 미인 4명은 정3품, 재인 7명은 정4품이었다고 전하고 있다(『구당서, 후비전舊唐書, 后妃傳). 후비들이 이렇게 쉽게 관직에 오르자 세인들의 질시의 대상이 되었고 더욱이 관직에 오르기 위해 십 년을 하루같이 학문에 열중했던 서생들은 탄식을 금치 못했다. 시인 백거이도 「장한가(長恨歌)」에서 "遂令天下父母心, 不重生男重生女(이로써 세상 모든 부모들의 마음이 아들보다 딸 낳기를 중히 여기게 됐네)."라고 읊을 정도였다.

명나라 초기 승려 출신의 황제 홍무제 주원장은 마부인(馬夫人)의 엄격한 제재로 궁녀와 여관(女官) 93명만을 두어 역대 황제 가운데 가장 금욕적인 황제였다. 그러나 그의 자손들은 선조의 유지를 무시하고 날이 갈수록 음탕해졌다. 정덕제(正德帝) 주후조(朱厚照)가 후궁 가운데 마음에 드는 여인이 없다며 강남에서 미인을 선발하자 이를 보다 못한 신하들이 여러 차례 간언해 만류했다. 그러자 주후조는 크게 화를 내며 130명의 대신에게 곤장을 쳤고, 그 중 11명은 목숨을 잃었다. 주후조는 밤에 나가서 즐기는 것을 좋아했다. 궁궐을 나서면 닥치는 대로 자색이 고운 소녀를 데려다가 강제로 잠자리를 같이하기도 했다. 위로는 고관대작의 여식에서부터 아래로는 가난한 백성의 딸에 이르기까지 그와 마주쳐서 화를 면한 소녀는 거의 없었다고 한다.

그리고 자칭 여색을 즐기지 않는다고 했던 가정제(嘉靖帝) 주후총(朱厚熜)도 사실은 어느 누구와도 비교할 수 없는 호색광이었다. 그는 겉으로는 수도를 한다며 서원(西苑)에서 따로 기거했지만 색욕만은 누를 수 없었고 늘 보약을 먹었으니 욕정은 더욱 강해졌다. 그는 항상 닥치는 대로 궁녀들과 관계를 맺어 일일이 다 후궁으로 책봉할 수 없었기 때문에 후궁 제도를 바꾸었다. 만력 연간의 한 기록에 의하면, 어느 날 주후총이 글을 읽으며 손으로 장단을 맞추다가 실수로 다른 곳을 치게 되었다. 그때 그의 주위에 서 있던 궁녀들은 감히 소리를 내지 못했지만 나이가 어린 한 궁녀만 웃음을 참지 못하고 웃었다. 주후총은 뒤에 있던 그녀를 한참 응시하더니 글 읽기가 끝난 후 그녀와 잠자리를 했다. 이 궁녀가 바로 상미인(尚美人)이다. 당시 그녀는 13세에 불과한 소녀였고 주후총은 이미 60세를 넘긴 나이였다. 이 일이 있고 4개월 후 주후총은 세상을 떠났다. 주후총 생전에 승은은 입었으나 후궁으로 책봉되지 못한 여인들 중에는 죽은 후에 봉호(封號)를 받은 이들도 있었으나 그가 죽은 후에도 살아 있던 궁녀들은 봉호조차 받지 못했다. 주후총에게 봉호를 받고 사서에 기록된 빈과 비만해도 60명이 넘으니 주후총은 명나라 황제들 가운데 빈과 비가 가장 많은 이 중 하나였다. 물론 봉호를 받지 못한 후궁은 부지기수였다.

청나라는 중국 역사상 후궁이 가장 적었던 왕조다. 순치제(順治帝)가 중원으로 들어온 후 후궁 제도를 제정했고 강희제(康熙帝) 때에 와서 점차 완비되었는데, 후궁의 수는 많아야 500여 명이었고 적을 때에는 100여 명에 불과했다. 역대 왕조의 황제들이 수천수만의 후궁을 거느렸던 것과 비교하면 매우 적은 수임에 틀림없다.

후궁 중에 등급이 가장 높았던 것은 황후다. 황후는 국모(國母)라고도 불렸으며, 역대 황제들은 황후를 간택할 때 가장 신중을 기했다. 특히 명나라 때는 황후 간택이 신하 등용보다 더 중시되었다. 홍무제 주원장이 외척의 섭정과 후궁과 신하의 결탁을 방지하기 위해 후비

명나라 궁녀들의 모습

는 반드시 평민의 여식 가운데에서 선택해야 한다는 법제를 만들었기 때문이다. 명나라 황제들은 대부분 선대의 법도를 따랐기 때문에 황후 간택이 국가의 대사가 되었으며 그 경쟁이 치열했음은 두말할 필요도 없다. 황후의 인선은 처음에 각 지방의 관리들이 천거하고 북경으로 보내진 후에는 다시 환관과 궁아, 후비 등의 심사를 거쳐 마지막에 선택되었다.

청나라 때 쓰인 『명의안황후내전(明懿安皇后內傳)』에서는 명 천계제(天啓帝) 주유교(朱由校)가 황후를 간택하던 상황을 자세하게 기록하고 있다.

"당시 전국에서 13세에서 16세 사이의 정숙한 소녀들이 선발되어 5천 명이 북경으로 들어갔는데 먼저 환관이 체격과 외모를 검사했다. 첫날에는 나이순으로 100명씩 세워 놓고 환관이 이목구비와 머리카락, 피부, 허리, 목 등을 살펴 1천 명을 불합격시켰다. 그 다음날에는 소녀들에게 직접 자신의 출신과 나이를 아뢰도록 하여 목소리를 보았는데, 이렇게 해서 탈락된 소녀가 2천 명에 이르렀다. 셋째날에는 환관이 자를 가지고 소녀들의 손과 발을 재고 모두 열 보씩 걷게 하여 걷는 자세를 보았다. 여기에서 또다시 1천 명이 탈락되어 1천 명의 소녀만 남게 되었다. 이들은 모두 내궁으로 들여보내졌고, 나이가 많은 궁녀가 이들을 한 명씩 밀실로 불러 유방과 액취, 몸의 내밀한 곳을 살폈다. 여기에서 합격한 소녀가 대략 300명이었는데, 궁중에서 또다시 성격과 언행, 정숙함 등을 근거로 최종 50명을 선발했다.

이들은 모두 빈이나 비가 될 수 있는 자격이 생겼다. 그 후 소비(昭

妃)가 그들을 친히 둘러보며 서화와 시 짓는 재주를 보아 3명을 선발했다. 5천 명 가운데에서 뽑힌 3명이었으니 그들은 꽃 중의 꽃이었다. 그러나 마지막으로 누가 황후의 자리에 오를 것인지 결정하는 최종 평가가 남아 있었다. 그 3명의 소녀들은 밀실로 들어가 장신구를 벗고 옷을 내려 양 어깨를 드러낸 채 심사를 받았다. 이렇게 복잡한 심사를 거쳐 결국 하남 상부현의 장언(張嫣)이라는 소녀가 황후로 간택되었다.”

도대체 그렇게 복잡한 과정을 거쳐 간택된 소녀는 어떤 인물이었는지 『명의안황후내전』에서는 장언을 다음과 같이 묘사하고 있다.

“체격은 수려하고 풍만하며 얼굴은 관음상과 같이 생겼고, 얼굴색은 눈처럼 하얗고 눈은 물방울을 머금은 부용과 같았다. 입술은 붉은 앵두에 코는 오똑하고 치아는 가지런하고 깨끗한데 아래위로 모두 서른하고도 여덟 개가 있었다. 이마는 넓고 목은 희고 길었으며 어깨는 둥글었으며 등은 평평하고 걸음걸이는 구름이 가듯 조용하고 목소리는 청아하며 흉터나 점도 없었다.”

5천 명 가운데 선발된 미인이었으니 흠잡을 데가 있었을 리 만무하다. 이렇게 완벽한 미인을 보고 황제가 좋아하지 않을 리 없었다. 그러나 유감스럽게도 주유교는 23세의 나이로 요절했고 5천 명 가운데 선발된 황후는 그때부터 긴긴 세월을 독수공방할 수밖에 없었으니, 차라리 황후 간택에서 탈락했던 여인들의 운명이 그녀보다 나았다고 할 수 있다.

황후는 후궁 가운데 지위가 가장 높았지만 그렇다고 해서 황제의 사랑을 가장 많이 받았던 것은 아니다. 황제의 총애를 가장 많이 받았던

이부인
한 무제의 총애를 받았고
창읍애왕 유박을 낳았다.
효무황후(孝武皇后)로 추봉되었다.

후궁은 가무에 능했던 여인이거나 황제가 좋아하는 것을 잘 알아차리
는 야심가인 경우가 대부분이었다. 누구든지 신분과 상관없이 일단
황제의 총애를 받으면 곧 신분이 일약 상승하게 됨은 두말할 나위도
없다. 역사상 황제의 총애를 많이 받은 여인은 적지 않았다. 그 중에서
도 가장 유명한 여인은 한 무제 때의 이부인(李夫人)과 한 성제 때의 조
비연(趙飛燕), 당 현종 때의 양귀비(楊貴妃) 등이다.

　이부인은 평양공주(平陽公主)의 추천으로 한 무제 유철에게 보내져
부인(夫人)으로 봉해졌다. 그녀의 오빠 이연년은 한 무제의 주위에서
가무를 담당하였고 부모형제가 모두 음악에 정통하였다. 한번은 유

철이 술을 마실 때 이연년이 노래하기를 "북쪽에 아름다운 가인이 있으니 절세미인에 경국지색이다."라고 했다. 이 노래를 들은 유철은 노래에 나오는 미인을 궁궐로 데려오라고 명했다. 경국지색의 이 부인은 입궐하여 유철의 품에 안기게 되었다. 그녀는 유철의 총애를 독차지하며 아들 창읍애왕(昌邑哀王) 유박(劉髆)을 낳았다.

한나라를 대표하는 미인 조비연은 관노의 여식이었는데 어렸을 때 양아공주(陽阿公主)의 시녀로 들어가게 되었다. 그녀는 얼굴이 아름답고 몸매가 가냘프다 하여 양아공주로부터 비연(飛燕)이라는 이름을 하사받았다. 어느 날 한 성제(漢成帝) 유오(劉驁)가 양아공주의 집에 왔을 때 조비연은 한눈에 그의 마음을 사로잡았고 얼마 후 입궐하게 되었다. 어느날, 선상연(船上宴)에서 비연이 춤을 추던 도중에 강풍이 불어 가냘픈 몸이 바람에 날리자 유오가 그녀의 발목을 잡아 물에 빠지는 것을 막았다. 비연은 그 상황에도 유오의 손바닥위에서 춤을 출 정도로 가무에 능했다고 한다. 조비연은 자신의 외모와 재능으로 유오를 사로잡았을 뿐 아니라 교활한 이간질로 황후를 음해하여 폐서인시키고 황후의 자리에 올랐다.

당 현종 이융기와 양귀비(楊貴妃)의 일화는 너무나 유명하다. 이백(李白)은 그녀를 활짝 핀 모란에 비유했고, 백거이(白居易)도 「장한가」에서 "後宮佳麗三千人, 三千寵愛在一身(후궁에 빼어난 미녀 삼천 명 있지만, 삼천 명에 내릴 사랑 그녀 혼자 받았네)."이라고 읊었을 정도다. 이 「장한가」로 인해 양귀비는 더욱 유명해졌다.

양귀비의 본명은 양옥환(楊玉環)이며 잠시 도가에 입문했을 때 법명은 태진(太眞)이다. 산시성 출신이지만 어린 시절 부모를 여의고 쓰촨

양귀비
당나라 현종의 비. 절세미인에 총명하여 현종의 마음을 사로잡아
황후 이상의 권세를 누렸다.

성 관리였던 숙부 양립의 집에서 자랐다. 옥환은 노래와 춤에 능하고 미모가 출중해 17세에 현종의 18남 수왕(壽王) 이모(李瑁)의 비가 되었다. 현종의 무혜비(武惠妃)가 죽자 황제의 뜻에 맞는 여인이 없어 물색하던 중 수왕비 옥환이 절세미인라는 소문을 듣고 현종이 온천궁에 행행(行幸, 임금이 궁궐 밖으로 거동함)한 기회에 그녀를 보고 총애하게 되었다. 현종은 수왕에게 새로운 여자를 아내로 주었고 옥환을 태진이란 이름의 도사로 삼아 가까이에 두었다. 옥환은 궁중에 들어온 지 6년만인 27세에 정식으로 귀비로 책봉되었다. 황제의 마음을 사로잡아 궁중에서는 황후와 다름없는 대우를 받았다. 양씨의 많은 친척이 고관으로 발탁되었고 황족과 통혼하였다. 그녀가 남방 특산의 여지(荔枝)라는 과일을 좋아하자 그녀에게 잘 보이려는 지방관이 급마(急馬)로 신선한 여지를 진상한 일화는 유명하다. 정사도 그녀를 '자질풍염(資質豊艶)'이라 적었으며, 절세의 풍만한 미인인데다가 가무에도 뛰어났고, 군주의 마음을 끌어당기는 총명을 겸비하였다고 전하고 있다.

황제의 총애를 지극히 받은 이들 세 여인은 인생의 말로에 모두 비참한 최후를 맞이했으니 실로 안타까운 일이다. 이부인은 후궁이 된 지 얼마 되지 않아 병으로 사망해 화를 면했지만 그녀의 아들 창읍애왕은 왕의 총애를 얻지 못하고 병사했다. 그녀의 오빠 이연년과 동생 이계년(李季年)의 일가는 몰살당했다. 오빠 이광리(李廣利)도 쫓겨나 흉노에 투항했다가 사살되었다.

조비연은 황후의 자리는 빼앗았지만 한 성제가 죽은 후 그의 아들을 음해한 일이 밝혀져 애제의 보호로 겨우 목숨만 부지했다. 그녀를 대신해 그녀의 친척들이 관직을 빼앗기고 유배 보내졌다. 그리고

5년 후 평제가 즉위하고 나서 이 일이 다시 거론되었다. 결국 조비연은 태후의 칭호를 박탈당하고 북궁(北宮)에 연금되었다가 1개월 후에 폐서인되어 절망 속에 자결했다.

양귀비가 마외역(馬嵬驛)에서 목을 매 자결한 일화는 역사적으로도 유명하다. 755년 그녀의 6촌 오빠인 양국충과 안녹산(安祿山)의 반목이 원인이 되어 안사의 난이 일어났다. 난이 일어나자 양귀비는 현종과 더불어 쓰촨으로 도주하였다. 장안(長安)의 서쪽 지방인 마외역에 이르렀을 때 양씨 일문에 대한 불만이 폭발한 호위 군사가 양국충을 죽이고 현종에게 양귀비의 목숨을 요구하였다. 현종은 양귀비를 보호하지 않고 그녀에 대한 백성의 분노를 수수방관함으로써 그녀에게 죽음을 종용하였다. 양귀비가 자결 아닌 자결로 생을 마감하고 나자 현종은 그녀의 시체를 수습해 인근 조그마한 산에서 장사 지냈다. 양귀비의 죽음에 대해서는 재미있는 전설이 하나 있다. 양귀비의 아름다움이 너무나 대단해 환관 고력사와 따라간 군졸들이 차마 죽이지 못하여 그녀를 일본으로 탈출시켰다는 이야기다. 일본으로 건너간 양귀비는 30여 년을 더 살았다고 한다. 이 이야기를 뒷받침하는 유물과 사당, 무덤이 일본 야마구치현에 남아 있는데, 실제로 양귀비의 후손이라고 족보까지 들고 나선 사람들도 있다고 전한다.

궁비전에 의하면 왕의 총애를 받은 궁녀는 극소수에 불과했고 거의 대부분의 궁녀가 온갖 시름 속에서 처량한 삶을 살았다. 어떤 이들은 평생 동안 황제의 그림자도 보지 못했다고 한다. 백거이의 「상양백발인(上陽白髮人)」에서는 후궁 가인 3천 명의 비참한 운명을 다음과 같이 노래하였다.

"현종 말년에 노란 이불 덮여 업혀 들어온 것이 열여섯 살, 지금은 어느덧 육십이 되었네. 평생 빈방에서 그늘과 더불어 살아온, 아! 그 여인은 그늘 각시."

일생 동안 황제의 얼굴을 한 번도 보지 못한 궁녀가 부지기수인데 황제를 직접 보고 또 후궁으로 봉해진 궁녀들은 도대체 어떻게 한 것일까? 명나라 만력 연간에 왕씨 성을 가진 궁녀가 있었는데, 자녕궁에서 만력제(萬曆帝) 주익균(朱翊鈞)의 모친인 자성황태후(慈聖皇太后)를 모셨다. 그녀는 몸매가 풍만하고 용모가 수려해 이제 갓 10세가 된 만력제도 한눈에 반했다. 만력제는 모친을 보러간다는 구실로 자녕궁을 드나들었고 그러던 중 왕씨가 회임을 하고 아들을 낳았다. 이 아들이 바로 황위에 오른 지 29일 만에 홍환안으로 급사한 태창제(泰昌帝) 주상락(朱常洛)이다. 자성황태후가 왕씨를 후궁으로 들이라고 했을 때 만력제는 강하게 거절했지만 끝내 강요에 못 이겨 공비(恭妃)로 봉했다. 궁녀의 신분에서 공비가 되던 바로 그날부터 왕씨의 비참한 일생이 시작될 줄 누가 알았으랴. 그날 이후로 30년간 만력제는 왕공비를 다시 찾지 않았다. 그녀는 세상과 거의 단절된 상태로 살다가 만력 40년에 위독해졌다. 태자 주상락이 소식을 듣고 왕공비의 궁으로 달려갔으나 궁문은 여전히 굳게 잠겨 있었다. 어쩔 수 없이 문을 부수고 들어가 이미 절명한 어머니를 끌어안고 대성통곡했다고 한다. 왕공비는 생전에도 불행했고 사후 장사 의례 역시 처량하게 치러졌다. 그녀의 묘도 평민의 무덤과 별다를 바 없었다. 그녀의 손자 천계제 주유교가 즉위한 후에야 그녀는 황후의 신분이 되어 정릉(定陵)으로 이장되었다. 생전의 꿈이 죽은 뒤에야 실현되었지만 왕공비의 일생은 평생토록 황제를 보지도 못했던 수많은 궁녀들의 일생과 별다를 바 없었다.

황제를 보았건 보지 못했건 궁중에서 일생 동안 빈비로서 편안한 일생을 보낼 수만 있다면 운이 좋은 축에 들었다. 더욱 가련한 일은 많은 후궁들이 생전에 독수공방을 한 것도 모자라 죽은 황제를 위해 산 채로 순장되어야 했다는 것이다. 진시황이 사망한 후 이세황제 호해는 진시황의 후궁을 모두 진시황과 함께 순장시켰다. 진나라 이후 한나라에서 원나라에 이르기까지 궁녀들을 순장했다는 기록은 없다. 하지만 명나라 때 산 채로 순장하거나 죽여서 함께 묻었다는 기록이 전한다. 이 악습은 홍무제 주원장이 처음 시작했다. 주원장은 사후에 자신의 침소에서 시중을 들던 46명의 빈비와 궁녀들을 모두 효릉(孝陵)에 함께 매장하도록 했다. 영락제 주체도 죽은 후 궁녀 30여 명을 순장시켰고, 홍희제(洪熙帝) 주고치(朱高熾)는 5명을, 선덕제(宣德帝) 주첨기(朱瞻基)는 10명을 순장시켰다. 정통제 주기진 때에 가서야 궁녀를 순장하던 악습이 사라졌다. 1464년(천순 8년), 주기진은 병이 위독해지자 유서를 남겨 사람을 순장시키는 것은 절대로 금하며 훗날에도 순장의 악습을 폐지하라고 명했다. 이점에 있어서는 그의 공이 매우 크다고 할 수 있다.

명나라 때는 순장된 궁녀의 가족들에게 정신적·물질적으로 보상을 해주었다. 1398년(홍무 31년) 7월, 건문제(建文帝) 주윤문(朱允炆)은 홍무제를 위해 순장된 장봉(張鳳)과 이형(李衡) 등 궁녀의 가족들에게 재물과 작호를 내렸다. 1435년(선덕 10년) 정통제 주기진은 선덕제와 함께 순장된 혜비 하씨를 귀비로 봉하고 단숙(端肅)이라는 익호를 내렸으며, 조씨 등 9명의 궁녀도 모두 비로 봉했다. 표면적으로는 궁녀들이 자진해서 순장된 것으로 알려졌으나 사실 거의 대부분은 자신의 뜻과는 관계없이 강요에 의해 순장된 것이었다. 『조선왕조실록, 세종실록(朝鮮王朝實錄, 世宗實錄)』은 주체가 죽은 후 궁녀가 순장되던 잔혹한 장면을 사실적으로 묘사하고 있다.

"황제가 붕어하자 궁녀 30여 명이 순장되었는데, 순장되던 날 모두 황궁에 모이니 그 울음소리가 천지를 진동했다. 궁궐의 뜰에 작은 나무받침이 놓이고 궁녀들은 그 위에 서서 목에 밧줄을 걸었고, 나무받침이 넘어지면 곧 목이 매달려 죽었다. 이 가운데 한 명은 조선에서 바쳐진 한비(韓妃)였는데, 그녀는 임종 전에 옆에 있던 유모에게 "유모, 난 갑니다."라고 외쳤고 그 말이 떨어지기가 무섭게 곧 숨졌다."

선덕제가 죽었을 때에는 10명의 궁녀가 순장되었는데, 그 가운데 곽애(郭愛)라는 안휘 봉양 출신의 여인이 있었다. 그녀는 입궐한 지 1개월도 안 되어 순장을 강요당했는데, 죽기 전에 애절한 절명시를 지었다. 요행히 순장을 면한 후궁과 궁녀들은 '능원지첩(陵園之妾)'이 되어야 했다. 즉, 땅에 묻힌 선왕과 마찬가지로 문 밖을 나오지 않고 평생 숨어 살아야 했던 것이다. 당 태종은 황제 중에서 가장 진보적인 황제로 평가되고 있지만 그런 그도 자녀를 낳지 못한 빈비들에게 자신이 죽은 후 재가하지 말고 출가하여 평생 비구니로 살도록 했다. 당 태종이 이와 같았으니 후궁들의 운명이 어떠했는지 충분히 짐작이 가고도 남는다.

인류도 저버리고 여색을 탐한 황제들

고향은 삼천리 밖이요, 구중궁궐에서 이십 년 동안 살았네
고달픈 일생에 궁녀는 군주 앞에서 고개 숙인 채 눈물만 떨어뜨리네.

진시황부터 청의 마지막 황제 선통제 푸이(溥儀)까지 모두 400여
명이 넘는 황제들 가운데 70세까지 살았던 황제는 10명도 안 된다.
이들은 대부분 개국 황제이거나 문무를 겸비하고 서화와 바둑 등 여
러 방면에서 재주가 뛰어났던 군주였다.

구중궁궐에서 태어나 어려서부터 황궁 안에서 자라난 뒤 부황으로
부터 황위를 물려받은 황제들은 대부분 단명했고 황제들의 평균 수
명은 채 40세도 안 된다. 황제들이 단명한 주요 원인 중의 하나는 그
들이 색을 밝혔다는 것이다.

기나긴 2천 년의 역사 동안 진정으로 재능을 아끼고 사랑했던 황
제는 손가락으로 셀 수 있을 만큼 적다. 하지만 색을 좋아했던 황제

를 꼽는다면 열 손가락이 모자랄 정도로 많다. 한 무제도 황후나 후궁과 함께 잠들지 않은 날이 단 하루도 없었고, 가마를 타고 가면서도 여색을 희롱했다는 진 무제, 수십 명의 후궁들과 밤낮 술래잡기를 했다는 수양제 등 색을 밝히다 못 해 인륜을 저버릴 정도로 음탕했던 군주도 여럿 된다.

남조 송의 폐제 유자업(劉子業)은 16세에 황제에 즉위한 후 이미 출가한 고모를 후궁으로 맞이해 음탕하게 놀았으며 외부에는 고모가 이미 죽었노라고 소문을 내기도 했다. 그는 또 외숙모와 누이들까지 모두 데려다 양 옆에 두고 희롱하기까지 했다. 남제의 폭군 동혼후(東昏侯) 소보권(蕭寶卷)은 남몰래 누이들과 방탕한 나날을 보냈다. 이뿐만 아니라 북주 선제(宣帝) 우문윤(宇文贇)은 즉위하자마자 아직 상중인 신분에도 불구하고 선왕의 궁녀들을 데려다 여색에 빠져 지냈다. 그의 음란함은 극에 달해 눈에 띄는 여자는 모두 후궁으로 앉혀놓았다고 한다. 후궁 제도를 처음으로 실시한 황제이기도 하다. 북제의 문선제(文宣帝) 고양(高洋)은 황위를 찬탈한 후 형 문양왕(文襄王)의 부인과 문란하게 지냈고, 무성제(武成帝) 고담(高湛)도 즉위 후 문선황후 이씨에게 억지로 관계를 강요했다. 남북조 시대의 거의 모든 황제와 후궁들은 인륜을 저버릴 정도로 문란한 생활을 했다고 해도 과언이 아니다.

금나라 해릉왕(海陵王)의 방탕함은 그 도를 넘어선 것이었다. 『금사(金史)』에 의하면 혈육도 가리지 않을 만큼 음란하기 짝이 없고 남의 부인을 빼앗고 그 남편을 죽이며 누이와 고모까지도 모두 후궁으로 들였으며, 침실에 이끼를 깔아 놓고 벌거벗은 채 뒹굴며 후궁들을 희롱한 희대의 색마로 기록하고 있다. 송나라에서 "금의 호랑이 해릉왕

도덕경
중국 도가철학의 시조인
노자가 지었다고 전해지는 책

처럼 음탕하다."라는 말이 유행할 정도였다. 역사적으로 색을 밝혔던 황제들은 수없이 많으며 대부분 가족과 신하들의 묵인 하에 쉬쉬하여 외부인들에게는 거의 알려지지 않았다.

황제는 지고지상한 지위에 있었기 때문에 호색증을 숨김없이 드러내 놓고 음탕한 생활을 즐길 수 있었던 것이다. 3궁 6원에 72비를 두고 후궁이 3천 명에 달해 하루도 여색과 떨어져 지낸 적이 없건만 황제들의 욕망은 여전히 채워질 줄 몰랐고 항상 전국 각지의 미인들을 찾아 후궁으로 삼았다. 특히 명나라 때에는 공공연하게 미인을 선발하기까지 해 백성들의 원망을 샀다.

명나라 황실에는 한 가지 규율이 있었는데 황제와 황자의 비와 후궁들은 모두 양갓집 규수 가운데 선발한다는 것이었다. 이 때문에 황실 밖에서 후궁이나 비를 간택했다. 가정제는 황제 즉위 후 후궁에게 빠져 음란한 성생활로 몸이 쇠약해지자 불로장생술에 심취해 『도덕경(道德經)』을 독파하고 처소를 건청궁(乾淸宮)에서 서원(西苑)으로 옮겼다. 이는 자신이 속세 밖의 사람임을 상징하기 위한 것이었다. 하지만 그런 그도 단 한 가지 규율인 여색을 멀리하라는 금기만은 지키기 힘들었다. 그는 결국 도사 소원절(邵元節)에게 대체 방법을 청했다. 소원절은 숫처녀와 관계를 하면 괜찮을 것이라고 귀띔해 주었다. 이때부터 가정제는 전국 각지에서 처녀를 모아 오도록 명령했고 순식간에 수천 명의 소녀들이 입궐하게 되었다. 가정 26년, 32년, 34년, 43년에만 무려 1,080명의 평민 소녀들이 입궐했는데, 그들은 모두 8세에서 14세 사이의 어린 소녀들이었다. 이들은 입궐한 후 가정제의 손아귀에서 벗어나지 못하고 밤낮없이 그의 음탕한 놀이에 고통 받아야만 했다.

명나라 때 행해진 미인 선발은 백성들을 도탄에 빠뜨렸으며 특히 중기 이후에는 황제들의 방탕함이 극에 달해 수시로 백성들 가운데서 미인을 뽑아 갔다. 이렇게 되자 백성들은 미인을 뽑는다는 말만 들어도 뿔뿔이 도망가고 숨기에 바빴으니 온 나라가 혼란 그 자체였다. 또 미인에 선발되는 것을 피하기 위해 어린 딸을 민며느리로 시집보내거나 함께 도망했고 심지어 얼굴에 일부러 흉한 상처를 내는 일도 있었다. 명나라 때 쓰인 『최명오기사(崔鳴吾紀事)』를 보면, 1568년(융경 2년) 정월, 융경제(隆慶帝) 주재후(朱載垕)가 절강으로 내관을 보내 미인을 선발한다는 방을 붙였다. 관리의 자식이든 평민의 자식이든 가문과 나이를 불문하고 미인 선발에 참여하지 않는 여인은 엄한

벌로 다스릴 것이며 이웃에서 이를 알고도 신고하지 않으면 역시 중벌에 처한다는 내용이었다. 그러자 경구(京口, 현재의 진강시)에서 소송(蘇松)에 이르기까지 절강 일대에서는 딸 가진 사람들은 서둘러 딸을 시집보내기에 이르렀고 시집을 보낼 수만 있다면 상대가 누구든 가리지 않았다. 이렇게 되자 백성들 사이에서는 비극이 될 수밖에 없었다. 『유청일찰적초(留青日札摘抄)』에서는 이렇게 해서 결혼한 이야기를 기록하고 있다.

"한 부잣집에서 미인을 선발한다는 소식을 듣고 "어서 일어나거라! 어서! 어서 내 딸과 결혼하거라."하며 주인이 한밤중에 한창 단잠을 자고 있는 하인을 깨웠다. 억지로 잠에서 깨어 정신이 몽롱한 하인은 그날 밤 무슨 일이 있었는지도 기억이 가물가물했다. 그 다음날 눈을 떠 보니 방 안에 등불이 켜 있고 곱게 화장한 주인집 딸이 기다리고 있었다. 그 하인은 너무나 놀라 어찌할 바를 몰라 당황했다고 한다.

또 한 노인은 날이 밝은 후 딸을 친구의 아들에게 시집보내기로 약속했는데, 급한 마음에 다음날 날이 밝자마자 서둘러 딸을 데리고 그 친구의 집으로 갔다. 그런데 시간이 너무 일러 친구 집의 대문이 닫혀 있자 혹시 기다리는 동안 무슨 변고라도 생기는 것이 아닌가 두려워 마침 지나가던 두부 장수에게 딸을 급히 시집보냈다고 한다."

1569년(융경 3년) 정월에 백성들 사이에서 돌던 소문에 따르면 장강 남쪽에 소녀 입궐령이 내리자 정혼자가 있을 경우 모두 서둘러 시집을 보냈고 정혼자가 없는 소녀의 경우에는 길가에 서 있다가 만나는 사내에게 시집을 갔다는 것이다. 이 정도면 당시 사회가 얼마나 혼란스러웠는지 충분히 짐작할 수 있다. 당시 사람들의 입에 회자되던 "크든 작든, 나이가 많든 적든, 예쁘든 못났든, 돈이 많든 적든, 집 밖에 나가 남편감을 만나면 그것만으로도 행운이라. 심산유곡에 묻혀 살든, 사대부 집이든 모두 피할 수 없네."라는 노래가 불려졌다. 심지어 어떤 소녀들은 스스로 목숨을 끊는 일까지 있었다고 하니 소녀들이 이렇게 마구잡이로 아무에게나 시집갈 수밖에 없었던 상황이 얼마나 비참했는지 알 수 있다.

이런 비극은 명나라가 멸망한 후 남명과 청나라 때도 계속되었다. 이자성이 명을 멸망시킨 후 마사영(馬士英) 등이 홍광제(弘光帝) 주유숭(朱由崧)을 황제로 옹립하고 남경(南京)에 남명을 세웠다. 그런데 나라가 쪼개지고 혼란스러운 상황에서도 주유숭은 남경의 기반을 탄탄히 하고 재기할 생각은 전혀 없었고 그저 주색잡기에만 골몰했다. 그는 신하들을 시켜 각지에서 끊임없이 미인을 데려오도록 했고 백성들은 계속되는 전란과 황실의 혹정에 이중고를 겪어야만 했다.

1647년(청 순치 4년)에 양자강 남쪽에 미인 선발령이 내려지자 딸을 둔 집들은 당황하여 어린 딸들을 닥치는 대로 아무에게나 시집보냈다. 그 후 미인 선발령은 양자강 북쪽에까지 내려졌는데 이러한 상황은 문인들의 소설에도 등장한다. 자라 보고 놀란 가슴 솥뚜껑 보고 놀란다고 했던가. 1699년(강희 38년) 후까지도 백성들은 미인 선발에 대한 두려움을 떨치지 못했다.

청나라 황실은 명나라와는 다르게 재주를 겸비한 여인인 재녀(才女)와 궁녀들을 선발했다. 3년마다 한 번씩 호부에서 재능 있는 미인들을 선발했는데, 만주와 몽골의 팔기군(八旗軍) 가운데 13세부터 16

세 사이의 여인들이 그 대상이었다. 『양길재총록(養吉齋叢錄)』에는 가경제와 도광제 때 팔기군에서 재녀를 선발하던 과정이 상세하게 기록되어 있다.

"매일 두 개의 군대에서 재녀를 선발했는데 선발하기 하루 전에 각 군의 여병들이 계급에 따라 마차를 타고 줄을 섰다. 정황기(正黃旗)와 양황기(鑲黃旗) 중에서 선발한다면, 정황기군의 만주군, 몽골군, 한군 순서로 병사들이 정렬하고, 각 민족 중에서도 나이 순서대로 정렬한 뒤 마차를 출발시켰다. 그 다음은 양황기군의 만주군, 몽골군, 한군이 뒤를 이었다. 마차는 양쪽에 등과 표시를 달고 후문(後門)에서 신무문(神武門)까지 밤낮으로 달렸다. 마차가 수백수천 대였지만 질서정연하기 이를 데 없었다. 선발에 임한 여병들은 신무문으로 들어가 순정문 밖에서 대기했으며 호부의 관리가 이들을 관리했다.

재녀를 선발할 때에는 환관이 각 조를 돌며 여인들을 둘러보고 선발했는데 이때 여인들은 각각 자신의 소속과 민족이 적힌 명패를 가지고 서 있었다. 환관은 탈락시킬 여인들의 명패를 떼어 버렸다."

이렇게 선발된 재녀들은 황제로부터 작호를 하사받게 되며 죽을 때까지 궁궐 밖으로 나가거나 결혼할 수 없었다. 궁녀들은 매년 한 차례씩 선발했는데 내무부(內務部)의 포의(包衣)와 좌령(佐領)의 딸들 중에서 선발했고 그들의 지위는 재녀보다 낮은 황궁의 하녀였다.

청나라에서 재녀를 선발한 목적은 사실 명나라 때의 미인 선발과 같아 모두 황제의 음욕을 충족시키기 위한 것이었으며 백성들에게는 핏줄과 헤어지는 고통을 안겨 주었다. 재녀 선발에서 떨어진 소녀들은 결혼할 수 없고 평생 독수공방해야 했기 때문에 백성들의 원망은

서태후
청나라 함풍제의 후궁이며, 동치제의 생모인 자희황태후. 16세에 재녀로 선발되어 입궐했다.

이루 말로 다할 수 없었다. 어떤 여인들은 드러내놓고 황제를 욕하기도 했다. 『상기루문집(湘綺樓文集)』에서는 선발에 참여한 한 여인이 황제를 욕했다고 기록하고 있다.

재녀로 선발되어 처음 입궐한 그녀들의 작호는 답응(答應), 상재(常在), 귀인(貴人) 혹은 빈비(嬪妃)였고 점차 작호가 상승해 황후의 자리에까지 오른 여인들도 있었다. 함풍제의 후궁 서태후(西太后, 자희태후)가 바로 그런 예이다. 그녀는 16세에 재녀로 선발되어 입궐했으며 3년 후 난귀인(蘭貴人)이 되었고 아들 재순(載淳, 동치제同治帝)을 낳은 후 의비(懿妃)로 올라갔고, 의귀인(懿貴人)을 거쳐 재순이 황제로 즉위한 후에는 태후가 되어 청나라 말기 실질적인 집권자로 군림했다.

재녀로 선발되어 입궐하는 것도 일종의 등용문임에도 불구하고 당시 백성들은 이를 피하려고 전전긍긍하였다. 황궁에 들어가 황실의 일원이 되면 산해진미에 화려한 비단옷을 걸치고 온갖 행복을 누릴 수 있었으니 행운이 아니던가. 하지만 궁녀의 운명이 기구한 것은 수천 년간의 경험을 통해 이미 알고 있는 사실이다. 아들보다도 딸을 더 귀하게 여겼던 당나라 때에도 궁녀의 운명은 고달픈 것이었다. 사람들은 현종의 총애를 한 몸에 받던 양귀비만을 보고 착각할지 모르지만 한 사람의 사랑을 독차지한다는 것은 만인으로부터 배척당할 수 있음을 의미한다. 당나라 때 시인 장고(張祜)는 자신의 시에 궁녀의 고달픈 인생을 모두 담았다.

> 고향은 삼천리 밖이요
> 구중궁궐에서 이십 년 동안 살았네.
> 궁녀의 고달픈 일생에
> 군주 앞에서 고개 숙인 채 눈물만 떨구네.

이 시는 황제의 총애를 얻지 못한 궁녀의 서글픔만을 노래한 시가 아니다. 자유를 잃고 청춘을 잃은 한 여인의 처절한 흐느낌이다. 장고와 같은 시대를 살았던 시인 두목도 장고의 시에 화답하는 시에서 "애달프다, 고향 삼천리. 6궁 안에서 구슬픈 가락만 노래하네."라고 했다. 이는 장고의 시가 궁녀들 사이에서 널리 퍼져 있었다는 것을 보여 준다.

궁궐 밖 사람들이 궁녀를 보는 시각이 단편적이라고 한다면 궁궐 안에 있는 태후들이 궁녀를 보는 시각은 매우 정확했다. 명나라 가정제 때 궁녀를 선발할 때 소태후(邵太后)가 이런 말을 한 적이 있다.

한궁춘효도
명나라 구영(仇英)의 작품. 명나라 궁정 풍속화로 궁정 내 궁녀들의
화장, 육아, 유희, 자수, 습자 등 화려한 생활상을 그렸다.

"여자가 입궐하게 되면 밥 먹는 것에서 기거하는 것까지 모두 자유로울 수 없으며 항상 규율을 어기고 죄를 짓지나 않을까 불안에 떨어야 하니 인생의 행복은 전혀 느낄 수 없다. 나는 강남(江南) 사람이니 이번 궁녀 선발에 강남 출신의 여인은 선발하지 못하도록 명한다." 소태후는 자신의 이런 명이 강남의 소녀들에게 커다란 은덕을 베푼 것이라고 생각했다. 황궁 안에서 수십 년간 살아온 태후였으니 궁녀들의 생활에 대해서는 하나부터 열까지 속속들이 알고 있을 터였다. 그녀의 말은 궁녀들의 생활과 지위를 가장 잘 나타내고 있다. 이 시대에 직위와 신분은 매우 엄격했으며 예법은 사람을 매우 고통스럽게 하는 것이었다. 천하의 주인인 황제는 모든 사람의 생사여탈권을 가지고 있었으니 일개 궁녀들은 그저 자신의 노리개 정도로 여겼다. 황제들은 기분이 좋으면 궁녀 한 명쯤은 쉽게 천상의 자리에 올려 줄 수 있었고 또 심기가 불편하면 손바닥 뒤집듯이 쉽게 노예로 전락시킬 수도 있었으며 심지어 궁녀의 삼족을 멸하게 할 수도 있었다.

궁녀는 12, 13세에 입궐하면 늙도록 궁궐 밖으로 한 발짝도 나갈 수 없었다. 당 태종이 장손황후(長孫皇后)의 권유로 궁녀 3천 명을 궁궐 밖으로 나가도록 풀어 준 적이 있지만 매우 드문 예이다. 궁녀가 죽으면 그 가족들은 시신도 볼 수 없었고 화장되어 교외에 있는 궁인사(宮人斜)의 말라 버린 우물 속에 뿌려졌다. 사는 동안에도 잡초같이 살고 세상을 떠난 후에도 하찮게 대접받는 것이 바로 궁녀의 일생이었다.

절강에 심씨 성을 가진 한 여인이 있었는데 한때 궁녀로 선발되어 입궐한 적이 있었다. 그녀가 지은 시 가운데 이런 구절이 나온다. "궁궐에 들어온 후 작은 싹이 꽃도 피워 보지 못하고 등불 앞에 앉아 있으니 두 볼에 눈물만 흐르네. 옥비녀로 이 원한을 끊고 싶지만 돌아갈 길이 없네." 처량한 심정과 비탄함이 시에 흐르고 있다. 어떤 궁녀들은 목숨을 걸고 궁궐에서 도망치려고 시도하기도 했다. 명나라 만력제 때 노천수(盧天壽)라는 한 궁녀가 환관의 도움으로 남장을 하고 허리춤에 궁궐을 출입할 수 있는 아패(牙牌)를 차고 겨우 궁에서 도망칠 수 있었다. 하지만 도망쳐 나온 지 얼마 되지 않아 다시 붙들려 죽음을 당했다.

궁녀들의 운명이 이렇게 비참했기 때문에 백성들은 미인 선발이라면 벌벌 떨었고 온갖 수단을 가리지 않고 입궐을 피하려 했다. 만력제 때 대학사 심일관(沈一貫)의 「관선숙녀(觀選淑女)」에 "딸의 입궐을 어찌 막을 수 있을까, 부모형제는 무릎을 꿇고 애원하며 관리에게 천금을 쥐어 주네."라는 구절이 있다. 아무에게 시집보내거나 무릎 꿇고 애원하며 관리에게 뇌물을 주는 것은 그래도 나은 편에 속한다. 백거이는 「과소군촌(過昭君村)」이라는 시에서 "마을의 한 노파가 나에게 말하기를 요즘 이 마을 여자들 얼굴에는 하나같이 불에 덴 흉터가 있다네."라고 노래했다. 산세가 험하고 궁벽한 소군(昭君)의 여인들이 자기 얼굴을 흉하게 만들어서라도 입궐을 피하려고 했으니 다른 지방 여인들의 상황은 이보다 더했을 것이다. 궁녀로 선발되는 것을 피하기 위한 이런 갖가지 방법들은 미인을 선발한다는 방이 붙은 그 순간부터 시작되었다.

물론 입궐해서 자신의 미모로 황제의 총애를 얻기를 갈망했던 여인들도 있었고 실제로 측천무후(則天武后)나 서태후 처럼 성공한 여인들도 있었다. 하지만 이런 여인들이라도 비극적으로 생을 마감한 경우가 훨씬 많았다.

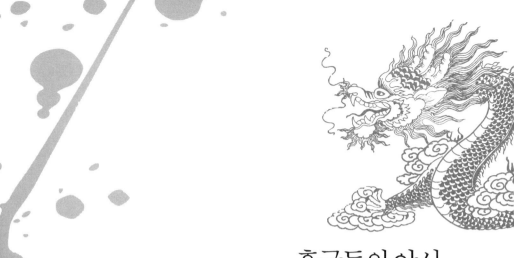

후궁들의 야사

어떤 여인은 사랑을 독차지했고
어떤 여인은 냉대 받았으며
어떤 여인은 질투로 잔인하게 죽음을 당했으니.

후비(后妃)는 황제에게 속박된 특수한 신분의 여인이었으며 황제 가문의 주요 구성원이었다. 후비의 보좌에 오른 여인들은 대부분 비범한 정치적 수완을 가졌거나 사람의 마음을 홀리는 경국지색을 갖추고 있었다. 이를 무기로 어떤 여인은 황제를 손바닥 안에 놓고 희롱했고, 또 어떤 여인은 황제가 종묘사직을 세우고 천하를 평정하는 데 공을 세우기도 했다. 어떤 여인은 황제의 사랑을 한 몸에 독차지했지만, 또 어떤 여인은 냉대를 받았고 심지어는 가문이 몰락하기도 했다. 그러나 후비는 사실 황제의 노리개에 불과했다. 황제의 총애를 받으면 온 집안이 부귀를 누릴 수 있었지만 일단 황제의 미움을 사게 되면 끝없는 고통의 나락으로 빠졌다. 이런 이유 때문에 역대 후비들

사기, 여태후본기
사마천은 「여태후본기」에서 여태후가 황제의 직권을 대행해 천하는 편안했으며 죄인이 드물었고 백성들의 생활이 풍족해졌다는 말로 긍정적으로 평가했다.

사이에서는 자신과 가족의 안녕과 이익을 위해 권력을 다투었고 황제의 사랑을 차지하기 위한 갖가지 사건들이 비일비재했다. 때로는 악의로 중상모략을 하거나 보복을 행했다. 그녀들이 사용했던 수단은 실로 다양하며 음흉하고 험악하기 이를 데 없었다.

역대 황제들은 대부분 여색을 밝혔기 때문에 황제의 총애를 받는 후궁들은 거의 젊고 아름다운 여인이었다. 하지만 늙어 버리면 황제의 사랑도 식어버리고 다시는 사랑을 얻을 수 없는 것이 그녀들의 말로였다. 설령 황제의 조강지처라 해도 이러한 운명을 피해 갈 수는 없었다. 한 고조 유방(劉邦)의 황후인 여후(呂后)는 유방을 도와 패업을 달성하고 유방이 황제가 된 후 황후로 봉해졌다. 하지만 이때부터 여후는 처량한 신세가 되고 말았다. 이미 나이가 들어 미색이 사라지니 지위가 아무리 높다고 해도 유방의 마음을 붙잡아 둘 수는 없었다.

궁궐에 있는 수많은 미인들 가운데서 유방의 총애를 가장 많이 받았던 후궁은 젊고 아름다운 척부인(戚夫人)이었다. 유방은 그녀의 말이라면 무엇이든 다 들어주었고 그녀는 유방이 가는 곳이라면 어디든 따라다녔다. 척부인이 아들 여의(如意, 조왕)까지 낳자 유방의 총애는 극에 달했다. 한때 장자 유영(劉盈)을 태자에서 폐위시키고 여의를 태자로 책봉하려고까지 했을 정도였다. 그러나 여후가 장량(張良)의 계책을 써서 상산사호(商山四皓, 진나라 말기에 난세를 피해 상산에 숨은 동원공東園公, 하황공夏黃公, 용리선생用里先生, 기리계綺里季 등 4인의 노고사老高士)를 불러 태자의 빈객으로 삼으니 태자를 바꾸지 않게 되었다. 여후는 이 모든 사태를 지켜보면서 마음속에 증오심을 불태우며 척부인에게 복수할 기회만을 엿보았다.

기원전 195년(한 고조 12년) 4월, 유방이 병사하자 태자 유영이 황위를 계승해 혜제(惠帝)가 되었고 여후는 황태후가 되었다. 전권을 장악한 여후는 이제 척부인에게 복수할 때가 왔다고 여기고 칼날을 들이댔다. 5월 유방의 장례가 끝나자마자 여후는 기다렸다는 듯이 척부인의 머리를 삭발하고 칼을 채웠으며 붉은 죄수옷을 입혀 영항(永巷, 죄 지은 궁녀를 가두는 곳)에 가두고 온종일 쌀을 찧게 했다. 옥중에 갇힌 척부인은 멀리 조국(趙國)에 가 있는 아들 여의를 생각하며 애끓는 눈물을 한없이 흘렸다. 당시 그녀는 이렇게 한탄했다. "아들은 왕인데 어미는 죄인이 되어 온종일 쌀을 찧고 죽음과 벗하네! 하지만 삼천리나 떨어져 있으니 어미의 처지를 어이 알까."

여후는 척부인의 통곡 소리를 듣고 더욱 화를 내며 "네가 정녕 아들에 기대어 살려고 하는 게냐?"라고 호통을 쳤고, 조왕을 없애 버리기로 마음먹었다. 여후는 세 번이나 사람을 보내 조왕을 장안으로 불러들였지만 그는 돌아오지 않았다. 여후는 포기하지 않고 척부인의 필체를 위조해 거짓 서신을 써서 조왕에게 보냈다. 어머니에 대한 그리움이 간절했던 13세의 어린 조왕은 곧장 장안으로 달려오고 있었다. 이 사실을 알게 된 혜제는 아무것도 모르는 어린 이복동생이 어머니의 손에 죽는 것을 그냥 두고 볼 수 없었다. 혜제는 조왕을 친히 마중 나가 궁으로 데려와 자신과 함께 있도록 했다. 기원 194년(혜제 원년) 12월 1일, 혜제가 일찍 일어나 말을 타고 나간 사이에 조왕이 홀로 늦게 일어났다. 호시탐탐 기회를 엿보고 있던 여후가 이틈에 사람을 보내 조왕을 독살했다.

여후는 또 척부인에게 거의 변태적일 정도로 보복을 가했다. 척부인의 두 귀를 불로 지지고 벙어리가 되는 약을 억지로 먹였으며, 두 눈알을 파내고 팔과 다리를 자른 후 돼지우리에 던져두고 '인간돼지'라고 불렀다. 척부인은 온종일 분뇨 속에서 뒹굴며 고통에 신음했다. 여후는 오랫동안 가슴 깊이 묻어 두었던 증오심을 일시에 폭발시켰다. 어느날, 척부인 모자를 동정하는 혜제에게 척부인의 모습을 보여 주었다. 혜제는 이미 사람의 형체를 알아볼 수 없는 지경이 된 척부인을 보고 비통하게 통곡하더니 곧 몸져누워 1년이 지나도록 일어나지 못했다. 혜제는 사람을 보내 여후에게 "이는 사람이 할 짓이 아니며 소자는 태후의 아들로서 다시는 천하를 다스릴 수 없나이다."라고 전했다. 그후 혜제는 매일 술에 취해 정사를 돌보지 않았고 몰락의 길에 들어서 7년 후 23세에 세상을 떠났다. 여후는 자신의 정적을 잔혹하게 죽였을 뿐 아니라 자기가 낳은 아들까지도 죽음으로 몰고 간 것이다.

측천무후
여성으로 유일하게 황제가 되었던 인물. 당 고종의 황후 였지만 국호를 주로 고치고 스스로 황제가 되어 15년 동안 통치하였다.

역대 후비의 투쟁 가운데 여후와 비슷하게 잔혹한 수단을 사용했던 사람은 당의 측천무후다. 그녀는 중국 역사상 유일한 여황제다. 한낱 후궁에서 황후의 자리에 오르고 또다시 황제의 보좌에 앉기까지의 모든 과정은 그녀의 치밀한 계획에 의해 이루어졌다.

서기 637년, 14세였던 측천무후는 출중한 외모 덕분에 당 태종의 후궁으로 들어가 4품 재인에 봉해졌다. 12년 후(649년), 태종이 사망하자 그녀는 황실의 관습에 따라 성 밖의 감업사(感業寺)에 머무르게 되었다. 651년, 측천무후와 내연의 관계를 맺은 적이 있는 당 고종 이치(李治)는 그녀를 다시 입궐시켜 이듬해 2품 소의로 봉했다. 측천무후는 입궐한 후 즉시 암암리에 공세를 펼쳤다. 그녀는 이치의 마음을 단단히 사로잡고 오랫동안 요직을 차지하고 있던 황후 왕씨와 숙비 소씨를 제거하기 위해 온갖 수단을 가리지 않았다. 측천무후가 소의 시절에 딸을 출산했다. 왕황후는 그 소식을 듣고 측천무후의 처소를 방문했는데 이때 방에는 아기만 있었다. 왕황후는 아기를 어르고 돌아갔고 곧 이치가 찾아왔다. 측천무후가 아기를 보여주려고 이불을 젖히자 아기가 죽어 있었다. 측천무후가 울부짖으며 방문했던 자가 있었는지 묻자 궁녀는 황후가 다녀갔다고 대답했다. 이후 이치는 왕황후를 의심하게 되었고 측천무후는 황후가 자신을 저주하는 주술 행위를 했다고 무고하여 왕황후를 더욱 깊은 곤경에 빠뜨렸다. 측천무후는 자신의 젖먹이 어린 딸을 죽이고는 그 죄를 왕황후에게 뒤집어씌우며 이치에게 왕황후와 소숙비를 폐서인시키도록 부추겼다. 655년(영휘 6년) 10월, 이치가 왕황후와 소숙비를 폐서인시키자 측천무후는 황후의 자리에 올랐다.

그 후에도 그녀는 자신의 지위를 공고히 하기 위해 후환을 근본적으로 없앨 계획을 세웠다. 하루는 이치가 우연히 왕황후와 소숙비가 연금되어 있는 곳에 갔다가 문과 창이 모두 단단히 닫혀 있고 작은 구멍을 통해 음식을 넣어 주는 것을 보았다. 예전에 높은 지위에 있던 후비가 이제 죄수로 몰락한 것을 본 이치는 측은지심이 발동하고 또 예전의 부부의 정이 다시 살아나 "황후, 숙비, 잘 있소?"라고 말을 건넸다. 그러자 왕황후는 눈물을 비 오듯 쏟으며 "소첩이 죄를 지어 죄수가 되었거늘, 어찌 황후라 부르시옵니까?"라고 흐느껴 대답했다. 이치는 왕황후의 흐느낌을 듣고 "짐이 알아서 처리하리다."라고 대답했다. 하지만 뜻밖에도 이 소식은 금세 측천무후의 귀에 들어갔다.

그녀는 곧장 왕황후와 소숙비에게 곧장 100대씩을 치고 양손과 양다리를 자르고 술독에 담가 두도록 명령했다. 며칠 후 두 사람은 세상을 떠났다.

감업사에서 궁궐로 다시 들어온 지 4년 만에 이치의 정실인 왕황후와 깊은 총애를 받고 있던 소숙비를 제거하고 황후의 자리에 오른 측천무후의 소행은 여후에 비해 훨씬 잔인해서 주변 사람들의 등골을 오싹하게 했다.

후대의 후비들은 황제의 사랑과 권력을 얻기 위해 때로는 드러나게 또 때로는 드러나지 않게 싸움을 계속했다. 또한 젊어서 남편을 잃은 후비들은 독수공방의 적막함과 외로움을 달래기 위해 자신의 지위와 권력을 이용하여 남몰래 혹은 공공연하게 정부를 두고 후궁에서 음란하게 즐겼다. 때때로 역사에 남을 후궁의 도색(挑色) 사건을 일으키기도 했다.

역사상 음란하기로 유명한 최초의 후비는 진시황의 모친인 태후 조희(趙姬)다. 그녀는 본래 젊은 부호 여불위(呂不韋)의 애첩이었는데, 여불위가 정치적 야심을 실현하기 위한 수단으로 진시황의 부친인 진 장양왕(秦莊襄王)에게 그녀를 선물하였다. 그녀는 얼마 지나지 않아 아들 영정(嬴政)을 낳았다. 기원전 247년(장양왕 3년) 영정이 13세 되던 해에 장양왕이 세상을 떠나고 영정이 진왕이 되니 그가 바로 훗날의 진시황이다. 조희는 자연히 황태후가 되었다.

아들 진시황이 날로 성장했지만 본래 풍류를 좋아하고 음란하던 태후는 여불위와의 음행을 그만두려 하지 않았다. 이에 두려움을 느낀 여불위는 계책을 꾸몄다. 암암리에 음경이 큰 것으로 유명한 노애

(嫪毐)를 하인으로 들이고는 오동나무로 작은 수레를 만들어 그로 하여금 사람들이 많이 모인 곳에서 음경을 바퀴의 축에 끼워 돌리도록 했다. 이렇게 해도 음경이 전혀 다치지 않자 거리를 가득 메운 사람들은 볼거리에 모두 크게 웃었고 그 소문은 삽시간에 퍼져 나갔다. 소문을 들은 조희는 곧 여불위에게 사람을 보내 노애를 입궐시켜 자신의 시중을 들게 할 것을 요구했다. 여불위는 재물로 환관을 매수해 노애를 환관처럼 꾸며 입궐시켰다. 태후는 날마다 노애와 음락에 빠져 지냈고 여불위는 뜻대로 조희를 떼어낼 수 있었다. 얼마 후 조희는 아들 둘을 낳았고 노애도 환관의 신분에서 하서태원군(河西太原郡)으로 봉해졌다. 이후로 노애는 하인을 수천 명이나 두고 궁궐 안의 모든 일을 관장했으니 그 권세가 하늘을 찔렀다. 그러나 얼마 가지 않아 그의 좋은 세월도 종지부를 찍고 말았다.

기원전 238년(진시황 9년) 9월, 진시황이 친정을 시작한 지 얼마 되지 않았을 때, 노애가 태자 부소를 제거하려는 반란을 계획하였다. 진시황은 곧 사람을 보내 반란을 꾀했다는 죄명으로 노애를 처형하고 그의 삼족을 멸했으며 그와 조희 사이에서 태어난 두 아들마저 죽여 버렸다. 그리고 조태후를 옹성(雍城)으로 보내고 어느 누구도 그녀를 위해 구명 운동을 벌일 수 없도록 명했다. 이를 어기는 자는 사지를 절단하고 무참히 죽였다. 이렇게 해서 죽은 사람이 27명에 이르렀다. 그로부터 1년하고도 1개월이 지난 후에야 진시황은 창주 출신의 모초(茅焦)라는 사람의 권유로 조태후를 용서했다.

음란하기로 유명한 또 다른 후비는 서진의 혜제(惠帝) 사마충(司馬衷)의 황후 가남풍(賈南風)이다. 운명의 장난이었는지 진 무제 사마염은 아들 사마충에게 위근(衛瓘)의 여식을 짝지어 주려고 생각하고 있다가 무원황후와 대신들의 계속된 권유로 가충(賈充)의 여식을 배필로 정해 주기로 마음을 바꾸었다. 가충의 여식은 12세의 소녀 가오(賈午)였다. 그녀는 마르고 작아 아직 어린아이티를 벗지 못해 앞으로 황후의 중임을 맡을 수 있을지, 또한 13세밖에 안 된 태자 사마충을 제대로 보필할 수 있을지 염려되었다. 그래서 가오의 언니인 15세의 가남풍이 태자비로 간택되었다. 우여곡절 끝에 가남풍이 황후에 오르게 되었는데 이때부터 추악한 역사의 한 페이지가 시작되었다.

본성이 그러했는지 아니면 후천적으로 그러한 것인지 가남풍은 질투심이 매우 강했다. 272년(태시 8년) 2월에 태자비로 책봉되었지만 무슨 이유인지 오래도록 회임을 하지 못했다. 그러니 궁녀가 태자의 귀여움을 받고 있다는 소문을 들으면 곧장 그녀를 찾아 매질을 했고 심지어 죽이기까지 했다. 또한 궁녀가 태자의 승은으로 회임을 하면 더욱 독이 올라 약을 먹여 유산을 시키고야 말았다.

290년(태희 원년) 4월, 진 무제가 병사하고 사마충이 황위를 이어 혜제가 되니 가남풍은 곧 황후가 되었다. 이제 가남풍의 악행은 하늘을 찔렀다. 그녀는 권력과 음모를 이용해 재인(才人) 사구(謝玖)의 아들인 황태자 사마휼을 폐서인시키고 태자후를 자결하도록 만들었으며 그녀의 부모까지도 죽였다. 또 혜제의 동생인 사마위의 손을 빌려 당시 실세를 쥐고 있던 사마량을 제거하고 일이 끝나자 입을 막기 위해 그마저 죽였다. 가남풍은 조정의 권세를 모두 장악하였다. 백치처럼 어리석은 혜제는 그녀의 손바닥 안에서 놀아날 수밖에 없었다.

한 가지 아쉬운 일이라면 가남풍이 몇 년 동안 아들을 낳지 못한데다가 사마충이 몸이 허약하고 정력 또한 약해서 가남풍의 불타오르는 욕정을 채워 줄 수 없다는 것이었다. 그러자 그녀는 성욕을 채우기 위해 권력을 이용해 남자들을 궁으로 끌어들이기 시작했다. 그녀가 태의(太醫) 정거(程據)와 사통하고 있다는 사실은 이미 조정에 널리 퍼진 비밀 아닌 비밀이었다. 그녀는 여기에 만족하지 않고 궁궐 밖으로 사람을 보내 젊고 외모가 준수한 남자들을 찾아 데려오게 하여 그들과 즐기며 음욕을 채웠다. 기록에 따르면 낙양성에 한 역졸이 살았는데 집안이 가난하여 옷차림은 남루했으나 외모는 수려하기 이를 데 없었다고 한다. 그런데 그가 갑자기 며칠 동안 사라지더니 얼마후 화려한 옷과 장신구를 온몸에 두르고 나타났다. 이를 두고 소문이 분분했는데 그가 역졸로 있던 곳의 관리가 그를 잡아다가 자초지종을 물어보니 그가 두려움에 떨며 그간의 일을 털어놓았다.

"하루는 길을 걷고 있는데 옷차림이 예사롭지 않은 한 노부인이 붙잡더니 집에 중병 걸린 사람이 있어서 점을 쳤더니 성 남쪽에 사는 청년을 데려다가 주문을 외워야 병이 나을 수 있다고 했다. 함께 가준다면 후한 재물을 주겠다며 부탁하였다. 그 노부인과 함께 마차를 탔는데 사방이 비단천으로 가려져 있어 아무것도 볼 수 없었다. 한십여 리쯤 가더니 대문을 6, 7개쯤 지나 궁궐 같은 곳에서 멈추었는데 어디냐고 물으니 하늘나라라고 했다. 그리고 노부인에게 이끌려 더운물로 목욕을 하고 귀한 옷으로 차려입고 풍성한 음식까지 배불리 먹은 후에 어떤 방으로 갔는데 그 안에 서른대여섯쯤 되어 보이는 한 여자가 있었다. 키는 그리 크지 않았고 피부는 다소 검었는데 눈썹 위에 점이 하나 있었다. 그녀가 자신의 말을 잘 듣고 시중을 잘 들

가남풍
서진 혜제의 황후. 투기가 심한데다 음탕했다고 중국사에서 가혹하게 평가되어 왔지만 진나라 황실을 수호하려던 여걸로도 평가된다.

라고 했다. 그리고 연일 며칠 동안을 그녀와 잠자리를 함께하며 같이 뒹굴고 먹고 마시고 즐겼는데, 정력이 모두 소진되어 더 이상은 잠자리를 하기 어렵게 되니 그제야 풀어 주었다. 그리고 돌아올 때에도 갈 때와 마찬가지로 사방이 가려진 마차를 타고 처음 노부인을 만났던 자리로 돌아왔는데 귀한 옷가지와 재물은 모두 그 여자로부터 받은 것이다. 하지만 지금도 그녀가 누구인지 또 그곳이 어떤 곳이었는지 알 수가 없다."

그의 말을 모두 들은 관리는 단번에 그 여자가 바로 가남풍이라는 것을 알 수 있었다. 당시 소년이나 청년들이 갑자기 사라지는 일이 많았는데 그들은 모두 가남풍에게 받쳐져 그녀의 상대가 되었다. 그녀는 그렇게 몇 날 며칠을 즐기다가 싫증이 나면 비밀이 새어 나갈까 두려워 청년들을 모두 죽였다. 그러나 세상에 비밀이 있을까. 가남풍의 이 비밀은 삼척동자도 다 아는 사실이 되었다. 그런데 이 역졸은 살아남아 후한 재물까지 얻은 것을 보니 아마도 특별히 가남풍의 마음에 들었기 때문이었을 것이다.

가남풍은 스스로 권력욕과 정욕에 불을 붙였고 자신마저도 그 불길 속에서 스러졌다. 그녀는 질투심으로 자신이 폐서인시킨 태자 사마휼을 죽인 후 조왕(趙王) 사마륜(司馬倫)이 내린 사약을 마시고 세상을 떠났으니 그때 그녀의 나이 44세였다. 자신이 휘두른 칼날에 결국엔 자신도 목숨을 잃고 만 것이다.

자고로 황제들은 미인을 좋아했다. 아름다운 후비만이 황제의 사랑을 받을 수 있었는데 마찬가지로 후비들도 잘생긴 황제를 좋아했다. 그러나 유감스럽게도 후비들에게는 황제를 선택할 권리가 없었고 황제에게 복종하고 선택당하는 운명이었다. 기껏해야 황제에게 소극적으로 반항하는 것이 고작이었는데 그 결과는 대부분 비참하게 끝났다. 얼굴 반쪽에만 화장을 했던 것으로 유명한 서비(徐妃)의 일화에서 쉽게 알 수 있다.

서비는 남조 양 원제(梁元帝) 소역(蕭繹)의 후비다. 양 원제는 어렸을 때 눈병을 앓아 한쪽 눈을 실명해 애꾸눈이 되었는데, 서비는 그런 소역에게 불만이 많았다. 너무 못생긴데다가 일도 제대로 못 한다는 것이 그 이유였다. 그래서 그녀는 소역이 자신의 처소로 온다는 기별이 있으면 곧 얼굴의 반쪽에만 화장을 했다. 황제가 애꾸이니 자신도 반쪽만 화장을 할 수밖에 없다는 것이 이유였다. 그녀로서 할 수 있는 최대한의 반항이자 시위였던 것이다. 소역은 그녀를 사랑했지만 또한 증오했다. 항상 반쪽만 화장한 그녀의 얼굴을 볼 때마다 화가 불같이 치솟았지만 그저 말없이 그녀의 처소를 나가 버리곤 했다. 서비는 몰래 신하 기계강(暨季江), 승려 지원(智遠) 등과 사통했다. 물론 서비가 항상 황제에게 그렇게 행동하니 소역도 참을 수 없어 결국은 그녀에게 자결을 명했다. 그녀는 어쩔 수 없이 스스로 우물에 뛰어들어 목숨을 끊었다. 이것은 마음에 들지 않는 황제에게 소극적으로 반항했던 서비의 필연적인 말로였다.

황제의 곁을 지키는 특수한 신분, 환관

주인과 노비의 자리가 바뀌니 정사가 제대로 될 리 없었고
이것이 바로 기형적인 사회 현상의 근원이었으니.

환관(宦官, 太監)은 중국 고대사회의 매우 특수한 산물이었다. 그들은 노예사회에서 생겨나 봉건사회에 성행했다. 황제와 환관의 관계는 겉으로는 주종 관계로 황제는 지고지상한 천자이고, 환관은 그저 궁 안의 노비에 불과했다. 하지만 실제로는 복잡다단하고 모순투성이인 황제의 궁중 생활에서 환관은 온종일 군주의 곁을 지킨다는 특수한 신분을 가지고 있었기 때문에 정치적 역량을 형성할 수 있었다.

황위 쟁탈전이나 후비 간택에서 태자 책봉, 공신 처형에 이르기까지 환관이 중간에서 간여하지 않는 일이 없었다. 심한 경우에는 황제의 생사나 폐위, 옹립까지도 그들의 손에 달려 있었다. 진대에서 청대에 이르기까지 각 왕조에서 환관이 조정의 대소사에 간여하여 본래의 주종 관계가 전도되어 환관이 주인이 되고 황제가 도리어 환관의 손바닥 안에서 놀아나는 허수아비가 되는 경우도 있었다. 역사적으로 환관들이 조정에 간여했던 일은 수없이 많지만 그 중에서도 후한과 당나라, 명나라 때에 가장 심했다.

후한 화제(和帝) 때 나라의 흥성이 극에 달하자 환관들의 전횡이 시작되었다. 서기 88년(장화 2년) 정월에 유조(劉肇)가 불과 10세의 나이로 황제에 즉위했고 두태후(竇太后)의 섭정으로 조정의 모든 권력은 두씨 집안의 형제들이 장악하게 되었다. 이렇게 시작된 외척의 섭정에 화제는 이름뿐인 황제로 전락하게 되었다. 4년 후 14세가 된 화제는 두씨 가문이 장악하고 있던 조정의 대권을 회복하기 위해 환관 정중(鄭衆) 등을 이용해 권력을 빼앗아 왔다. 환관 정중은 공을 인정받아 초향후(剿鄕侯)에 봉해지고 1천8백 호의 식읍(食邑, 왕족, 공신, 대신들에게 공로에 대한 보상으로 주는 영지領地)을 하사받았다. 이는 역사상 최초로 환관을 제후로 봉한 사례다.

화제 이후로 상제(殤帝), 안제(安帝), 순제(順帝), 충제(冲帝), 질제(質帝), 환제(桓帝), 영제(靈帝)가 즉위했는데, 모두 어린 나이에 황위에 올랐다. 이렇게 되니 외척이 섭정하고 황제가 환관에 의지해 권력을 빼앗아 오는 일이 재차 반복되었다. 안제(安帝) 유호(劉祜)가 즉위한 후에는 화제의 황후인 화희황후(和熹皇后) 등씨가 태후로서 섭정을 했는데 안제 역시 환관에게 의지해 태후의 섭정을 막았다. 121년 등태후가 죽자 친정을 시작한 안제는 등씨 일가를 축출했다. 하지만 이 과정에서 환관들의 권한이 커졌고 안제의 총애를 받은 중상시(中常侍) 번풍(樊豐)과 유모 왕성(王聖) 등이 전횡을 하면서 나라는 더욱 혼란스러워졌다. 그리고 황후 염씨의 일가인 염현(閻顯), 염경(閻景), 염요(閻耀), 염안(閻晏) 등이 중용되면서 다시 외척이 권세를 부렸다.

124년에 안제는 외척인 염씨와 측근인 유모 왕성 등의 참언을 받아들여 태자 유보를 폐위시키고 제음왕(濟陰王)으로 봉했다. 그리고 이듬해 남쪽 지방 순행에 나섰다가 남양에서 32세의 나이로 죽었다. 안제가 죽자 황후 염씨는 유수(劉壽)의 아들이자 안제의 사촌인 유의(劉懿)를 황제로 세웠다. 그러나 유의가 황위에 오른 지 몇 개월 만에 죽자 손정(孫程)을 비롯한 19명의 환관들이 염씨 일가를 쫓아내고 안제의 태자였던 유보를 황제로 세웠다. 그가 순제(順帝)다.

순제는 황제로 등극한 후 19명의 환관들을 모두 후작으로 봉했다. 주도자였던 손정은 기도위(騎都尉)라는 높은 관직에 올라 군권을 장악했다. 순제는 또 환관의 양자가 작위를 계승할 수 있도록 법을 고쳤다. 이제 환관은 더 이상 황제와 내궁의 노비가 아니었다. 그들은 점차 조정과 국사를 좌지우지할 수 있는 정치 세력을 형성하고 있었다. 특히 환제(桓帝) 유지(劉志) 때에 이르러서는 환관들 중에서 5명의 후(侯)와 십상시(十常侍)가 나와 그 권세는 조정을 온통 장악하고 패권을 휘두를 수 있는 경지에 이르렀다.

순제가 사망한 후 양황후의 동생 대장군 양기(梁冀)가 순제와 환제의 황후가 된 2명의 누이를 등에 업고 조정의 정권을 장악하고 황제의 폐위와 옹립을 마음대로 결정했다. 양기는 교만하기 짝이 없었으며 황제는 안중에도 두지 않고 거리낌 없이 마음대로 행동했으며 심지어는 공공연한 강탈과 사기도 서슴지 않았다. 순제가 죽고 나서 두 살배기인 충제가 즉위했는데 황상에 앉은 지 6개월도 채 못 되어 갑

명나라 때 환관들의 모습

자기 죽었다. 양기는 황족 중에서 8세의 어린아이를 물색하여 황제로 올려놓았는데 그가 바로 질제(質帝)다.

질제는 비록 나이는 어렸지만 매우 총명했다. 그는 양기의 전횡과 교만을 아주 싫어했다. 어느 날, 그는 대신들 앞에서 양기를 손가락질하며 "경이야말로 발호(跋扈) 장군이오!"하고 꾸짖었다(물고기가 통발을 뛰어넘는다는 뜻으로 함부로 날뛰며 윗사람을 무시하는 그의 오만 방자함을 지적한 것이다). 양기는 화가 머리끝까지 났지만 그 자리에서는 참는 수밖에 없었다. '머리에 쇠똥도 벗겨지지 않은 어린놈이 어디서 감히! 그대로 놔두면 큰 후환거리가 될 테니 없애버리는 게 상책이다.' 이렇게 생각한 양기는 떡에 몰래 독을 넣어 어린 황제를 독살했다. 질제가 죽자 양기는 황족 중에서 15세의 유지(劉志)를 황제로 세웠다. 그가 바로 환제(桓帝)다.

환제는 황제가 된 후 가장 먼저 한 일이 바로 외척인 양씨 일가에 높은 관직을 내리는 것이었다. 『후한서, 양통전부양기전(後漢書, 梁統傳附梁冀傳)』의 기록에 따르면, 양씨 가문에는 모두 7명의 후작과 3명의 황후, 6명의 귀인, 2명의 대장군이 있었으며, 부인과 여식읍(女食邑)이 7명, 상공주(尚公主)가 3명에 경(卿), 장(將), 윤(尹), 교(校) 등이 57명이었다고 한다.

양씨 가문은 환제에 대해 전혀 신경 쓰지 않았고 환제는 그들의 꼭두각시에 불과했다. 양기는 조정의 권력을 모두 장악하고 더욱 사치스러운 생활을 했다. 낙양 부근 민가들의 논밭을 빼앗아 화원으로 만들고 누각과 정자도 지었다. 그리고 수많은 집들을 지어 자기 것으로 삼았다. 양기는 이렇게 20여 년 동안 나라의 대권을 쥐고 흔들면서 무법천지로 놀았다. 159년(연희 2년) 7월에 양황후가 사망하자 양기도 이제 기댈 언덕을 잃게 되었고 세력이 많이 약해졌다. 이때 28세의 환제는 단초(單超) 등 양기에게 원한을 품고 있던 환관 5명을 비밀리에 규합하여 우림군 1천여 명을 이끌고 양기의 집을 포위했다. 당황한 양기는 어쩔 줄을 모르다가 살길이 없음을 알고 독약을 먹고 자살했다. 환제는 공로에 따라 단초 등 환관 5명을 후로 봉했는데 그들을 가리켜 '오후(五侯)'라고 한다. 그들에게는 각각 1천3백 호 이상의 식읍을 하사하였다. 이때부터 후한 정권은 외척의 손에서 환관의 손으로 넘어갔다. 환제의 지위는 예전과 달라진 게 없었다. 이들은 2차례의 사화를 일으켜 수많은 대신들을 죽였고, 환제가 죽고 영제(靈帝) 유굉(劉宏)이 즉위하자 이번에는 '십상시'가 권세를 잡았다.

십상시는 『후한서(後漢書)』 기록에 의하면 환관 장양(張讓), 조충(趙忠), 하운(夏惲), 곽승(郭勝), 손장(孫璋), 필람(畢嵐), 율숭(栗嵩), 단규(段珪), 고망(高望), 장공(張恭), 한리(韓悝), 송전(宋典) 등 12명이었다고 한다. 그들은 모두 상시에 임명되어 문서와 어지 하달 등을 장악하고 관리했다. 십상시는 전횡을 휘둘렀을 뿐 아니라 그들의 친족까지 합세하여 조정 안팎은 혼란하기 그지없었다. 영제는 십상시를 이용해 뇌물을 받고 그 돈으로 자신의 음욕을 채우는 데 썼다. 또한 십상시는 영제의 관심을 정치에서 멀어지게 하기 위하여 하태후의 이복 오빠 하진(何進)의 누이를 바쳐 주색에 빠지게끔 만들었다. 영제는 장성한 뒤에도 십상시의 농간에 놀아나 정치를 돌보지 않아 여러 곳에서 반란이 일어났다. 그 중에서도 장각(張角)이 이끄는 황건적(黃巾賊)의 세력이 가장 컸다. 184년에 황건적의 난이 평정되자 십상시는 모두 열후(列侯)에 봉해졌다.

189년 영제의 병이 깊어지자 환관 건석(蹇碩)과 후계자 자리를 논의하면서 건석은 하진을 죽일 계획을 세웠다. 그러나 건석의 계획이 하진에게 발각되고 영제가 4월에 죽자 하태후가 대권을 장악하게 되었다. 하진은 사예교위 원소에게 5천 명의 군사를 주어 궁궐로 쳐들어가 자신의 조카 황태자 유변(劉辯)을 황제로 즉위시켰다.

한편 건석은 원소의 군사들을 피해 도망가다가 십상시 중 한 명인 곽승에게 살해당했다. 그 뒤 하태후와 하진은 진류왕 유협의 어머니 왕미인과 영제의 어머니 동태후와 동중 등을 내쫓아 독살하는 등의 만행을 저질렀다. 그리고 원소는 십상시들을 죽일 계획을 세우고, 십상시의 수장 장양은 하진을 죽일 계획을 세운다.

189년 8월 25일 십상시들은 하태후의 명령을 위조해 하진을 장락궁으로 불러들였다. 하진은 결국 중상시 장양과 단규 등에 속아 살해당했다. 하진이 죽자 그의 부하 오광이 청쇄문 밖에 불을 질렀다. 진군교위 조조와 사예교위 원소는 500명의 군사를 이끌고 궁궐로 쳐들어가고 원소의 동생 원술도 1천 명의 군사를 이끌고 참여하면서 사태는 더욱 커졌다. 취화루 아래에서 조충, 정광, 하운, 곽승 등을 베고 군사들은 십상시의 가족들을 모두 죽였으며 환관들도 모두 살해했는데 이 때문에 수염 없는 사람들도 환관으로 오해받아 살해당했다. 하진의 동생 하묘도 십상시 중 한 명이던 조충을 죽였으나 오광에게 가담자로 오해받아 살해당했고 하진을 살해했던 상방감 거목을 포함해 2천 명에 달하는 사람들이 장락궁에서 살해당했다. 이 난이 십상시의 난이다. 이때부터 새로운 군벌 세력이 조정의 대권을 장악하게 되었고 후한의 정권은 더 이상 지탱할 수 없을 만큼 분열하게 되었다.

후한이 태평성대를 이루었을 때부터 환관들의 득세가 시작되었던 것과 마찬가지로, 당나라의 환관들도 당이 가장 흥성하던 시기에 정치적 세력을 형성하고 역량을 키웠다. 당 현종 개원(開元) 연간에 나라 안이 편안하고 민심이 안정되어 백성들이 편안한 나날을 보내고 있었지만 이때부터 환관 섭정의 역사가 시작되고 있었다. 『구당서, 환자열전(舊唐書, 宦者列傳)』에 의하면 당대 환관들의 정권 장악은 현종(개원 연간) 때에 시작되어 경종(천우 연간) 때에 극에 달해 조정이 몹시 혼란스러웠다고 한다. 바로 당 현종이 환관이 정권을 장악할 수 있는 빌미를 제공해 주었던 것이다.

당 현종 이융기는 집정한 후에 환관을 총애하여 후한 재물을 내렸으며 3품의 장군으로 임명했다. 이 가운데 현종이 가장 아끼던 환관이 고역사(高力士)였다. 그는 본래 성이 빙(馮)이었고 698년(예종 문명 15년)에 입궐하여 후에 측천무후의 미움을 받아 궁궐에서 쫓겨났다. 그는 환관 고연복(高延福)의 수양아들로 들어가 성을 고씨로 바꾸었다. 710년(예종 경운 원년) 이융기가 정변을 일으켜 위황후(韋皇后) 일파를 제거하는 데 그를 도와 큰 공을 세웠으며, 713년(현종 선천 2년) 태평공주(太平公主) 일파의 모반을 진압하는 데에도 크게 기여하여 현종으로부터 두터운 신임을 얻었다. 그는 한낱 소환관에서 표기대장군(驃騎大將軍), 제국공(齊國公), 개풍의동삼사(開府儀同三司)에 올랐고 한때를 풍미하는 권력가가 되었다.

현종은 궁중 사무의 모든 대권을 고역사에게 넘겼고 일반 사무도 전권을 가지고 처리하도록 하여 황제에게 보고하지 않아도 되도록 했다. 각지에서 올라오는 상소는 모두 고역사가 먼저 읽고 난 후에 중요한 상소만 황제에게 전하는 등 황제 다음가는 권력을 행사했다. 현종은 정치적으로 고역사에게 의지했을 뿐 아니라 밤에 잠을 잘 때에도 침궁 안에 발을 쳐 놓고 발 뒤에서 지키도록 했다. 현종은 측근들에게 항상 "고역사가 있기에 나는 편안히 잠을 잘 수 있다."라고 말했다고 한다. 고역사는 현종이라는 튼튼하고 거대한 우산 밑을 혼자 독차지하고 만인지상의 바로 아랫자리에 앉아 권력을 휘두를 수 있었다.

고역사는 740년(개원 28년)에 양귀비를 후궁으로 들여왔으며, 이임보(李林甫)와 양국충(楊國忠) 등을 등용하여 정치를 문란케 하였다. 또한 안녹산(安祿山)을 조정에 추천하였다. 그런데 양귀비는 현종 외에 중국 변방 돌궐족 출신인 안녹산을 가까이 하였다. 안녹산은 일개 군졸에서 시작하여 용맹으로 공을 세워 일약 중앙정계로 진출한 인물이었다. 20대의 양귀비는 40대의 안녹산을 수양아들로 삼고 가까이 하였다. 일설에는 양귀비가 안녹산과 부적절한 관계를 맺었다고도 한다. 그러나 현종은 그들의 관계를 조금도 의심하지 않았다. 오히려 양귀비가 안녹산을 총애하는 것만큼 더욱 그를 높은 지위로 등용하였다. 그것이 양귀비의 6촌 오빠인 양국충과 안녹산 사이에 갈등의 원인이 되었다. 양국충은 안녹산의 성장에 위협을 느끼고 그를 제거하려 하였다. 이를 눈치 챈 안녹산은 변방에서 난을 일으키고 곧이어 당나라의 수도인 장안까지 쳐들어 왔다. 이것이 바로 안사의 난이다.

755년 안녹산이 반란을 일으키자 고역사는 현종과 함께 쓰촨(四川)

양귀비 무덤
지금의 섬서성 흥평현 마외파에 있는 양귀비의 무덤

방면으로 피신하였다. 하지만 장안 서쪽의 마외역에 이르렀을 때 양씨 일족에 불만을 품은 병사들은 양국충을 죽이고 현종에게 양귀비를 내놓을 것을 요구하였다. 결국 고역사의 설득으로 양귀비는 목을 매어 자살하였다.

756년에 현종이 태상황으로 물러나고 숙종(肅宗) 이형(李亨)이 즉위하자 고역사는 환관 이보국(李輔國)의 탄핵을 받아 무주(巫州)로 유배되었다. 762년(보응 원년)에 현종이 죽자 고역사는 사면되었지만 현종의 죽음 소식을 듣고 7일 동안 음식을 끊고 슬퍼하다가 낭주에서 죽었다. 고역사는 조정을 직접 조종하거나 섭정을 하지는 않았지만 당대 환관 정치의 문을 활짝 열었다고 할 수 있다. 그 후 이보국, 정원

진(程元振), 어조은(魚朝恩), 구문진(俱文珍), 토돌승최(吐突承璀), 왕수징(王守澄), 유극명(劉克明), 수사량(讐士良), 전령자(田令孜), 양복공(楊復恭) 등은 모두 조정을 좌지우지했던 악명 높은 환관들이다. 그들은 조정의 모든 권력을 장악했을 뿐 아니라 마음대로 군왕을 폐위시키거나 옹립했고 심지어는 황제를 살해하기까지 했다. 특히 당 말기의 환관들은 그 수법이 더욱 악랄해져 황제를 손안에 가지고 놀면서 마음대로 갈아 치웠지만 어느 누구도 감히 그들을 저지하지 못했다. 당 헌종에서 당 소종에 이르기까지 9명의 황제가 바뀌었던 90년 동안 7명의 황제가 환관에 의해 추대되었으며 2명은 환관에게 독살되었다. 왕수징과 유극명이 바로 황제를 독살한 파렴치한 환관이다.

왕수징은 당 헌종(獻宗) 때의 환관이었다. 헌종은 말년에 불로장생을 위해 여러 차례 도사를 시켜 금단(金丹)을 만들게 하고 그것을 항상 복용했는데 왕수징은 그 틈에서 헌종의 신임을 얻었다. 812년(원화 7년)에 태자 이영(李寧)이 죽자 새로운 태자를 책봉하는 문제를 놓고 헌종이 총애하던 환관인 토돌승최와 왕수징 사이에 충돌이 발생했다. 토돌승최는 헌종의 2남 이운(李惲)을 태자로 책봉해야 한다고 주장하였고, 왕수징은 3남 이항(李恒)을 태자로 책봉하자고 주장하였다. 헌종은 환관들의 압력에 못이겨 이항을 태자로 삼았다. 820년(원화 15년), 헌종이 금단 중독으로 시름시름 앓더니 병세가 점점 위독해지자 왕수징과 토돌승최 간의 갈등은 점점 더 가열되었다. 왕수징은 그 싸움에서 자신이 이기기 위해 헌종이 약을 먹을 때 환관 진홍지(陳弘志)에게 약 그릇을 극약이 든 그릇과 바꿔치기 하도록 사주했다. 헌종이 43세의 나이에 죽자 왕수징과 진홍지는 헌종의 죽음을 알리지 않고 곧 태자 이항에게 중화전의 헌종 영전에서 황위를 물려받도록 했다. 그가 바로 목종(穆宗)이다.

그들은 병사를 보내 토돌승최와 이운을 죽인 후에 헌종의 죽음을 외부에 알렸다. 이때부터 조정의 모든 대권은 왕수징을 위시한 환관들의 손에 넘어가게 되었다. 5년 후, 목종도 환관들의 거듭된 권유로 금단을 복용하고 그 중독으로 재위 4년 만에 세상을 떠났다. 목종의 장자 이담(李湛)이 황위를 계승했는데 그가 바로 경종(敬宗)이다. 경종이 가장 총애하던 환관은 유극명이었다. 하지만 유극명은 경종과 마찬가지로 실권이 없었다. 그래서 그는 전권을 쥔 왕수징을 내심 몹시 미워했으며 항상 기회를 틈타 그를 제거하려고 했다.

826년 동짓달 어느 날 밤에 경종이 밤에 사냥을 나갔다가 궁으로 돌아와 유극명과 소좌명(蘇佐明), 석정관(石定寬) 등 환관을 불러다 밤새 술을 마시며 즐겼다. 경종이 술에 취하자 옷을 갈아입으려고 처소로 들어갔다가 불이 꺼지며 유극명과 소좌명이 뒤에서 덮쳐 죽였다. 그리고 유서를 거짓으로 날조하여 헌종의 6남 이오(李悟)를 황제에 앉혔다. 그러나 왕수징과 재상, 금군수령 등의 반대에 부딪쳐 유극명은 우물에 투신해 자살했다. 왕수징은 경종의 이복동생인 이앙(李昂)을 황제로 옹립했는데 그가 바로 문종(文宗)이다.

문종의 재위 기간 동안 환관들의 득세는 날로 심해졌고 마침내 문종은 왕수징이 자신을 감시하라고 보낸 정주(鄭注), 이훈(李訓) 등을 이용해 왕수징을 모살했다. 그 후에 변을 일으켜 환관들을 제거하려 하였으나 실패하였다. 문종은 환관 수사량(讐土良)에 의해 연금되고 말았다. 그 후 천하의 모든 대사는 북사(北司, 환관의 기구)에 의해 관장되었고 황제는 그저 꼭두각시에 불과했다. 문종은 "오늘날 짐이 노비들에게 억압을 당하고 있으니 제후 대신들에게 억압당했던 한 헌제보다도 못하구나."라며 탄식했다고 한다.

명대는 중국 역사상 환관들의 역할이 가장 컸던 왕조다. 역대 왕조들과는 달리 명나라 환관 중에는 국가의 발전에 중요한 공헌을 한 이들도 있었다. 이흥(李興), 역실합(亦失哈), 마기(馬騏), 정화(鄭和) 등이 바로 그러하다. 특히 정화는 삼척동자도 다 아는 위대한 환관이다. 그는 영락제의 지지를 받아 커다란 배와 대군을 이끌고 거의 30년간 30여 개 나라를 돌며 외국과의 우호관계를 맺는 데 커다란 공헌을 했고 세계에 중국의 영향력을 높였다. 바로 이때 아시아와 아프리카를 잇는 해상 실크로드가 개척되었으며, 이는 세계 항해사에서도 중요한 업적으로 평가받고 있다.

명대에도 정화와는 달리 악명 높은 환관들도 여럿 있었다. 정통제를 적의 포로로 몰아넣은 왕진(王振), 충신을 음해하여 살해한 조길양(曹吉祥), 권력을 농단하고 나라를 망하게 한 왕직(汪直), 대신들을 몰살한 유근(劉瑾), 황제와 거의 동등한 권력을 행사하며 '구천세(九千歲)'로 자처한 위충현(魏忠賢) 등이다.

위충현은 그의 이름과는 반대로 충성스럽지도 현명하지도 않았으며 아주 전형적인 시정잡배였다. 그는 도박으로 빚을 지고 수모를 겪자 홧김에 스스로 거세하고 입궐하여 만력제의 장손 주유교의 유모인 객씨(客氏)와 결탁하였다. 또한 주유교의 신임을 얻어 계속 관직이 상승했고 결국 사례감 병필태감(司禮監 秉筆太監)의 자리에 올랐다. 규율에 따르면 사례감이 되려면 반드시 글을 알아야 했지만 위충현은 까막눈이었다. 하지만 그는 사례감의 신분으로 황제를 대신해 상소문을 처리하고 어지를 전했다.

천계제 주유교는 어리석고 우매한 황제로 자신에게 아부하는 사람들만 좋아했고 조정 대사에는 전혀 관심이 없었다. 위충현이 조정 일에 대해 보고를 올릴 때마다 "짐은 이미 알고 있는 일이니 그대가 잘 처리하라."라고 말했다. 이렇게 되자 위충현은 황제의 대변인이 되어 국정 대사를 자기 마음대로 처리했다. 그는 대권을 장악하고 조정에서 자신에게 반대하는 세력들을 모두 제거했다. 또한 자신의 붕당을 만들어 80여 명의 대신들이 그의 휘하로 들어오게 하였다.

위충현은 정권을 완전히 장악하고 전횡(專橫)을 일삼았다. 『명사, 위충현전(明史, 魏忠賢傳)』에는 그가 사람들을 닥치는 대로 죽이던 참혹한 장면이 그대로 묘사되어 있다. 위충현의 붕당 안에는 그 유명한 오호(五虎), 오표(五彪), 십해아(十孩兒), 사십손(四十孫) 등의 무리가 있었는데, 이들은 또다시 자신들의 파벌을 형성하고 조정의 모든 관직을 장악했다.

1624년(천계 4년), 동림당(東林黨) 좌부도어사(左副都御史) 양련(楊漣)이 조남성, 좌광두(左光斗), 위대중 등과 함께 상소를 올려 위충현의 24개 죄상을 폭로하고 탄핵했다. 위충현은 이 일로 일시적으로 동창(東廠)의 수장에서 물러나기도 했지만 다시 천계제의 신임을 받고 동림당(東林黨)에 대한 대대적인 탄압에 나섰다. 1625년에 요동경략(遼東經略)이었던 웅정필(熊廷弼)이 부정을 저질렀다는 사건을 조작하여 동림당의 핵심인물인 양련, 좌광두, 주기원(周起元) 등을 잡아들여 죽였다. 또한 천계제에게 고명원신(顧命元臣)의 인(印)을 받았으며, 대신들은 사람들에게 '위가(魏家)의 각로(閣老)'라고 불릴 정도로 그의 눈치를 보기에 급급했다. 그는 요나 순에 버금가는 성인임을 자처하여 '요천순덕지성지신(堯天舜德至聖至神)'이라는 칭호를 사용했다.

이외에도 1626년에는 서호에 생사당(生祠堂, 공덕이 있는 사람을 높이 공경하거나, 감사, 수령 등의 선정을 찬양하는 표시로 그 생존 중에 신을 모시는 것처럼 제사지내는 사당)을 세워 자신을 칭송하고 기리도록 하였다. 각지의 관리들은 위충현에게 아부하기 위해 그의 상(像)과 생사당을 곳곳에 세웠으며, 그를 만날 때에는 '황제만세(皇帝萬歲)'를 본떠서 세번 머리를 조아리며 '구천세(九千歲)'라고 외쳤다고 한다.

그는 뒤이어 하남과 하북, 산동, 산서, 호과, 사천, 강소, 절강 등지에도 생사당을 지었고 그 규모도 날이 갈수록 커졌으니, 여기에 들어간 백성들의 피땀은 이루 말할 수 없었다. 이제 위충현은 황제 따위는 전혀 신경 쓰지 않았다. 한번은 황제와 빈비가 편전에 앉아 있는데 위충현이 말을 타고 어전으로 들어왔다. 천계황후가 대노하며 활을 쏘아 죽이라고 명했는데, 위충현은 자신의 죄를 인정하지 않고 오히려 궁내에서 말을 탈 수 있다고 반박했다. 후에 위충현은 다른 신하들의 설득으로 겨우 자신의 죄를 인정했다고 한다.

1625년(천계 5년) 5월 18일, 주유교는 서원에 놀러 나갔다가 위충현과 객씨가 자신의 배를 타고 호수에서 놀고 있는 것을 보았다. 그러나 위충현이 배를 내어주지 않자 어쩔 수 없이 낡고 작은 배를 타고 호수에 들어갔다. 위충현이 타고 있는 배에서는 풍악이 울리고 왁자지껄했다. 이때 갑자기 큰바람이 불어 배가 뒤집어지면서 배에 타고 있던 주유교와 환관이 모두 호수에 빠졌다. 환관은 모두 익사하고 주유교만 겨우 구조되었지만 아무도 위충현을 나무라지는 못했다. 그러나 달이 차면 기울 듯 위충현의 권세도 영원하지는 못했다. 위충현의 권세가 한창 하늘을 찌르고 있을 때 주유교가 23세의 나이로 병사하였다. 1627년(천계 7년) 8월에 천계제의 뒤를 이어 황제에 즉위한 숭정제(崇禎帝) 주유검(朱由檢)은 바로 위충현의 붕당에 대한 숙청을 시작했다. 위충현은 조정에서 축출되어 봉양에 유배되었다. 막 부성(阜城)에 도착한 위충현은 자신을 체포하라는 황명이 내려졌다는 소식을 듣고 스스로 목숨을 끊었다. 주유검은 위충현의 시체를 가져다 천참만륙(千斬萬戮, 수없이 여러 동강을 쳐서 참혹하게 죽임)하고 그의 붕당 세력을 일망타진했다. 전횡을 일삼으며 천하를 쥐락펴락했던 위충현 일당이 모두 몰락하는 순간이었다.

위에서 열거한 악명 높은 환관들은 그저 대표적인 몇몇 인물에 불과하다. 전체 중국 왕조를 살펴보면 환관은 황제 전제 정치의 산물이었고, 황제는 환관의 전횡에 기댈 언덕이 되어 주었다. 환관은 황제를 등에 업고 온갖 나쁜 짓을 저질렀고 그 화는 백성과 나라에 미쳤다. 황제는 환관의 힘을 이용해 사리사욕을 채웠고 권력을 차지하고 황위를 찬탈했으며 환관이 권력을 장악하는 데 빌미를 제공했다. 그러나 환관의 참정(參正)은 황제 자신의 몰락을 가속화시켰을 뿐이었다. 황제와 환관 사이에는 모종의 상호 인과 관계가 있다고 할 수 있다.

역대 황제들 가운데 유능하고 현명한 황제들은 환관이 조정의 일에 참여하는 것이 얼마나 위험한 일인지 잘 알고 있었다. 그래서 역대 왕조의 개국 초기에는 환관의 권력을 억제할 수 있는 엄격한 제도를 마련해 두었다. 한 고조 유방은 중상시중(中常侍中)을 임명하면서 환관과 문인을 함께 임명해 서로 감시하고 견제하도록 했다. 당 태종 이세민도 내시성의 환관들의 관직이 3품을 넘을 수 없다고 규정하고 그 수를 대폭 축소했다. 송 태조(宋太祖) 조광윤(趙匡胤)은 환관의 수를 크게 줄여 그 수가 50명도 채 안 되었다. 송 태종 조광의 때에는 환관을 선휘사(宣徽使)에 봉하지 않았다. 명 홍무제 주원장은 궁궐의 문 위에 "환관은 정사에 간여할 수 없으며 어기는 자는 참수한다."라고 새긴 쇠로 만든 현판을 걸고 환관의 관직이 4품을 넘어설 수 없으며 관복을 입을 수 없도록 규정했다. 청나라 초기에도 환관의 수를 억제하고 환관들의 국정 참여를 엄격하게 제한했으며 관직을 낮추었다. 청 강희 61년에는 환관 가운데 5품 총관이 1명, 5품 환관이 3명, 6품 환관이 2명뿐이었으며, 청 말기에도 환관에게 병권은 넘기지 않았다.

하지만 세월이 가면서 선대에서 제정한 규율은 점차 잊혀지고 말았다. 특히 환관을 맹신하고 의지해 황상을 유지하려는 천자들은 선대의 규율 따위는 내팽개쳐 두고 정치적으로 환관에 의지했다. 일상생활에서도 환관을 필요로 했으며 그들의 손을 빌어 사욕을 채웠다. 이것이 바로 환관이 참정하고 국사를 좌지우지 할 수 있는 토양이 되어 주었던 것이다. 중국 역대 왕조가 끝까지 해결하지 못했던 악습이었다.

대군을 이끌고 전쟁에 나간 황제들

어가친정을 나선 황제들
승패는 엇갈렸고 포로로 잡힌 황제도 있었으니.

고대에 황제가 직접 군대를 이끌고 전쟁터에 나가는 것을 어가친정(御駕親征)이라고 했다. 중국에서 처음으로 어가친정을 단행한 황제는 한 고조 유방이다.

서초의 패왕 항우(項羽)가 해하(垓下)에서 대패해 스스로 오강에 뛰어들어 자결한 후, 유방은 빠른 속도로 전국을 통일했다. 그리고 기원전 202년 산동 정도(定陶) 부근에서 황제에 즉위하고 공신들을 제후로 봉했다. 그러나 불과 5개월 후, 성(姓)이 다른 왕들이 반란을 일으킬 것을 두려워한 유방은 친히 대군을 이끌고 연왕(燕王) 장다(臧荼), 초왕(楚王) 한신(韓信), 장사왕(長沙王) 오예(吳芮), 양왕(梁王) 팽월(彭越), 한왕(韓王) 신(信) 등의 다른 왕들을 토벌하게 된다.

기원전 220년, 유방은 한왕 신을 제거하기 위해 친정에 나섰고, 한 왕은 패주하여 흉노로 들어갔다. 때는 엄동설한이었는데 유방은 주위의 충고를 듣지 않고 친히 기병들을 이끌고 한왕을 추격해 가다가 보병들과 멀리 떨어지고 말았다. 결국 평성(平城)의 백등산(白登山, 지금의 산서 대동 동북쪽)에서 흉노족 30만 정병에게 포위되어 7일 동안 굶주리다가 어쩔 수 없이 굴복하고 화의를 청했다. 유방은 공주와 금은보화를 흉노에게 바치기로 약속하고 겨우 살아나올 수 있었다.

유방 이후로 친정에 나섰던 황제는 많다. 한 광무제 유수(劉秀), 삼국시대 촉 유비, 수양제 양광, 당 태종 이세민, 송 태종 조광의, 송 진종 조항, 명 영락제 주체, 명 정통제 주기진, 청 강희제 현엽 등이 모두 친정을 단행했다. 이 중 일부는 승리하고 일부는 패배했으며, 불행히도 적의 포로로 잡힌 황제도 있었다.

명 영락제 주체는 친정의 횟수가 비교적 많다. 1410년부터 1424년까지 14년간 5차례나 친히 군대를 이끌고 사막으로 원정을 가서 몽골족과 전투를 벌였다. 제1차 친정은 1410년(영락 8년) 8월이었고, 제2차 친정은 1414년(영락 12년) 3월, 제3차 친정은 1422년(영락 20년), 제4차와 제5차 친정은 각각 1423년(영락 21년) 8월, 1424년(영락 22년) 4월에 있었다. 주체는 역사적으로 유능한 황제로 평가되고 있으나, 총 5차례의 친정 가운데 3번은 적의 그림자조차 찾지 못했으며 친정 중에 병에 걸려 객사하고 말았으니 실로 안타까운 일이다.

역대 황제 가운데 가장 유명한 친정을 감행했던 황제는 청나라 강희제다. 그는 몽골족을 토벌하기 위해 3차례나 친정을 나섰다. 명·청 시대에 몽골족은 세 지역으로 흩어져 있었는데, 1671년(강희 10년)

사냥에 나선 강희제

몽골 부족 가운데 한 우두머리가 칸을 자칭하며 외국과 내통했다. 그는 러시아와 손을 잡고 다른 몽골 부족들을 흡수한 뒤 중원으로 눈을 돌려 대군을 이끌고 북경으로 진격해 내려왔다. 이 소식에 청나라 조정은 크게 놀랐고 1690년(강희 29년), 강희제가 제1차 친정을 나서게 되었다. 강희제는 몽골군을 물리치고 승리를 거두었으며, 그 후 1696년(강희 35년) 3월에 제2차 친정에 나섰다. 이 친정은 강희제가 먼저 몽골족을 치기 위해 시작했는데 추운 날씨와 굶주림에도 불구하고 승전을 거두었다. 1697년(강희 36년) 3월, 강희제는 몽골족을 토벌하기 위해 제3차 친정에 나섰고, 포위당한 몽골족의 우두머리가 스스로 목숨을 끊으면서 3차례에 걸친 강희제의 친정은 모두 승리를 거두었다.

명나라 영락제와 청나라 강희제는 친정으로 성공한 황제들이었지만 실패한 황제도 있었다. 촉의 유비와 수양제 양광, 명 정통제 주기진이 그러하다.

유비는 의형제 관우와 장비의 원한을 갚기 위해 주위의 만류에도 불구하고 손권의 오나라를 치기 위한 친정에 나섰다. 하지만 오나라 청년 장수 육손(陸遜)의 화공(火攻)에 당해 촉의 군영이 온통 불바다가 되었고, 엄청난 패배에 화를 참지 못한 유비는 병으로 사망했다(『삼국연의(三國演義)』).

서기 607년(대업 3년), 수양제 양광은 북방을 돌던 중 고구려의 신하를 만나게 되었다. 양광은 그에게 4년 후에 탁군(涿郡, 지금의 하북 탁현涿縣)으로 갈 터이니, 고구려의 왕이 직접 와서 자신을 알현할 것을 명했다. 611년 약속대로 양광이 탁군에 갔을 때 고구려 왕이 나타나지 않자 크게 분노하여 고구려 친정에 나서기로 결심했다. 군령이 내려지고 전국에서 수백만 명의 농민들이 친정군으로 징용되었으며 백성들이 키우던 소와 말, 마차와 배 등이 모두 군수물자로 몰수되었다. 병사들은 탁군에 집결되었고 군량미는 요서군(遼西郡)에 속속 도착했다. 하지만 몇 날 며칠 쉬지 않고 군량미를 나르고 전쟁 준비를 해 온 백성들은 모두 지치고 굶주려 하나둘 쓰러져 갔다.

612년(대업 8년), 탁군에 모인 병력은 113만 명이 넘었고 2월 9일 양광의 제1차 친정군은 고구려를 향해 출발했다. 병사들이 모두 줄지어 떠나니 행렬이 960리(377킬로미터)나 되었고 발자국 소리는 천지를 뒤흔들었다. 양광은 출정 전에 어떠한 군사 행동도 반드시 보고할 것을 지시했다. 또한 어느 누구도 명령 없이 행동해서는 안 되며, 고구려 병사가 투항해 오면 공격하지 말 것을 명했다. 양광의 이러한 명령을 알기라도 한 듯 진격 도중에 만난 고구려 군은 모두 거짓 투항을 하

고구려 친정에 나선 수양제

며 시간을 지연시켜 수나라의 군대를 조롱했다. 고구려의 요동성을 공격했을 때 성곽이 무너지자 고구려 병사들은 모두 백기를 들고 투항했다. 그러나 수나라 군대는 양광의 명령 때문에 계속 공격하지도 못하고 전투를 잠시 중단한 채 지시를 기다렸다. 그러자 시간을 번 고구려 군들이 전열을 정비하고 다시 맹렬히 저항하기 시작했다. 이런 상황이 계속되자 요동성은 함락될 기미가 보이지 않았다. 뒤이어 평양을 공격하러 떠났던 30만 대군이 대패하고 돌아오자 병사와 군량미가 얼마 남지 않게 되었다. 양광의 제1차 친정은 이렇게 실패로 막을 내렸다. 그 후 613년(대업 9년) 양광은 또다시 고구려를 치기 위해 제2차 친정을 떠났지만 고구려의 완강한 저항에 부딪쳤다. 설상가상으로 수나라 내부에서 대규모의 농민봉기와 양현감(楊玄感)의 반란이 일어나 철수를 강행하면서 또다시 실패하고 말았다. 제3차 친정(대업 10년)도 고구려의 화의 요청으로 흐지부지 끝나고 말았다.

수양제 양광은 국가의 힘과 민심을 무시한 탓에 3차례의 친정에서 고구려를 정복하지 못하고 뼈아픈 실패를 맛보았으며 오히려 내란을 야기했다. 그로부터 불과 4년 후(618년) 양광은 자신의 왕조 수나라와 함께 몰락하고 말았다. 양광의 친정은 도탄에 빠진 백성들을 더욱 고통으로 몰아넣어 결국 스스로 몰락하는 결과를 낳았지만, 명나라 정통제 주기진의 친정은 황제 자신이 적에게 포로로 잡힘으로써 조정에서 환관이 득세하게 되는 결과를 낳았다.

정통제 주기진은 선덕제의 장자로, 9세에 황제에 즉위하였지만 나이가 어려 태황태후 장씨가 섭정하였고, 어진 신하 양사기(楊士奇), 양부(楊溥), 양영(楊榮) 등 이른바 삼양(三楊)이 보필하여 선정을 펼쳤다. 하지만 그들이 죽자 환관 왕진(王振)이 실세로 등장하여 전횡(專橫)하였고 국정과 왕실은 어려움에 처하게 되었다. 운남(雲南)의 사임발(思任發)·사기발(思機發)의 난리 때에는 소모전을 강요당하여 재정이 궁핍하게 되었고, 절강(浙江)·복건(福建) 광부들의 난과 등무칠(鄧茂七)의 반란에도 애를 먹었다.

1449년(정통 14년) 동서 몽골통일에 성공한 오이라트(Oirāt)족의 족장 에센(也先)이 대군을 이끌고 명나라에 쳐들어왔다. 당시 명나라와 몽골은 마찰을 피하기 위해 몽골에서는 조공이라는 명분으로 말을 명나라로 보냈고 명나라는 많은 돈을 주고 구입해주었다. 하지만 조정의 실세를 장악하고 있던 환관 왕진이 말 값을 제대로 치르지 않자 이를 명분으로 오이라트는 명나라 대동(大同)을 침범하였다. 환관 왕진은 황제에게 즉각 친정에 나설 것을 주장했다. 당시 여러 관리들이 간언하여 극구 만류했지만 주기진은 바로 이튿날 친정을 떠났다. 그러나 준비가 부족했던 탓에 50만 대군은 군량미 부족으로 도중에 굶어 죽는 이가 속출했으며, 대동에 도착했을 때는 미리 출병한 군사들이 뿔뿔이 흩어져 찾을 길이 없었다. 이미 사기가 떨어질 대로 떨어져 있던 군사들은 큰 혼란에 휩싸였고 전투는 해 보지도 못하고 철수를 명하였다. 하지만 돌아오는 길에 수십만 대군이 자신이 소유한 논밭을 밟을까 두려워 한 왕진은 길을 우회해 가도록 명령하였다. 시간이 많이 지체되는 바람에 거용관(居庸關)에 도착했을 때에는 이미 에센군은 명군의 뒤를 바짝 쫓고 있었다. 병부상서(兵部尙書)는 군대를 재촉해 거용관으로 들어가려 했지만 왕진이 자신의 금은보화가 아직 도착하지 않았다는 이유로 길을 열어 주지 않아 명군은 몽골군에게 포위되고 말았다. 마실 물도 먹을 양식도 없었던 명의 군대는 토목(土木, 하북성 회래현 부근)에서 맥없이 패배했고 주기진은 몽골군의 포로가 되었다(토목보의 변). 역대 황제들 중 친정에 실패한 이들도 전쟁에서는 대패하더라도 어떻게 해서든 자신만은 적의 포위를 벗어날 수 있었다. 불행히도 적의 포로가 된 황제는 유일하게 정통제뿐이다.

어가친정에서 승리한 황제는 만면에 광채를 발하며 의기양양하게 수도로 돌아올 수 있었지만, 패한 황제는 고개를 떨어뜨리고 돌아왔다. 그리고 패한 황제들은 대부분 땅에 떨어진 체면을 다시 세우기 위해 수양제 양광처럼 또다시 친정을 나서곤 했다. 하지만 그러지 않은 황제도 있었으니 바로 당 태종 이세민이다. 이세민은 진정한 성군의 자질을 갖춘 황제였으며 도량도 넓었다. 645년(정관 19년), 그는 고구려에 친정을 떠났다. 도중에 요동성 등 여러 성을 함락시켰지만 안시성(安市城)만은 함락시킬 수가 없었다. 그러자 이세민은 더 이상 병사들을 힘들게 하고 군량미를 소모시킬 수 없다고 판단하고 곧장 퇴각을 명령했다. 그리고 퇴각하기 전 안시성을 지키고 있던 장수인 양

만춘에게 1백 필의 비단을 내리며 완강한 저항에 경의를 표하기까지 했다. 이세민은 그 후로 다시는 고구려 정벌을 위한 친정을 거론하지 않았다. 이것이 바로 진정한 성군의 모습이 아닐까.

황제의 출신과 생사의 수수께끼

죽은 황제는 대답이 없고 밖에서는 소문만 무성하니
죽은 것인가 산 것인가. 그것도 아니면.

중국은 예로부터 역사를 기록하는 전통이 있어 세계적으로 역사기록 제도가 가장 완벽한 국가이며 현존하는 사서도 매우 많다. 정통으로 꼽히고 있는 24편의 사서만 해도 총 4,022권에 달하고 5,800만 자(字)가 넘으니 수량이 방대하고 체계가 완벽하며 기록이 상세해서 사료로서의 가치가 매우 크다. 하지만 사서가 이렇게 방대한 규모임에도 불구하고 정확하게 기술되지 않은 역사적 사건들이 여러 개 있다. 그 중에서도 궁궐의 내막에 관해서는 기록이 모호하고 서로 모순되는 내용이 많다.

특히 황제의 생사(生死)와 관련되면 내용이 확실하지 않고 애매하게 넘어가는 경우가 허다하다. 따라서 사서에 쓰인 대로 해석했다가는 역사를 제대로 이해하지 못하게 될 가능성이 많다. 역대 통치자들은 깊은 구중궁궐에서 삼엄한 경비 속에 생활했기 때문에 외부와는 완전히 단절된 세계에서 살았다. 황궁에서도 황제의 거처는 아무나 출입할 수 없는 금단의 지역이었으며 일반 대신들은 물론이거니와 황손이나 황후, 빈비 조차도 명이 없으면 마음대로 드나들 수 없었다. 그러므로 예기치 않은 상황이 발생한다 해도 당사자를 제외하고는 어느 누구도 사건의 진상을 알 길이 없었다. 특히 황제와 황족 간의 정치적인 사건은 사서에 함부로 기록할 수 없었으니 당사자는 세상을 떠나버리고 남겨진 것은 풀리지 않는 역사의 수수께끼뿐이었다.

후대 사람들은 일부 기록만을 가지고 사건의 진상을 파헤쳐야 했기 때문에 온갖 가설과 추측이 난무할 수밖에 없었다. 역사의 베일에 가려진 비밀을 파헤쳐 진상을 밝혀내기란 쉬운 일이 아니었으며 적지 않은 역사적 사건들이 확실한 답안이 없는 수수께끼로 남겨졌다. 그 중에서도 황제의 출신과 관련된 비밀과 사인(死因)을 둘러싼 수수께끼, 황제의 최후 행방에 대한 불가사의한 내용이 가장 많다.

역사적으로 황제의 출신과 관련되어 떠도는 전설 중 하나가 16국시대 한(漢, 前趙)을 세운 유연(劉淵)의 출신에 관한 것이다. 야사에 의하면 유연은 흉노족이었는데 그의 선조인 호한야선우가 후한 때 서하군(西河郡) 미직현(美稷縣)으로 이주하였고 그의 자손은 조조 때 부수(部帥)가 되었다. 위나라 때 한의 외손이라 자칭하며 성을 유(劉)씨로 바꿨다. 유연의 조부인 부라(扶羅)는 남흉노의 선우(單于, 흉노족의 군주를 부르는 말 – 역자 주)였고, 아버지 유표(劉豹)는 흉노의 좌부수(左部帥), 어머니는 호연씨(呼延氏)였다. 유연은 어릴 적부터 유생인 최유(崔游)

원 혜종
원나라 마지막 황제 토곤테무르

를 스승으로 두고 오경을 통독했으며 수많은 사서를 읽었고 무예에
도 정통하는 등 한의 문화에 심취했다고 전한다. 그런 까닭에 『삼국
지평설(三國志平設)』에는 유연이 아두(阿斗, 촉의 유비의 외아들 유선의 어릴
적 이름 – 역자 주)의 외손이며 위가 촉을 멸하자 북방으로 도망가 성을
유씨로 바꾼 후 유씨 가문의 원수를 갚고 나라를 회복하기 위해 한을
세웠다고 기록되어 있다.

두 번째 이야기는 원 혜종의 출신과 관계된 것이다. 혜종은 이름이
토곤테무르(妥懽帖睦爾)며, 원 명종의 장자로 어머니는 한록노씨(罕祿魯
氏)다. 명나라 때 전여성(田汝成)은 『서호유람지여(西湖游覽志餘)』에서
혜종이 남송 공제(恭帝) 조현(趙顯)의 아들이라고 기록하고 있다. 1276
년(공제 덕우 2년) 원나라 군대가 임안을 함락시켰을 때 조현이 포로로
잡혀 북방으로 끌려간 뒤 영국공(瀛國公)으로 봉해졌다. 조현은 얼마
후에 스스로 삭발을 하고 승려가 되어 처자식을 데리고 북쪽 변경 지

방으로 이주했다. 그런데 후에 원 명종이 그와 가까운 곳에 살게 되었고 조현은 명종보다 29세나 많았지만 서로 친하게 왕래했다. 명종이 슬하에 아들이 없어 근심스러워하니 조현은 자신의 어린 아들을 양자로 보냈고 명종이 양자의 이름을 토곤테무르라고 바꾸었다는 것이다. 후에 명종은 아우 문종에게 독살 당하고 문종도 얼마 후 병사했는데 문종은 임종 직전에 빼앗은 황위를 명종의 아들에게 물려준다는 유언을 남겼다. 그 후 대신들이 토곤테무르를 새로운 황제로 추대했는데 그가 바로 혜종이라는 것이다.

세 번째 이야기는 청나라 건륭제(乾隆帝)의 출신과 관계된 것이다. 『청조야사대관(淸朝野史大觀)』과 『청사요략(淸史要略)』 등의 기록에 따르면, 건륭제는 절강 해녕 진세관(陳世官)의 아들이라고 한다. 강희 연간에 황자 옹정(雍正)과 진(陳)씨 가문은 사이가 매우 돈독했다. 옹정과 진세관이 같은 해 같은 달 같은 날 같은 시에 똑같이 자식을 얻었는데 진씨 집안에서는 아들이 태어나고, 옹정은 딸을 얻었다. 옹정은 진씨 집안에서 같은 시간에 아이가 태어났다는 말을 듣고 사람을 보내 아이를 서로 바꾸라고 명했다. 한편 진세관이 입궐했다가 돌아와 보니 분명 남자였던 아이가 여자아이로 바뀌어 있었다. 진씨 가문에서는 한바탕 소란이 일었지만 어쩔 수 없는 일이었다. 그 후 옹정이 황제로 즉위한 후에 진씨 가문은 후한 재물을 하사받았다. 그리고 홍력(弘曆, 건륭제)이 황상에 오른 뒤에 진씨 가문은 더욱 번성했다. 건륭제는 6차례 남방 지역을 순행하면서 4번이나 진씨의 집에서 묵었다. 그리고 마지막에는 진씨의 집을 떠나면서 중문까지 배웅 나온 진씨에게 이렇게 말했다. "이후에는 천자가 행차하더라도 이 문을 가벼이 열어 주지 마시오." 그 후로 진씨 집의 중문은 굳게 잠긴 채 열리지 않았다. 건륭제는 진씨 가문에 친필로 '애일당(愛日堂)'과 '춘휘당(春暉堂)'이라는 현판을 써서 사액했는데 이 모두가 자식이 부모를 공경한다는 뜻이었다.

위의 세 가지 일화는 소설이나 야사에서 나온 것이며 모두 정사에는 기록되지 않아 역사가들 사이에서도 논쟁거리가 되고 있다. 이 가운데에서도 특히 건륭제의 출신과 관련된 이야기는 꽤 유명해서 이를 소재로 소설이나 희곡, 영화 등이 만들어지

평안춘신도
옹정제와 건륭제 부자의 그림. 왼쪽에 키가 큰 인물이 옹정제다. 한인의 복색을 한 것이 특색있다.

기도 했다. 사실 위의 3명은 모두 소수 민족들이 중원에 들어와 통치하던 시기의 인물이기 때문에 한족 특유의 우월감도 작용했을 법하다. 건륭제와 관계된 비밀에서도 이상한 것이 옹정제(雍正帝)에게는 모두 10명의 아들과 6명의 딸이 있어 황위를 잇기 위해 자신의 딸을 남의 아들과 바꿔치기 할 필요가 전혀 없었다. 옹정제가 한족이고 이민족에게 빼앗긴 강산을 되찾기 위해 일부러 한족의 아들을 데려다가 자신의 뒤를 잇게 할 생각이었다면 모를까 그렇지 않다면 전혀 이치에 맞지 않는 이야기다.

황제의 사인(死因)과 관련된 이야기 가운데 가장 유명한 것은 청나라 강희제와 광서제에 관한 것이다. 1722년(강희 61년) 10월, 69세 고

령의 강희제가 남원으로 사냥을 나갔는데 갑자기 몸이 불편해 곧 창춘원(暢春園)으로 돌아와 휴식을 취했다. 그런데 이때부터 병이 들어 시름시름 앓더니 결국 다시는 일어나지 못하고 11월 13일 저녁에 숨을 거두었다. 14일에 염을 하고 20일에 4남 윤진(胤禛)이 즉위하니, 그가 바로 옹정제다. 강희제의 갑작스런 죽음은 당시에도 수많은 억측과 소문을 만들었는데 역시 초점은 병사냐 타살이냐 하는 것이다. 청대에 만주족 장량기(蔣良驥)와 왕선겸(王先謙)이 편찬한 『동화록(東華錄)』의 기록에 따르면 강희제가 11월 초에 병이 나서 11월 13일에 병이 위독해지자 모든 황자들을 불러다 놓고 4남에게 황위를 계승한다는 유언을 내리고 숨을 거두니 강희제의 죽음은 정상적인 것이었고 옹정제 역시 정통 황제라고 했다.

그러나 『대의각미록(大義覺迷錄)』에는 호남 사람 증정(曾靜)이 강희제는 옹정제가 모살한 것이라며 그를 크게 비판했다는 기록이 전해지고 있다. 증정은 "강희제가 창춘원에서 병상에 누워 있을 때, 옹정이 탕 한 그릇을 들고 들어간 후에 갑자기 황제가 붕어하고 황상이 황제가 되었다."고 말했다. 실제로 당시 옹정제가 강희제를 독살하고 황위를 찬탈했다는 소문이 자자하게 퍼지기도 했다. 또 어떤 이들은 다음과 같이 주장했다. "강희제의 병세가 위독한데 윤진만이 그 옆을 지키고 있었다. 강희제가 황위 계승에 관한 유언을 하려 했지만 그 어지를 받을 수 있는 사람이 아무도 없었으니, 강희제는 무슨 변고가 있는 것을 알아차리고 화가 나서 팔에 차고 있던 염주를 윤진에게 집어던졌다. 윤진은 그 염주를 잽싸게 낚아채서는 무릎을 꿇고 성은이 망극하다고 외쳤다. 그리고 얼마 후에 강희제가 붕어했다는 소식이

들렸다."

강희제의 죽음을 둘러싸고 이렇게 의문이 많이 제기되는 것은 황자들의 황위 쟁탈전과 관계가 없지 않다. 강희제에게는 모두 35명의 아들과 20명의 딸이 있었는데, 본래 적자였던 윤잉(胤礽)이 황태자로 책봉되었다. 하지만 후에 윤잉이 체통이 서지 않는다며 강희제를 모살하려고 하자 결국 폐서인되었고, 1712년(강희 51년)에 유배 보내졌다. 그 후로 태자의 자리는 계속 비어 있었고 암암리에 황위를 차지하기 위한 치열한 싸움이 시작되었다. 특히 강희제가 임종하기 직전에는 그 싸움이 극도로 가열되어 그 상황에서는 누가 황위를 이었어도 황위 찬탈의 의심에서 벗어날 수 없었을 것이다.

광서제의 사인에 대해서도 이야기가 무수히 많다. 1908년(광서 34년) 10월 10일, 광서제가 백관을 이끌고 앓아 누워있는 서태후에게 병문안을 갔는데 누군가 서태후에게 광서제가 태후의 병세가 위독한 것을 보고 희색이 만면하더라고 일러바쳤다. 이 말을 들은 서태후는 몹시 화를 내며 광서제가 죽기 전에는 절대 눈을 감지 않을 것이라고 소리쳤다. 그로부터 10일 후에 돌연 광서제가 죽었다는 소식이 들렸다. 더욱 이상한 것은 그로부터 만 하루도 지나지 않아 서태후도 숨을 거두었다. 두 정적이 이렇게 하루 사이에 세상을 떠난 것은 역사적으로도 매우 드문 일이다. 그러므로 서태후가 광서제를 죽였다는 주장도 어느 정도 설득력은 있다. 또 어떤 이들은 환관 이연영(李蓮英)과 군벌 위안스카이(袁世凱)가 서태후가 죽고 나면 광서제가 자신들을 죽일까 두려워 서태후와 결탁해 광서제를 죽였다고도 한다. 어의 굴계정(屈桂庭)은 10월 18일에 마지막으로 광서제의 병을 진찰했는데 호전되었던 그의 병세가 갑자기 나빠져 복통을 호소했고 3일 후에 사망했다고 전한다. 광서제의 병을 진단했던 어의의 기록에 근거해 광서제가 피살된 것이 아니라 병사한 것이라는 의견이 제기되었지만 그 진단 기록을 믿을 수 없다는 반대 의견도 만만치 않다. 당시 조정 내무부의 대신인 증숭(增崇)의 집안에 전해 내려오는 기록에 의하면 광서제의 병세와 다른 점이 많다.

광서제와 서태후가 하루 사이에 같이 사망한 우연의 일치는 갖가지 억측과 소문까지 난무하고 있어 광서제의 죽음은 청 말기 가장 큰 의문 사건으로 남아 있다. 『청실외기(淸室外紀)』에는 황제가 죽음을 맞이할 당시의 상황과 병의 원인은 외부인들은 자세히 알 수 없으며 서태후와 황제가 붕어한 것에 대해 북경성 내에 소문이 무성했지만, 사건을 조사하려 해도 역시 실마리를 찾을 수 없었다고 기록하고 있다. 당시에는 실마리를 찾지 못해 안타까웠지만 오늘날에 와서 그 실마리를 찾을 수가 있다.

2003년부터 중국 전문가팀이 광서제의 사인을 둘러싼 조사를 벌인 끝에 그가 치명적인 비소 성분의 독약을 먹고 살해된 것을 확인했다. 광서제가 남긴 머리카락을 분석한 결과 비상이 검출되었던 것이다. 유골과 의복도 비상에 오염된 것으로 독극물이 치사량을 초과한 것으로 추정한다. 현존하는 문헌에 의하면 광서제는 10년간 유폐되어 있으면서 한약을 장기간 복용했다. 광서제가 복용한 한약에는 웅황과 자황, 주사 등 비소와 수은 성분이 다량 함유되어 있지만 직접적인 사인은 아니라고 확인했다. 독살의 주범은 광서제를 죽여야 할 이유가 있는 서태후와 위안스카이 그리고 서태후 측근의 인물이

광서제의 결혼식
광서제와 효정경황후의 결혼식 장면. 과거시험에 합격한 관리들이 광서제의 결혼식에서 행진하고 있다.

가장 유력하다.

황제의 행방불명에 관련된 불가사의한 사건도 진상을 밝히기는 쉽지 않다. 1402년(명 건문 4년) 6월 12일, 홍무제의 4남 연왕(燕王) 주체(朱棣)가 대군을 이끌고 남경을 공격해 궁궐 안으로 들어갔을 때 황궁에 화재가 일어났다. 주체는 급히 병사들에게 명해 불을 껐지만 황궁이 거의 소실되고 재만 남은 후였다. 황궁 안을 샅샅이 수색했지만 건문제를 발견할 수 없었다. 주체는 성문과 궁문을 봉쇄하고 그가 살아 있다면 반드시 생포하고 죽었다면 반드시 시신을 찾아내라고 명령했다. 그러나 며칠을 수색해도 건문제의 그림자도 찾을 수 없었다.

이때부터 건문제의 행방과 관련된 두 가지 이야기가 전해졌다. 하나는 그가 궁궐에서 자결했다는 것이고 다른 하나는 승려로 위장하고 땅속 통로를 통해 도망가 서남의 각지를 떠돌고 있다는 것이다. 이 두 가지 의견은 팽팽히 대립했는데 영락제 때 편찬된 『명실록(明實錄)』에는 건문제가 불에 타 죽었다고 기록되었고, 청나라 때 편찬된 『명사(明史)』에서도 『명실록』의 내용을 그대로 옮겨 실었다. 사실 『명실록』에서 그렇게 기록한 의도가 무엇이었는지는 명확하다. 건문제를 잊지 못하고 있는 사람들이 언젠가는 그가 다시 나타나 재기하리라는 기대를 갖지 않도록 하기 위함이었다. 『명사』는 이 기록을 그대로 옮겨 실었지만 다른 부분에는 이 내용과 모순되는 점들이 많이 발견되고 있다. 『명사, 공민제본기(明史, 恭閔帝本紀)』에서는 "도성이 함락되고 황궁이 불길에 휩싸였는데 황제는 어디로 갔는지 알 수 없었고 연왕은 잿더미 속에서 시신을 찾아 8일 후에 장례를 지냈다."라고 기록하고 있다. 이미 불에 타 죽었다면 왜 어디로 갔는지 알 수 없다고 했으며 또 왜 시신을 찾고서도 8일이나 지난 다음에 장례를 지냈을까. 잿더미 속에서 찾았다는 시신이 정말 건문제였을까라는 의문이 남는다.

또 건문제가 살아서 도망쳤다면 그 후 어디로 갔을지에 대해서도 의견이 분분하다. 어떤 이들은 사천, 계림 등지에서 건문제를 보았다고 주장했고, 그가 이곳저곳을 떠돌면서 남겼다는 시도 몇 수 전하고 있다. 안계(安溪) 동명사(東明寺) 현판의 '東明'이라는 두 글자도 건문제가 직접 쓴 것이라는 이야기가 전해지고 있다. 건문제가 이미 해외로 도피했다는 소문도 있었고, 심지어 어떤 이들은 외국에서 그를 직접 보았다고 말하기도 했다. 그의 행방에 대한 주장과 이야기는 많지만 어떤 것이 사실인지는 알 수 없다.

　건문제 외에도 청나라 순치제 복림의 행방도 알 수 없다. 1660년 (순치 17년) 8월 19일, 순치제의 애첩인 동악비(董鄂妃)가 사망한 후 순치제는 비통한 나머지 5일 동안이나 국사에서 손을 놓고 슬퍼하며 지냈다. 이듬해 정월 순치제가 심복 오량보(吳良輔)를 민충사(愍忠寺, 오늘날 북경의 법원사法源寺)로 보내 승려가 되게 했고 며칠 후 갑자기 24세의 순치제가 천연두로 사망했다는 소식이 전해 졌다. 이렇게 되면서 순치제가 황위를 버리고 승려가 되어 오대산으로 들어갔다는 이야기가 나왔다. 『청조야사대관(淸朝野史大觀)』, 『청선류초(淸禪類鈔)』 등에 모두 이런 기록이 전하고 있으며 시인 오매촌(吳梅村)이 지은 「청량산찬불시(淸凉山贊佛詩)」 중에도 순치제가 죽지 않았다는 것을 암시하는 구절들이 곳곳에 보인다.

　또 다른 기록을 보면, 어느날 강희제가 사냥을 나갔다가 오대산 부근을 지나게 되었는데 어선을 담을만한 그릇이 없어 오대산으로 올라갔더니 그곳에서 궁중에서 쓰는 그릇들이 발견되었다고 한다. 어떤 사람들은 이것이 바로 순치제가 오대산에 은거했다는 증거라고 주장한다. 게다가 순치제가 생전에 불가에 심취해 출가하려는 생각을 가지고 있었고 궁중에 여러 선사들을 모셔다 놓고 실제로 삭발을 하고 절에 들어간 적도 있었으니 순치제가 출가했다는 의혹은 더욱 증폭될 수밖에 없었다. 물론 순치제가 출가했다는 주장에 반대하는 의견도 만만치 않다.

　순치제 때 진사를 지내고 강희제 때 보화전대학사(保和殿大學士)를 지낸 왕희(王熙)와 당시 병부주사였던 장신(張宸)은 각각 자신들의 저

오대산
4대 불교 명산 중 하나인 중국의 오대산의 장엄한 풍경. 순치제가 황위를 버리고 승려가 되어
오대산으로 들어갔다는 이야기가 전해진다.

서 『매정집, 자찬연보(玫靖集, 自撰年譜)』, 『청조집(靑瑚集)』, 『동화록(東華
錄)』, 『정사고(靖史稿)』, 『청실록(淸實錄)』 등에서 모두 순치제가 사망했
으며 출가하지 않았다고 기록하고 있다. 하지만 오대산에서 발견되
었다는 궁궐의 그릇이 어디에서 온 것인지 등에 대해서는 일절 언급
하고 있지 않아 출가하지 않았다는 것을 뒷받침할 만한 증거는 없다.
순치제의 출가 여부도 역사 속의 수수께끼로 남아 있을 뿐이다.

이 두 황제 외에도 명 숭정제의 3명의 황자들 행방도 묘연하다. 숭
정제가 자결할 때 헌민태자 자랑(慈烺)과 3남 정애왕(定哀王) 자형(慈炯,
혹은 慈燦), 4남 영도왕(永悼王) 자소(慈炤, 혹은 慈煥)가 궁궐을 떠나 도망
쳤는데 그 후로 황자들의 행방에 대한 소식은 소문만 무성할 뿐 확

실하지 않다.

1644년 12월, 원로인 주원진(周元振)의 집에 숭정제의 태자를 자처하는 젊은 청년이 찾아와 이를 조정에 보고했다. 그 후 청년은 조정에 끌려가 심문을 받았는데 그의 말이 거짓인 것으로 드러나 진짜 태자라고 생각했던 형부주사 등 10여 명과 함께 처형당했다. 이와 함께 남경에서도 숭정제의 태자라고 자처하는 자가 나타났는데, 황궁을 나올 때의 상황을 자세하게 설명하고 환관의 이름까지도 정확하게 알고 있었다. 청년은 조정에 끌려가 심문을 받으면서도 자신의 주장을 굽히지 않아 남명에서는 그를 진짜 숭정제의 태자라고 여기게 되었다. 그런데 청나라 군대가 남하해 남경을 공격한 후 그 청년을 북경으로 압송해간 후에는 어떻게 되었는지 알 길이 없었다.

1708년(강희 47년), 청나라 조정은 반청 인사인 장염일(張念一)의 자백에 따라 숭정제의 4남 자소를 자처하는 주삼(朱三)이라는 자를 체포했는데, 그때 그의 나이가 이미 75세였다. 주삼은 자신이 수십 년 전에 여러 차례 이름을 바꾸고 도처를 떠돌며 숨어 살았다고 털어놓았다. 주삼이 체포된 후 호주의 장흥(長興)에 살던 그의 처첩과 3명의 딸은 모두 자결했다. 청의 조정은 그가 가짜 황자라고 판결하고 그의 아들 4명과 연루된 자들 71명을 처형했다. 숭정제의 황자와 관련된 기록은 수없이 많으나 어떤 것이 진짜인지 알 수 없으며 죽었는지 살았는지 아니면 어디로 갔는지 그 실마리도 찾을 수가 없다. 그러나 매번 숭정제의 황자라고 자처하는 이가 나타날 때마다 청나라 조정은 가짜라고 판단했는데 이는 분명 명나라의 황족이 살아 있다는 것을 인정하고 싶지 않은 불가피한 일이었을 것이다.

당대 권력자들은 궁정의 내막에 대해 일체 함구했으며 조정에 불리한 사건에 대해서는 정사에 전혀 기록하지 않았기 때문에 정사를 토대로 야사나 소문에서 전하고 있는 사건을 입증하기란 불가능하다. 그러므로 역대 황궁과 관련된 의문들 중에는 위에서 언급했던 것들처럼 알 수 없는 수수께끼가 많지만 그 역시 추측만 무성할 뿐이다. 또 그 당시 벌어졌던 일들은 대부분 현재의 상식으로는 추측이 불가능하기 때문에 어쩌면 조정과 관계된 수수께끼의 답안은 조정의 몰락과 함께 사라졌다고 보는 것이 정확할지도 모른다.

천 년 옥새의 비밀

신비로운 보석이 하나 있어 지고지상한 권력을 상징하며
수많은 영웅호걸들이 이 보석에 허리를 굽혔나니.

북경의 고궁박물관(자금성) 내 건청궁(乾淸宮)에 전시된 청나라 유물
가운데 건륭제가 각종 권력을 행사할 때 사용했다는 25개의 보(寶, 옥
새)가 전시되어 있다. 옥새는 황제의 인장으로 당나라 이전에는 새(璽)
라고 불렀고 당나라부터는 보(寶)라고 부르기 시작했다. 역대 황제들
이 무수히 많은 옥새를 사용했지만 가장 유명한 것은 진시황이 재상
이사를 시켜 만들었다는 '전국옥새(傳國玉璽, 전국새)'다. 이 옥새에 관
한 이야기는 신비로움이 가득하며 수천 년 동안 갖가지 전설이 분분
했고 현재까지도 여전히 확실한 이야기를 알 수 없다.

전국새의 전신은 화씨지벽(和氏之璧)이다. 『한비자(韓非子)』에 따르면
전국 시대 때 초나라 사람 화(和)씨가 있었는데, 그는 옥을 감정하는

건륭제 옥새
청나라 제6대 황제 건륭제는
옥새 25과를 교태전에 보관하며,
왕조가 25대까지 이어지기를 바랐다.

사람이었다. 그가 초산(楚山)에서 옥을 구해 여왕(厲王)에게 바쳤는데, 여왕이 그것을 옥을 세공하는 사람에게 보이자 돌이라고 하였다. 여왕은 화씨의 왼쪽 발을 자르고 옥을 돌려보냈다. 여왕이 죽고 무왕이 즉위하자 화씨는 또다시 그 옥을 무왕에게 바쳤다. 옥을 세공하는 사람이 그것을 보고 또 돌이라고 하자 무왕 역시 화씨의 오른쪽 발을 마저 자르고 돌려보냈다. 화씨는 그 옥을 끌어안고 초산 아래에서 3일 밤낮을 울었더니 눈물이 다하여 눈에서 피가 흘러 내렸다. 무왕의 뒤를 이어 즉위한 문왕이 그 소문을 듣고 사람을 보내 화씨에게 연유를 물었다. 화씨는 자신이 캐낸 귀한 옥이 돌이라고 오해받고 황제들이 그것을 받기는커녕 선비가 거짓을 고했다고 벌하여 억울해서 운다고 대답했다. 그러자 문왕이 그 옥을 가져다가 세공하니 천하에 둘도 없는 명옥이 모습을 드러냈다. 문왕은 명옥에 그의 이름을 따서 '화씨지벽'이라고 이름 붙였다. 그리고 화씨에게 그 옥을 어떻게 얻었는지 물었더니 그가 대답하기를 봉황이 푸른색 돌 위에 사는 것을 보고 봉황이 날아 앉은 곳에는 분명히 보물이 있다는 옛말이 생각나 그곳의 푸른색 돌을 깨어 가져왔다는 것이었다. 화씨지벽은 이렇게 출처조차 신비롭기 그지없었다.

　그 후 화씨지벽은 초나라의 국보로 대대로 전해지다가 4백 년 후 소양(昭陽)이라는 장수가 군사를 이끌고 위나라를 토벌해 연이어 7개의 성을 함락시키며 혁혁한 전공을 세우자 초나라 위왕이 그의 공을 치하하기 위해 화씨지벽을 상으로 내리면서 소양에게로 넘어갔다. 소양은 상으로 받은 그 옥을 항상 가지고 다녔다. 그런데 하루는 소양이 100여 명의 빈객들과 함께 적산(赤山)으로 유람을 나갔는데 빈객 중 한 명이 화씨지벽의 아름다움을 탐내며 한번 꺼내 보여 줄 것을 청했다. 소양이 하는 수 없이 화씨지벽을 꺼내어 사람들에게 보여 주고 있는데 누군가 갑자기 "연못에 커다란 물고기가 뛰어오르고 있소."라고 소리치는 바람에 모두들 난간에 기대어 한참 동안 물고기를 구경했다. 그런데 그사이 화씨지벽은 온데간데없이 사라져 버렸다고 한다.

　그로부터 50년 후에 조나라의 혜문왕(惠文王)에게 무현(繆賢)이라는 이름의 환관이 있었다. 하루는 누군가 옥을 파는데 그 옥의 광채가 비범하여 무현은 금 500냥을 주고 그것을 샀다. 그리고 옥 세공가에게 보였더니 깜짝 놀라며 그 옥이 바로 50년 전에 사라졌던 화씨지벽이라고 하는 것이었다. 혜문왕은 그 옥을 무현에게서 빼앗았다. 하지만 얼마 후 진나라 소양왕(昭襄王)이 화씨지벽이 나타났다는 사실을 알고 이를 탐내 15개의 성을 줄 터이니 그것을 내놓으라고 위협했다. 하지만 혜문왕은 신하 인상(藺相)의 기지로 화씨지벽을 지킬 수 있었다. 그로부터 61년 후 진나라가 조나라를 멸망시켜 화씨지벽은 진나라로 넘어가게 되었다.

진나라 영정(嬴政)은 중원을 통일한 후 시황제를 자칭하고 천고에 유일한 황제는 옥새도 화씨지벽으로 만들어야 한다고 생각했다. 그리하여 재상 이사에게 화씨지벽으로 황제의 옥새를 만들어 대대로 전하라 명했다. 이렇게 만들어진 것이 바로 전국새다. 이 옥새는 네모반듯하며 사방이 4촌(약 9센티미터)이고 용을 새겨 넣었으며, "受天之命, 皇帝壽昌(하늘의 명을 받았으니, 황제는 장수하고 길이 창성하리라)"과 "受命於天, 旣壽永昌(하늘에서 받은 명이여, 영원히 길이 창성하리라)"이라는 문구를 새겨 넣었다.

기원전 219년, 진시황이 처음으로 사냥을 나가 팽성(彭城)을 거쳐 배를 타고 동정호를 지나는데 돌연 풍랑이 일더니 배가 뒤집힐 뻔하였다. 진시황은 크게 놀라 전국새를 호수에 던지고 용왕에게 파도를 멈추어 달라며 기도를 드렸다. 그렇게 해서 진시황은 무사히 궁으로 돌아올 수 있었다. 그 후로 진시황이 사람을 시켜 전국새를 건져 오게 했다는 기록은 남아 있지 않다. 8년이 지난 기원전 211년 진시황이 화양(華陽)으로 사냥을 나갔는데 누군가 돌연히 나타나 사신의 길을 막고는 용왕이 돌아가셨기 때문에 돌려준다며 전국새를 놓고 사라졌다. 호수에 빠뜨린 지 8년이 지난 후 전국새가 세상에 다시 나타난 것이다. 그러면 동정호에서 전국새를 건져 낸 사람은 누구일까.

그리고 어떻게 건져 냈을까. 이것이 진짜 전국새일까. 꼬리에 꼬리를 무는 이 의문에 속 시원하게 답해 줄 수 있는 사람은 아무도 없다. 그 저 전국새가 신비의 베일에 겹겹이 싸인 옥새라는 것 외에는 달리 알 려진 것이 없다.

기원전 206년, 유방이 군사를 이끌고 진나라의 수도 함양을 함락 시켰을 때 진시황의 손자인 진왕 자영(子嬰)에게서 전국새를 빼앗았 다. 4년 후 해하전투(垓下戰鬪)로 초나라와 한나라의 전쟁이 막을 내 린 후 유방이 황제로 등극하면서 이 전국새의 이름을 '한전국새(漢傳 國璽)'라고 고쳤다. 전한 말기에 왕망(王莽)이 한 평제(漢平帝) 유간(劉衎) 을 독살하고 아직 두 살밖에 안 된 유영을 태자로 앉혔다. 그리고 스 스로 가황제(假皇帝)라 하고 신하들에게는 섭황제(攝皇帝)라 부르게 했 다. 옥새는 왕망의 고모인 왕정군(효원황태후)이 관리하게 되었다. 왕 망은 한나라를 멸하고 자신이 새로 나라를 건국하기 위해 옥새를 손 에 넣을 기회만 엿보고 있었다. 하지만 직접 나설 수가 없어 아우 왕 순(王舜)에게 왕정군에게서 전국새를 빼앗아 오도록 시켰다. 여기에 서 또다시 '옥새투지(玉璽投地)'라 불리는 사건이 시작된다.

이 이야기는 『문헌통고, 왕례십(文獻通考, 王禮十)』에 상세히 기록되 어 있다. 한나라의 평제가 죽고 태자가 아직 어리니 옥새는 장락궁 (長樂宮)에서 대신 보관하게 되었는데, 왕망은 스스로 황제의 자리에 앉아 옥새를 내줄 것을 요구했다. 그러나 태후가 완강히 거부하자 왕망은 동생 왕순에게 그것을 가져오라고 명했다. 태후는 크게 화를 내며 이 옥새는 만세에 전할 옥새인데 어찌 이것으로 나라를 망하게 할 수 있느냐고 호통을 치며 옥새와 함께 묻히는 한이 있더라도 절대로 내줄 수 없다고 단호히 말했다. 태후가 울자 주변에 있던 궁녀들도 모두 울었다. 왕순도 비통한 마음이 들어 태후를 설득했다. "소신은 할 말이 없습니다. 왕망 형님께서 이 옥새를 반드시 가져야겠다고 하니 내주시는 것이 좋겠습니다." 왕순이 이렇게 말하자 태후는 품에서 옥새를 꺼내 바닥에 내던졌다. 이렇게 전국새를 손에 넣게 된 왕망은 크게 기뻐했다. 하지만 태후가 옥새를 집어던지는 바람에 손잡이 부분의 용 한 모퉁이가 살짝 깨져 그 부분을 황금으로 메웠지만 역시 흠집이 남았다.

서기 23년(왕망 지황 4년) 9월, 왕망이 패하고 전국새는 이송(李松)의 손에 들어갔는데, 그는 전국새를 가지고 회양왕(淮陽王) 유현(劉玄)에게 투항했다. 2년 후 광무제 유수(劉秀)가 황제를 자칭하며 후한을 세우자 유수가 전국새를 되찾았다가 후한 말의 혼란기에 유실되었다. 후한 말에 환관들이 난을 일으키자 한 영제(靈帝) 유굉(劉宏)은 환관들을 피해 도망하면서 황망한 와중에 옥새를 궁궐에 그대로 두고 나왔다. 호강(豪强)이 환관의 난을 평정한 후 한 영제가 다시 궁으로 돌아왔을 때에는 전국새가 이미 사라진 후였다. 그리고 얼마 후 장사태수(長沙太守) 손견(孫堅)이 낙양을 공격했을 때 성 남쪽의 한 우물에서 궁녀의 시신을 건져 올렸다. 시신이 가슴에 품고 있던 비단주머니 안에서 주홍색의 작은 함이 발견되었는데 열어 보니 옥새가 하나 있었다. 그 옥새는 사방이 4촌에 용무늬가 새겨 있고 한쪽은 황금으로 메웠으며, "受命於天, 旣壽永昌"이라는 문구가 있는 것이 영락없는 전국새였다. 손견은 이 옥새를 얻은 후 전사했다. 원술(袁術)은 훗날 이를 내세워 황제를 참칭(僭稱, 분수에 넘치게 스스로를 임금이라 이름)할 수 있

전국옥새
진시황 말기 전국새. 受命於天, 旣壽永昌이라는 문구를 새겨 넣었다.

었다고 묘사한 『삼국지연의(三國志演義)』의 에피소드는 유명하다(원술
이 황제를 참칭하기는 했어도 그것이 전국새를 얻었기 때문이라는 말은 『삼국지
연의』의 창작이다). 정사 『삼국지, 손견열전』에 주를 달았던 배송지(裴松
之)는 손견은 충의한 사람으로 전국새를 사사로이 몰래 감추어 두었
을 리는 없다고 적고 있다. 원술은 손견의 시신을 가지고 고향으로
가던 그의 부인 오씨를 납치해 전국새를 손에 넣었다. 그러나 원술도
전국새를 오래 가지고 있지는 못했다. 그가 죽자마자 광릉태수(廣陵
太守)가 예전에 원술이 했던 것과 똑같은 방법으로 원술의 부인을 납
치해 옥새를 빼앗아 조조에게로 가져갔다.

　조조가 헌제를 황제로 옹립하면서 전국새는 다시 한 헌제(漢獻帝)
유협(劉協)에게 돌아왔다. 220년(황초 원년) 10월, 조비(曹丕)는 한 헌제
를 폐위시키고 위 문제가 되어 옥새를 차지했다. 그로부터 45년 후

사마씨가 위나라를 멸하자 옥새는 진(晉)나라로 넘어갔다. 서진 말기 311년에 중원이 16국으로 분열하여 혼란한 틈에 흉노가 낙양을 공격하고 전국새를 가져갔으며, 17년 후 전국새는 또다시 후조(後趙)로 넘어갔다. 20여년이 흐른 후 후조의 무제(武帝) 석호(石虎)의 양손자 염민(冉閔)이 후조를 멸하고 옥새를 빼앗았으며, 염민이 죽자 그의 아들이 동진 목제(穆帝) 사마담에게 투항하기 위해 사람을 시켜 전국새를 바쳤다. 그 후 전국새는 다시 동진과 남조의 송, 제, 양을 거쳐 양 무제 때 반란을 일으킨 후경(侯景)에게 넘어갔다. 얼마 후 후경이 죽자 그의 수하 조사현(趙思賢)이 옥새를 가지고 곽원건(郭元建)에게 투항했으며 곽원건은 전국새를 북제의 광릉태수에게 전했다.

북제의 문선제(文宣帝) 고양(高洋)은 전국새를 얻자 성대한 의식을 올려 태묘전에 바치며 선대에 고했다. 이때가 522년이다. 그런데 그 일이 있기 전인 446년에 이 전국새와 관련된 기이한 일이 발생했다. 『위서, 세조기(魏書, 世祖紀)』에는 다음과 같은 기록이 남아 있다. "서기 446년(태평진군 7년) 업성(鄴城)에 있던 5층 불탑을 부수니 그 안에서 옥새처럼 생긴 것 이 두 개 나왔는데 하나에는 '受命於天, 旣壽永昌'이라고 새겨져있고, 다른 하나에는 '魏所受漢傳國璽'라고 새겨져 있었다. 그러나 이것이 진짜 전국새인지는 아무도 알 수 없었고 후에 이마저도 행방이 묘연해졌다."

수 문제 양견이 전국새를 손에 넣었지만 뒤를 이어 즉위한 수양제가 음란하고 방탕하여 강도에서 죽음을 당했고, 이때 장안에 있던 소황후는 태자 양정도(楊政道)와 함께 전국새를 가지고 북방의 돌궐로 도망쳤다. 당 고조는 황제로 등극한 후에 전국새가 없자 따로 "皇帝

景命, **有德者昌**(황제는 환하고 귀하며, 덕 있는 자가 흥성하리라)"이라고 새겨 넣고 옥새를 만들었다. 이세민이 즉위한 후 정관의 태평성세가 오고 민심이 편안해지니 소황후가 아들과 함께 전국새를 가지고 돌아왔다고 한다.

당나라 말기에 5대 10국의 할거로 전국이 혼란하자 전국새는 후량과 후당을 거쳐 후당의 마지막 황제인 이종가의 손에 들어갔다. 936년에 이종가가 자결하니 전국새는 또다시 행방을 찾을 길이 없었다. 송 태조 조광윤은 황제로 즉위하면서 후주의 옥새 2개만을 발견했다고 한다.

화씨지벽에서부터 5대 후당까지 전해지고 실종되기까지 1천7백여 년의 역사 동안 전국새에는 겹겹이 신비로운 베일이 싸여졌다. 전국새는 역대 통치자들이 반드시 지녀야 하는 것으로 여겨졌으며 이것을 가진 황제가 진정 하늘이 내린 천자라고 생각하였다. 송나라 이래로 각 왕조와 시대별로 전국새가 발견되었다는 소문이 끊이지 않고 출몰해 소문의 진위를 놓고 의견이 분분했다. 1097년(송 소성 4년), 함양에 사는 한 농부가 땅을 파고 집을 짓다가 땅속에서 난초처럼 푸르고 따뜻한 인장을 하나 발견해 조정에 바쳤다. 송 철종 조후(趙煦)가 대신들을 시켜 감정했는데, 전국새가 확실하다는 결론을 내렸고 조후는 그 전국새를 바친 농부에게 큰상과 관직을 하사했다.

하지만 30년 후 금나라 군대가 남하해 송을 멸망시키고 전국새를 빼앗아가면서 남송에서는 1백여 년간 옥새에 관한 소문이 출현하지 않았다. 그리고 1294년(원 지원 31년), 태사국왕(太師國王)의 손자 석덕(碩德)의 처가 인장을 하나 팔았는데 한 관리가 그것을 샀다. 감정을 해보니 사방 4촌에 위에는 용무늬가 새겨 있고 '壽'와 '命' 두 글자만 희미하게 보였다. 관리는 전국새가 틀림없다고 생각하고 곧 유성황후에게 바쳤다. 그녀는 다시 황태자에게 주어 그가 후에 성종(成宗)이 되었다. 1368년에 명군이 대도를 공격할 때 원 혜종(元惠宗)은 북쪽으로 도망쳤다가 2년 후에 응창(應昌)에서 세상을 떠났다. 혜종의 아들이 대원황제를 자처했는데 그 전국새가 그들의 손으로 들어갔는지에 대해서는 기록이 남아 있지 않다.

1500년(홍치 13년)에 명나라 섬서성에 살던 한 사람이 강가에서 전국새를 발견해 관리를 통해서 홍치제에게 바쳤다. 홍치제가 신하들에게 감정을 명했지만 아무도 진위를 가려내는 사람이 없었다.

어떤 이들은 원 혜종이 북으로 도망갈 때 가지고 간 전국새를 후금의 태종이 빼앗았고(그때 태종이 국호를 금에서 청으로 바꾸었다), 1746년(건륭 11년)에 건륭제가 교태전(交泰殿)에 있던 39개의 옥새를 일일이 감정하면서 전국새로 여겨지던 그 옥새를 제외시켰다고 한다. 그런 사실로 보아 아무래도 진짜 전국새는 청나라가 가지고 있지 않았으며 그렇다면 원 혜종이 가지고 있던 그 옥새도 가짜인 것으로 보인다. 진짜 전국새가 도대체 어디에 있는지에 대해서는 아는 이가 없다.

이런 상황으로 보아 당나라 이후 전국새의 정확한 행방은 알 수 없고 이후에 몇 차례 발견되었던 것들은 진위를 판가름하기 힘들다. 혹자는 진시황이 전국새를 동정호에 빠뜨린 후 다시 나타나 전국새로 여겨졌던 여러 개의 옥새들은 모두 진짜가 아닐 것이라고 주장하고 있다. 그 당시 800리 동정호에 던져진 손바닥만한 옥을 다시 건져내는 것은 거의 불가능했을 것이기 때문이다.

황제의 밀고 기구와 잔혹한 형벌

피의 호수에 세워진 누각이 온전할 리 없으며
밀고하여 죽인 자는 밀고당해 죽음을 당했으니.

　중국의 역대 왕조 가운데 혹리(酷吏)와 특무(特務)로 역사에 길이 남
은 왕조는 당나라와 명나라다. 당의 측천무후는 자신의 남편인 고종
에게서 빼앗은 황권을 공고히 하기 위해 밀사를 두었다. 이 밀사가
바로 혹리인데, 측천무후는 이 혹리를 이용해 조정안에서 자신에게
반대하는 세력들을 찾아내 무참히 숙청했다. 명대에는 최초로 거대
하고 엄격한 특무조직이 설립되었는데, 그들은 밤낮으로 대신들의
언행을 감시하여 조정의 신하들은 한시도 마음을 놓지 못하고 말과
행동을 조심했다.

　당 고종 이치는 병에 걸린 후 국사를 돌볼 수 없어 나랏일은 황후
인 측천무후가 모두 결정했다. 측천무후는 점차 조정의 대권을 장악

고문에 사용했던 기구

해 나갔고 고종과 동등한 권력을 가졌다. 683년(홍도 원년)에 고종이
병으로 사망하자 측천무후는 아들 중종 이현(李顯)과 예종 이단(李旦)
을 차례로 황상에 앉혔다. 그러나 그들은 꼭두각시 황제에 불과했다.
조정의 모든 일은 여전히 측천무후가 좌지우지했다.

　690년(재초 원년), 이미 67세가 된 측천무후는 예종을 폐위시키고
자신이 성신황제(聖神皇帝)가 되어 국호를 주(周)라 하고 연호를 천수
(天授)로 고쳤다. 역사에서는 이 왕조를 무주(武周)라고 기록하고 있다.
측천무후는 중국 역사상 최초로 유일하게 스스로 국호와 연호를 세
운 여황제다.

측천무후는 자신의 정권을 공고히 하기 위해 혹리를 임명하고 종실과 공신들을 무참히 살해했다. 또한 밀고제도를 장려하기 위해 686년(수공 2년)에 밀고한 자에 대한 포상 규정을 마련했다. 밀고자에게는 신분의 고하와 상관없이 모두 역마(驛馬)를 주고 북경으로 오도록 하여 직접 황제를 알현하고 객관에 묵으며 5품의 관리가 누릴 수 있는 음식을 제공하였다. 이러한 규정 때문에 각지에서 사람들이 벌떼처럼 몰려왔다. 여기에 혹리와 혹형까지 더해지니 조정 내부의 사람들은 작은 실수를 저질러도 곧 화가 미쳤다. 처벌이 가벼운 자는 하옥되고 재산을 몰수당했으며, 무거운 자는 목이 베어지고 가문이 몰락했다. 물론 각지에서 몰려든 밀고자들 중에 다른 속셈이 있는 자들도 적지 않았다. 그러나 측천무후는 이런 것은 의심하지도 않고 모두 사실로 인정해 해당자를 무참히 처벌했으며 밀고자에게는 관직을 하사하고 자기 사람으로 삼았다. 색원례(索元禮), 내준신(來俊臣), 후사상(侯思上), 주흥(周興) 등을 등용해 반대파에 대한 밀고와 감시로 자신의 권력을 강화하였다.

색원례는 측천무후가 처음으로 중용한 혹리다. 그는 자신을 반대하는 세력의 싹부터 잘라내야 한다는 측천무후의 생각을 알아차리고 상소를 올렸다. 측천무후는 크게 기뻐하며 그를 유격대장으로 임명하여 낙양으로 보냈다. 색원례는 낙양에 부임한 후에 측천무후의 기대를 저버리지 않고 황제를 반대하는 사람들을 혹형으로 다스렸다. 색원례는 쇠침을 수없이 박아 놓은 특수한 쇠바구니를 만들었다. 그리고 고발당해 끌려온 자들의 머리를 바구니 안으로 밀어 넣어 쇠침이 머리에 박히게 하여 죽이거나 거꾸로 매달아 놓고 머리에 돌덩이를 매달아 죽였다. 또 쇠로 만든 고리를 머리에 씌우고 그 틈에 나무 장작을 쑤셔 넣어 쇠고리가 머리에 박히게 하여 죽였다. 이 밖에도 십자로 된 나무에 묶어 놓고 나무를 빠르게 돌려 오장이 모두 뒤틀려 죽도록 하였다. 이렇게 참혹한 형벌로 사람을 죽이니 고발당한 자들은 죄가 없어도 거짓으로라도 죄를 인정할 수밖에 없었다. 또한 고발당한 사람은 또 다시 수십 명에서 수백 명의 무고한 사람들을 고발했는데 이렇게 해서 억울하게 죽은 사람들이 수천 명에 달했다. 측천무후는 색원례에게 여러 차례 후한 상을 내렸으며 내준신, 주흥 등이 모두 그를 본받아 혹형을 실시했다.

내준신은 색원례와 맞먹는 사람이었다. 그는 출신이 천했고 여자를 겁탈한 죄로 하옥된 죄수였다. 여러 차례 측천무후에게 거짓 밀고를 해서 혹리로 중용되었으며 그 뒤 시어사(侍御史)에 발탁되고 조산대부(朝散大夫)가 더해졌으며, 좌대어사중승(左臺御史中丞)에 올랐다. 측천무후는 여경문(麗景門)에 추사원(推事院)을 만들어 내준신에게 그곳을 관장하게 했으며, 내준신은 온갖 잔혹한 혹형을 만들어 냈다. 그러나 아이러니하게도 혹형의 이름은 모두 아름답고 고상하기 그지없었다. '봉황전시(鳳凰展翅)'는 손발을 나무 몽둥이에 묶어 놓고 두 어깨를 교차시키는 것이었고, '여구발궐(驢駒拔橛)'은 사람을 나무 기둥에 묶어 놓고 밧줄로 목을 묶은 후 앞에서 그 밧줄을 세게 잡아당기는 것이다. 결국 목은 몸에서 찢겨져 나오고 죄인은 숨이 끊어졌다. '선인헌과(仙人獻果)'는 사람의 옷을 모두 벗기고 깨어진 기와 위에 무릎을 꿇게 하고는 두 손을 머리 위로 들어 올리도록 하는 것이었다.

이 밖에도 수많은 혹형이 있었으며 그 방법은 잔인하기 이를 데 없었다. 고발당한 자들은 수감되자마자 10가지 혹형을 한 번씩 모두 당했으니 두려움에 떨며 자백하지 않을 수 없었다. 내준신은 사람을 모함하는 데도 재주가 뛰어났다. 그는 항상 수백 명의 무뢰한들을 모아다가 여러 곳에 심어 두고 사람들을 모함하고 이렇게 모함당한 자들을 혹형에 처했다. 위로는 재상에서 아래로는 일반 백성까지 내준신의 수하에게 미움을 사면 모두 하옥되어 코에 물이 부어지거나 분뇨 웅덩이에 수감되었다. 아무것도 먹지 못하고 소변을 마셔야 하는 고문을 당하기도 했다. 감옥에 들어갔다가 살아 나온 자는 거의 없었다. 내준신이 색원례보다 한술 더했던 것은 내준신 자신이 직접 이런 혹형을 실시했으며 무고한 자를 일부러 모함했기 때문이다. 그의 친구 주남산(朱南山)이 지은 『나직경(羅織經)』은 역사상 거의 유일한 타인 모함 지침서다. 이 책에는 남을 모함하는 과정을 7단계로 나누고 있는데 그 내용은 다음과 같다.

1. 우선 대상을 확정한다.
2. 훈련된 특무들이 여러 곳에서 권력자나 기관에 그의 죄를 밀고한다.
3. 계속 밀고하면서 상부에서 조사할 것에 대비한다.
4. 상부에서 조사하라는 명령이 내려오면 즉시 조사 대상자를 체포한다.
5. 만족스러운 자백이 나올 때까지 혹형에 처하고 이상적인 진술을 얻어낸다.
6. 연루자를 자백하게 하고, 공격하고 싶은 대상에 점차 접근해 목

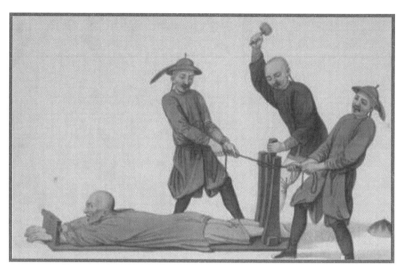
청나라 때 행해진 형벌 모습

표를 완벽하게 달성한다.

7. 자백을 완벽하게 정리하고 허점을 남겨서는 안 되며 반역사건
   이 해결되었음을 온 세상에 공포한다.

이것은 매우 치밀한 계획이며 모함의 대상이 된 자는 죄가 있든 없든 죄를 인정해야만 했다.

후사상은 본래 전병을 팔아 생계를 유지하던 상인이었는데 발해 고원례(高元禮)의 노비로 들어갔다. 한번은 항주자사(恒州刺史) 배정(裵正)이 하급 관리를 때렸는데, 후사상이 이 소식을 듣고 배정이 당 고조의 18남 이원명(李元名)과 함께 모반을 꾀했다며 밀고했다. 밀고당한 두 사람은 혹형에 시달리다가 결국 거짓 자백을 하여 후사상은 밀고의 공으로 유격대장의 관직에 오르게 되었다. 하지만 그는 관직이 성에 차지 않았고 어사가 되고 싶었다. 고원례는 후사상이 자신을 모함할까 두려워 일부러 그의 야심을 부추겼다. "무후는 본래 재주 있는 사람을 좋아하는데 너는 재주가 많으니 직접 무후에게 가서 관직을 달라고 하는 것이 좋겠구나." 이 말을 들은 후사상은 고원례의 계략으로 측천무후의 환심을 사는 데 성공했고 곧 조산대부(朝散大夫)라는 관직을 하사받아 어사를 시중들게 되었다. 한번은 측천무후가 모반을 꾀한 신하의 재산을 모두 몰수해 그에게 주었는데, 그는 고원례가 시킨 대로 그 재물을 받기를 사양해서 이로써 측천무후의 심복이 될 수 있었다.

주흥은 측천무후의 혹리들 가운데 유일하게 법률을 공부한 사람이었다. 그는 처음에는 상서도사(尚書都事)로 임명받아 크게 관심을 끌지 못했다. 그러나 후에 밀고를 통해 측천무후로부터 신임을 받아 추관시랑, 상서좌승에 올랐다. 주흥은 사이가 좋지 않은 강융(江融)이 서경업과 함께 모반을 꾀했다고 거짓을 밀고하여 측천무후로 하여금 강융을 죽이도록 명받았다. 강융은 죽기 직전에 측천무후를 알현하겠다고 요청했지만 사실을 폭로할까봐 겁이 난 주흥은 그의 청을 묵살했다. 강융은 죽어서 반드시 복수하겠다고 소리쳤다. 그가 처형당하던 날 시신은 공중으로 떠오르며 요동쳤고 망나니도 크게 놀라 두려움에 떨었다. 하지만 가장 두려웠던 것은 역시 주흥이었다. 그는 혼비백산하여 도망치다가 혼절하였다.

691년(천수 2년) 1월에 누군가 주흥이 대장군 구신(丘神)과 모반을 꾀한다고 밀고하였다. 측천무후는 이 사건을 주흥의 가까운 친구인 내준신에게 처리하도록 명했다. 내준신은 주흥에게 식사를 같이 하자고 청하여 술자리에서 그에게 물었다. "죄가 있어 혹형에 처했는데도 자백하지 않는 죄인이 있네. 이 죄인을 자백하게 만드는 좋은 방법이 있는가?" 아무것도 모르는 주흥은 자신의 지혜를 뽐내기 위해 비책을 알려주었다. "그거야 간단하지. 커다란 항아리를 준비하고 죄인을 항아리 안에 넣은 후에 그 항아리 밑에 장작을 쌓아 두고 불을 지피면 자백하지 않고는 못 배긴다네." 내준신이 연신 고개를 끄덕이더니 하인들에게 명하여 커다란 항아리를 준비해 밑에 불을 지피도록 했다. 내준신은 주흥에게 말했다. "누군가 자네가 모반을 꾀했다고 밀고하여 내가 이 사건의 처리를 맡았네. 어서 항아리로 들어가게나." 주흥은 이 말을 듣고 크게 놀라 사시나무 떨듯 벌벌 떨며 바닥에 엎드려 죄를 자백하고 처형당했다.

측천무후가 혹리를 등용해 무고한 사람들을 수없이 죽였지만 이들 혹리 또한 결국에는 측천무후에게 하나씩 제거당했으니 이것이 바로 토사구팽(兔死狗烹)이었다. 주흥이 이렇게 죄를 자백하고 처형당하고 난 후 그보다 더 많은 사람을 죽인 색원례도 뇌물을 받았다는 밀고로 하옥되었다. 색원례는 처음에는 죄를 인정하지 않았지만 심문하는 관리가 색원례 자신이 고안해 낸 쇠바구니에 그의 머리를 들이밀려고 하니 죄를 인정할 수밖에 없었다. 색원례는 감옥에서 일생을 마감했다. 백성들이 가장 미워했던 내준신도 마지막에는 측천무후의 딸 태평공주를 모함하고, 예종과 중종이 모반을 꾀했다고 모함하다가 태평공주의 반격을 받았다. 마침 내준신을 미워하기 시작한 측천무후는 그 기회를 이용해 그를 제거하였다. 내준신이 처형되던 날, 천하의 백성들이 모두 기뻐했으며 거리마다 환호성이 자자했다고 한다. 또한 그의 시신은 화난 백성들에 의해 눈알이 파헤쳐지고 간이 꺼내졌으며 살점이 뜯기고 뼈가 부수어졌다. 후사상도 측천무후의 총애를 받고 있다고 생각하고는 안하무인으로 조군(趙郡)의 딸을 아내로 맞이하려다가 내사 이소덕(李昭德)의 분노를 사서 맞아죽었다.

내준신에 이어 후사상도 피살당하니 그동안 숨소리조차 제대로 낼 수 없었던 조정의 대신들은 그제야 숨통이 트이게 되었다. 측천무후도 혹형을 더 이상 계속할 수 없었으며 자신의 지위를 공고히 하려던 목적이 달성되었다고 생각하고 밀고제도를 점차 폐지하였다. 또한 거짓 밀고를 하는 자들을 엄히 다스렸으며 더 이상 혹리를 임명하지 않았다. 측천무후 말년에는 혹리와 혹형으로 무고한 자들을 수없이 죽이는 일은 거의 사라졌다.

측천무후 시대의 밀고제도는 일반 백성들을 이용했지만, 명나라 때는 조정의 거대하고 엄격한 조직에 의해 실시되었다. 명대의 특무 조직은 금의위(錦衣衛), 동창(東廠), 서창(西廠)과 내행창(內行廠) 등으로 불렸다. 홍무제 주원장이 둔 특무들은 검교(檢校)라고 불렸는데, 그들의 임무는 북경의 높고 낮은 관리들의 일거수일투족을 감시하고 보고 들은 것을 모두 상부에 보고하는 것이었다. 검교들은 주로 주원장 측근의 문관과 무관, 심지어는 승려들로 이루어졌다. 당시 유명했던 특무의 우두머리로는 고견현(高見賢), 하욱(夏煜), 양헌(楊憲), 능예(凌銳) 등이 있었고, 특무를 담당했던 승려로는 오인(吳印), 화극근(華克勤) 등이 있었다. 이들은 전문적으로 사람들의 은밀한 결탁을 고발하는 일을 담당했는데 그들의 발길이 닿지 않는 곳이 없었다. 거리와 골목에서 일어난 크고 작은 일은 물론 부부싸움에서부터 손님을 청해 식사를 하고 시를 짓는 일까지 간밤에 일어났던 일은 이튿날 아침 낱낱이 황제에게 고해 바쳐졌다.

『명사, 송렴전(明史, 宋濂傳)』에 의하면, 어느 날 송렴이 손님을 청해 식사를 했는데 그 다음날 주원장이 그에게 어제 술을 마셨는지, 어떤 손님을 청하였는지, 안주는 무엇이었는지를 꼬치꼬치 캐물었다. 송 렴이 사실대로 대답했더니 주원장이 껄껄 웃으며 "모두 맞았군. 날 속이지 않았어."라고 말했다고 한다. 국자감의 제주인 송납(宋納)은 이미 나이 든 신하였다. 하루는 홀로 앉아 있다가 화를 내었는데 다 음날 주원장이 그에게 어제 누구에게 화를 냈는지 물었다. 송납은 내 심 크게 놀라며 하인이 넘어져 다기를 깨뜨려 화를 낸 것이라고 대답 했다. 그러자 주원장은 사람을 시켜 몰래 그린 그림을 그에게 보여 주었다. 그 그림에는 송납이 화난 얼굴로 홀로 앉아 있는 모습이 그 려져 있었다.

주원장은 검교를 보내 정탐하는 것도 모자라 직접 들이닥치는 방식 으로 일을 조사하곤 했다. 『명사, 나복인전(明史, 羅復仁傳)』에 의하면, 진우량(陳友諒)의 옛 신하인 나복인(羅復仁)이 주원장에게 투항한 후 문 관학사의 관직에 오르게 되었는데 누군가 나복인의 집이 너무 낡고 허름하다고 고했다. 주원장은 이 말을 반신반의하고 있다가 어느 날 갑자기 친히 나복인의 집을 방문였다. 나복인은 때마침 벽에 분을 바 르고 있었는데 황제가 행차하자 황급히 의자를 가져다드렸다. 주원 장은 나복인의 집을 천천히 둘러보고 난 뒤 훌륭한 인재가 이렇게 허 름한 집에 살아서야 되겠냐며 그에게 큰 집 한 채를 내렸다.

그때까지만 해도 검교는 정찰만을 할 수 있었으며 체포할 권리는 가지고 있지 않았다. 1382년(홍무 15년), 주원장은 의란사(儀鸞司)를 폐지하는 대신 친군지휘사(親軍指揮司)에 금의위(錦衣衛)를 설치하였다. 황제의 거동 때 의장(儀仗)·궁정 수호, 경성 안팎 순찰, 죄인 체포·신문 등을 담당하였으며 따로 조옥(詔獄)을 두어 형부의 법률절차를 밟지 않고 투옥하였다. 5년 후, 조정 안팎에서 금의위에 대한 원성이 자자해지자 주원장은 민심을 다스리기 위해 1387년(홍무 20년)에 금의위의 고문 도구들을 모두 불사르게 했다. 또한 모든 죄인들의 심문을 삼법사(三法司, 형부·도찰원·대리사)로 이관하고 금의위를 폐지하였다.

정난의 변(靖難之變)을 일으켜 제위를 빼앗은 영락제(永樂帝)는 정통파(正統派)의 반항을 두려워하여 환관을 첩자로 이용하는 한편 금의위를 부활하였다. 북경으로 천도한 후 1420년 황제직속의 첩보기관으로 동창을 설치하고 금의위도 여기에 소속시켰다. 그 장관인 제독동창(提督東廠)에는 황제가 신임하는 환관을 임명하였고, 그 밑에 첩형(貼刑) 2명, 당두(檔頭) 100여 명, 번역(番役) 1,000여 명을 두었으며, 첩형 이하의 관원은 금의위에서 선발된 자로 충당하였다. 처음에는 관리의 부정이나 모반의 정탐을 주요 임무로 삼았으나 차차 민간의 사소한 범죄까지 확대 취급하고, 구금·처형의 권한을 갖게 되면서 그 폐해가 커졌다. 성화제(成化帝)는 동창만으로 만족할 수 없어 특무를 강화해 서창을 증설하고 세력 확장에 힘썼다. 1505년(정덕 원년)에 내행창을 새로 설치함으로써 동창, 서창과 함께 3창이라 불렸다. 내행창은 1509년(정덕 5년) 유근이 모반죄로 죽임을 당하고 서창과 함께 폐지되었으나, 이들 기관은 일반 관료에 대항하는 환관 세력의 정치적 거점이 되어 명나라 정치에 어두운 그림자를 드리웠다.

청나라 때 행해진 형벌 모습

　이렇게 해서 명나라의 특무조직은 가장 번성하게 되었다. 동창과 서창, 내행창 3창과 금의위의 특무원들은 전국 각지에 파견되어 누구든 어디서든 그들에게 불손한 자는 모조리 잡아들여 죽였다. 기록에 의하면, 어느 날 경사(京師) 4명이 밀실에서 술을 마시던 중에 한 사람이 술기운에 환관 위충현의 전횡을 크게 비판했는데 다른 3명이 크게 놀라며 아무 말도 하지 못하고 그저 좋은 소리로 그를 진정시켰다. 하지만 그는 비판을 그치지 않았고 그때 갑자기 특무원들이 문을 부수고 들이닥쳐 모두 잡아갔다. 위충현은 자신을 욕한 경사를 능지처참하고 나머지 3명에게는 상을 내렸다. 특무원들은 일반 백성들의 시시콜콜한 일까지 모두 상부에 보고했는데 누구든 특무에 잡혀 하옥되면 십중팔구는 살아 돌아오지 못했다.

　환관 유근(劉瑾)이 관장하던 내행창에서는 그곳에 들어온 죄인들은 죄명이 무엇이든 죄목이 크든 작든 간에 모두 정장(廷杖)을 흠씬 두들겨 맞은 후에 병졸로 변경에 보내지거나 칼을 차고 다녀야 했다. 그 칼의 무게가 무려 160근(96킬로그램)이나 되었다고 하니 그 무거운 칼을 견딜 수 있는 자가 몇이나 되었을까. 그렇게 해서 죽은 죄수들은 수천 명에 이르렀다. 변경 지역에서는 말을 타고 비단옷을 입고 북경 말투를 쓰는 사람을 보면 모두 호랑이나 맹수를 만난 듯 두려움에 떨며 숨기에 바빴고 관리들은 거액의 뇌물을 주며 화를 피하려고 노력했다. 북경에 있는 조정 대신들에게도 이 특무원은 공포의 대상이었다. 대신들은 매일 조정에 등청할 때마다 마치 형장에 들어가는 것처럼 부인과 이별 인사를 나누었고 무사히 집으로 귀가하면 집안의 경사로 여겼다.

특무기구에서 실시하던 형벌은 측천무후 때보다 더 잔혹했다. 기록에 의하면 능지처참 외에도 발가벗겨 쇠침대에 눕혀 놓고 끓는 물을 붓거나, 철수세미로 살을 밀어 내고 인피를 벗겨 내는 등 잔혹한 형벌이 수없이 많았다. 특히 정장을 실시할 때에는 환관이 높은 의자에 앉고 다른 관리들이 그의 양 옆에 앉았다. 정장은 하옥된 죄수를 땅에 엎드리게 한 후 두 어깨의 아래와 두 다리를 묶어 움직이지 못하도록 한 후에 몽둥이로 엉덩이를 치는 형벌이었다. 엉덩이를 맞는 죄수는 고통에 몸부림쳤으며 아픔을 이기지 못해 머리를 땅에 부딪치고 심지어는 얼굴의 수염이 모두 땅에 갈리어 없어지기도 했다. 미리 정장을 때리는 사람에게 뇌물을 주면 매의 강도가 다소 약해지고 고통도 적었지만 뇌물을 주지 않았거나 평소에 사이가 안 좋은 사람이면 정장 30대에 목숨이 끊어지기도 했다. 일반적으로 정장 100대를 견뎌 낼 수 있는 사람은 없었으며 요행히 살아남는다 해도 1년 넘게 꼼짝없이 누워 지내야 했다. 이렇게 정장에 의해 죽은 사람 중에는 공부상서 설상(薛祥), 향부주사 여태소(茹太素) 등도 있었다. 높은 관직의 신하도 정장으로 죽었으니 그 아래 관리나 일반 백성들은 어떠했을지 가히 짐작할 수 있다. 정덕제는 한꺼번에 11명을, 가정제는 17명을 정장으로 죽였다. 군중들 앞에서 관리들에게 치욕적인 정장을 때리는 이 야만적인 제도는 명나라 말기 천계제 때에 이르러서야 비로소 폐지되었다. 그러나 특무기구는 여전히 유지되었고 그 위세는 명나라의 몰락과 함께 종지부를 찍었다.

정장 외에도 박피(剝皮)라는 잔혹한 형벌이 있었는데 홍무제 주원장은 탐관오리들을 처형할 때 사용했다. 탐관오리의 거듭되는 부정을 막는 방법은 박피밖에 없다고 생각했기 때문이다. 박피의 잔혹함은 능지처참보다 더했다. 산 사람의 피부를 벗겨 낸 뒤 그 안에 잡초를 넣고 꿰매어 인형을 만들어 관아의 안팎에 걸어 두고 사람들에게 경각심을 일깨우는 형벌이었다. 하지만 주원장 이후 박피 형벌이 탐관오리에게만 실시되었던 것은 아니다. 영락제 주체가 황제로 즉위한 후에 건문제의 충신인 경청(景淸)을 이 박피로 처형했다. 경청은 주체를 모살하려다가 미수에 그친 인물이었다. 주체는 화가 머리끝까지 올라 그를 박피시켜 장안문에 걸고 뼈는 모조리 부수어 버리라고 명했다. 정덕제 주후조는 포로로 잡힌 농민봉기군의 수령을 박피하여 벗겨낸 껍질로 말안장을 만들어 자신의 말에 올려놓고 타고 다녔다고도 한다.

노선도 『병후잡담(病后雜談)』에서 박피 형벌의 참혹함에 대해 적고 있다. 박피 형벌은 명나라의 정권을 굳건하게 하지 못했다. 사실 이 것은 참혹한 형벌로 사회의 각종 폐단을 근절하고 황제에게 반대하는 세력을 처단하려 한 것이었지만 그것은 절대 불가능했다. 측천무후가 그러했고 명나라 역시 예외가 아니었다.

개국 황제 장자들의 기구한 운명

개국 황제 장자는 대부분 음해의 대상이었고
비참한 말로를 맞아하였으니
황위가 본래 그러한 것이라.

황제 제도가 확립된 후 중국의 역대 왕조는 모두 장자가 황위를 계승하는 것이 법도였다. 그러나 유감스럽게도 역대 개국 황제의 장자 가운데 순조롭게 황제의 자리를 물려받고 나라를 통치할 수 있었던 이는 얼마 되지 않는다. 황상에 앉기도 전에 대부분 요절하거나 피살당하거나, 그도 아니면 황위에 오르자마자 죽곤 했다. 몇몇 개국 황제 장자들의 상황만 살펴보아도 그들의 운명이 얼마나 기구했는지 알 수 있다.

진시황

장자 부소(扶蘇)가 변경을 지키는 임무를 맡고 있던 중에 진시황이 순행 중에 객사하였다. 환관 조고가 승상 이사와 음모를 꾸며 유서를 날조한 후, 18남 호해에게 황위를 계승시키고 부소가 자결하도록 하였다.

한 고조 유방

기원전 202년 유방이 국호를 한(漢)이라 하고 황제에 오르고 유영(劉盈)이 황태자에 올랐다. 처음에 장자가 아니라는 이유로 반대하는 의견이 있었으나 장자 유비(劉肥)의 어머니 신분이 미천하여 유영이 유일한 적자인 점을 미뤄 결국 황태자로 책봉되었다.

유방은 유영을 총애하지 않고 척부인(戚夫人) 소생의 4남 유여의(劉如意)를 총애하였다. 그러나 여황후는 유영을 황제로 만들기 위해 온갖 일을 마다하지 않았다. 기원전 195년 유방이 죽고 유영이 황제에 올랐다. 그가 혜제(惠帝)다. 한편 여태후는 유여의를 죽이고, 척부인의 팔다리를 자르고 돼지우리에 넣어 '인간돼지'라고 부르는 사건이 벌어지기도 했다. 그리고 이듬해인 기원전 194년 여태후는 유방의 장자 유비가 여전히 혜제의 정적이라 생각하고 연회에서 독주를 준비하여 그를 죽이려고 하였으나 이를 미리 알아챈 혜제에 의해 목숨을 구할 수 있었다.

여태후는 자신의 문중 인사들을 발탁하여 조정을 장악하였다. 혜제는 야심이 큰 어머니 때문에 평생을 자신의 뜻을 펼치지 못하고 살다가 7년 후 우울증으로 병사했다. 유영은 아들이 없어 유방의 4남 유항(劉恒)이 뒤를 이었으니, 그가 한 문제(漢文帝)다.

위 무제 조조

서기 197년(건안 2년) 조조의 장자 조앙(曹昂)이 군대를 따라 완성(宛城)에 가서 장수(張繡)를 공격하니 그가 항복하였다. 조조(曹操)가 장수의 숙모를 취하자 그가 분하게 여겨 밤에 조조의 군대를 습격하였다. 조조가 달아나던 중 말이 화살에 맞아 쓰러지자 조앙은 자신이 타던 말을 조조에게 주고 난전(亂戰) 중에 죽었다. 유씨가 낳은 조앙과 조삭(曹鑠)이 모두 일찍 죽고, 변씨(卞氏)가 황후가 되자 그녀의 아들 조비가 조조의 적장자가 되었다. 조조가 죽고 3남 조비가 황위를 이었으니, 그가 바로 위 문제(魏文帝)이다.

오 대제 손권

손권(孫權)의 장자 손등(孫登)이 죽자 후계자를 둘러싸고 권력투쟁이 일어났다. 손권은 2남 손화(孫和)를 황태자로 책봉하여 후계자로 삼는 한편, 4남 손패(孫霸)를 노왕(魯王)에 봉하여 태자와 동등한 지위를 부여했다. 이로써 황태자와 노왕 사이에 권력투쟁이 극심했다. 손권은 결국 두 파벌을 모두 처형하고 겨우 10세의 7남 손량(孫亮)을 황태자로 책봉하였다. 그가 제2대 황제 회계왕(會稽王)이다.

촉한 소열제 유비

223년(장무 3년) 4월에 유비(劉備)의 뒤를 이어 적장자 유선(劉禪)이 17세에 황제가 되었으니, 그가 효회제(孝懷帝)다. 나이가 어려 국정은 제갈량(諸葛亮)이 보필하였다. 이후 234년 제갈량이 사망하자 동윤(董允), 장완(蔣琬), 비의(費禕), 강유(姜維) 등 중신들이 국정을 맡았다. 재

서진 무제 사마염　진나라 개국 황제. 역사에서는 진 무제(晉武帝)로 불린다.

위 후기에는 환관 황호(黃皓)를 총애하여 점차 환락에 빠져들어 부패 정치를 초래하여 나라를 멸망시켰다. 『삼국지연의』에는 유선이 아둔하고 어리석은 군주로 그려진다.

서진 무제 사마염

서진을 건국한 사마염의 장자 사마궤(司馬軌)는 2세 때 요절하고 2남 사마충이 황제에 올라 혜제가 되었다. 능력이 떨어지고 학문에 뜻이 없어 사마염의 동생이자 사마충의 숙부인 제왕(齊王) 사마유(司馬攸)가 대신 제위를 이어야 한다는 여론이 있었다. 사마충은 국정을 장악하지 못하였고, 황후 가남풍(賈南風)의 외척의 힘이 거대해지고 팔왕의 난까지 벌어져 서진은 몰락의 길을 걷게 되었다.

수 문제 양견

장자 양용은 이궁에 갇혀 무위장 장형의 감시를 받았다. 장형은 양용에게 음식도 잘 주지 않았으며 의관이 누추한 것이 노비보다도 못하였다고 한다. 604년에 양견(楊堅)의 병이 위중해지자 2남 양광은 장형을 시켜 아버지 양견을 살해하고 뒤이어 자신의 근위장 우문지급을 보내 양용을 목 졸라 죽이고 황제의 자리에 올랐다.

당 고조 이연

장자 이건성(李建成)은 당이 건국된 후 황태자가 되어 군웅을 평정하는데 활약하였으나, 아우 이세민의 명망이 높아지는 것에 불안감을 느꼈다. 아우 이원길과 함께 이세민을 없앨 계획을 세우다가 오히려 현무문의 변 끝에 살해되었다. 이세민이 황위에 올라 당 태종이 되었다.

송 태조 조광윤

장자 덕수(德秀)는 요절하고 2남 덕소(德昭)는 조광의(趙光義)가 황제로 즉위한 후 자결하였다.

송 태종 조광의

장자 원우(元佑)는 갑작스런 정신 질환으로 폐서인되고, 3남 조항(趙恒)이 황위를 계승하였다.

요 태조 야율아보기

황태자 야율돌욕(耶律突欲)은 야율아보기(耶律阿保機)가 죽자 생모의 미움을 받아 폐적되었다. 황위가 비어 있는 상태에서 생모 술율황후(述律皇后)가 섭정을 하였다. 그 후 2남 야율덕광이 후계자로 지명되어 제2대 황제 태종(太宗)으로 즉위하였다. 후계자에서 밀려난 야율돌욕은 요양으로 쫓겨 갔다가 5년 후 시를 남기고 후당에 투항하여 명종(明宗) 이사원(李嗣源)의 휘하로 들어갔다.

서하 경종 이원호

황태자 이영명(李寧明)이 부황에 의해 폐태자 되었다. 이어 부황 시해를 꾀했다는 혐의로 처형당한 지 얼마 안 되어 경종이 급서하면서 2남 양조(諒祚)가 1세의 나이로 즉위하여 의종(毅宗)이 되었다.

원 태조 칭기즈칸

장자 조치가 죽자 3남 오고타이가 황위를 계승하였다. 그가 원 태종이다.

명 홍무제 주원장

장자 주표(朱標)는 충성스러웠지만 부황의 혹정을 참지 못하고 여러 차례 충돌한 끝에 스스로 자결하였다. 이에 장손 주윤문이 황위를 계승하였다. 그가 건문제(建文帝)다. 1399년 연왕이 정난의 변을 일으켜 1402년 제위를 빼앗아 영락제에 즉위하였다. 주윤문은 성이 함락된 후 행적이 묘연해 당시 성안에서 불에 타 죽거나 인근에서 자살한 것으로 전해진다. 하지만 성을 탈출해 승려로 유랑생활을 하며 40여 년을 더 살았다는 설도 있다.

청 순치제 복림(福臨)

청 순치제 복림(福臨)은 황제에 즉위한 이듬해 북경으로 진격했으며, 장자가 일찍 죽고 3남 현엽(玄燁)이 황위를 계승하였다. 그가 강희제다.

16국이나 남북조, 5대 10국 등 소국이 난립하던 혼란기를 살았던 황제의 장자들도 상황은 크게 다르지 않다. 16국의 전조 유연(劉淵)과 양 무제 소연(蕭衍), 송 무제 유유(劉裕), 북제 신 무제 고환(高歡) 등 개국 황제의 장자들은 모두 황위를 잇지 못하거나 비참한 말로를 맞이했다.

이러한 역사적인 상황을 빚은 중요한 원인 중 하나는 개국 황제가 황위에 올랐을 때 이미 나이가 많았던 경우가 대부분이라는 것이다. 그들은 치열한 전투와 혼란을 겪고 오랜 기간 정치적·군사적인 준비 끝에 나라를 건국하고 황제의 자리에 올랐다. 한 고조 유방은 46세에 황제가 되었고, 유비도 황제가 되었을 때는 이미 61세의 노인이었다. 조조와 사마의는 죽을 때까지 황제의 자리에 앉지 못했으며, 당 고조 이연도 53세에 황제가 되었다. 고대에는 조혼하는 풍습이 있었으므로 그들이 황제에 즉위했을 때쯤 그들의 장자는 이미 중년의 나이였으며, 천재지변을 당하거나 제대로 돌봄을 받지 못해 요절하거나 전사한 경우도 많았다. 다행히 목숨을 부지하였더라도 황위 쟁탈전의 한가운데서 살아남아 황위를 제대로 계승하기란 하늘의 별따기였다. 황제는 이미 늙어 정신이 맑지 못해 주변의 이간질에 쉽게 속아 넘어가기 마련이었고, 장자는 항상 음해의 대상이었다.

고대의 법도가 적장자계승제였지만 대부분의 장자들이 황위를 계승하지 못하고 아우에게 자리를 내주는 경우가 허다했으니 아이러니한 일이다. 그리고 황제의 슬하에 아들이 없는 경우도 많았다. 이럴 때에는 서출 형제나 사촌 형제들 간에 황위 쟁탈전이 일어났는데, 그 가운데 운이 좋은 자가 황제가 되었고 운이 없는 자는 반란을 꾀한 죄로 목이 베어졌다.

남송 영종 조확(趙擴)은 광종(光宗)의 2남이다. 그런데 그에게 아들이 없어 1210년(가정 3년)에 부득이하게 사촌 형제의 아들인 조순(趙詢)을 황태자로 책봉하였다. 하지만 10년 후 조순이 병사하자 영종은 사촌 동생 조병의 양자 조횡(趙竑)을 태자로 삼았다. 당시 재상이었던 사미원(史彌遠)은 조정의 실세를 잡고 있었는데 황후(恭聖仁烈皇后) 양씨와 결탁해 반대파를 숙청하였다. 또한 영종의 어수룩함을 이용해 조정 안팎에 자신의 심복을 심어 두고 국사를 조정하며 권세를 부렸다. 궁궐 안에서 자란 태자 조횡은 이런 사미원의 악행을 보며 마음속으로 분노심을 키웠고, 사미원도 조횡이 자신을 미워하고 있다는 사실을 알았다. 하루는 조횡이 자신이 즉위하는 날에는 사미원을 반드시 머나먼 신주와 은주로 보내버릴 것이라고 말했다. 옆에서 호금을 켜고 있던 궁녀가 그 말을 듣고 몰래 사미원에게 고자질했다. 이때부터 사미원은 조횡을 폐위시키기로 마음먹고 태자로 책봉할 만한 적당한 황자를 찾기 시작했다.

당시 황족 중에 조여거(趙與莒)가 있었는데 송 태조 조광윤의 아들인 조덕소의 9세손이다. 사미원은 그의 총명함을 알아보고 데려다가 이름을 조귀성(趙貴誠)으로 고치고 조병의 양자로 들여 글을 가르치며

송 이종 조윤
송 태조 조광윤의 아들인 조덕소의 9세손이다.
영종의 병세가 위급해지자 사미원의 계략으로 조여거는
이름을 조윤(趙昀)으로 고치고 황제로 즉위하였다.

영종의 환심을 사도록 하였다. 한편 조횡을 모함하여 영종에게 그를 폐위시키고 조여거를 태자로 책봉하도록 부추겼다. 영종은 조횡을 폐위시킬 생각이 없었다. 1224년(가정 17년) 영종의 병세가 위급해져 사람을 구분하지 못하게 되자 사미원은 조귀성의 이름을 조윤(趙昀)으로 고치고 황태자로 세웠다는 가짜 성지를 내렸다. 조윤은 황제로 즉위하였다.

아무것도 모른 채 황제에 즉위할 생각에 들떠 있던 조횡은 조윤이 황위에 오른 것을 보고 화가 치밀었지만, 조정의 실세를 온통 사미원이 독식하고 있었기 때문에 아무런 말도 하지 못했다. 조횡은 얼마 후 경성에서 쫓겨나 호주성(湖州城, 지금의 절강 오흥)으로 갔다. 그때까지만 해도 조횡은 목숨만은 부지할 수 있을 것으로 생각했다. 하지만 그 이듬해 다시 한 차례의 모반과 살상의 재난이 닥쳐왔다.

조윤이 황제로 즉위한 후 사미원의 전횡은 더욱 심해졌고 조정 안팎의 불만이 거세졌다. 특히 조횡이 머물던 호주성의 사람들은 조횡의 억울한 일을 알고 크게 분노하였다. 그 중 태호(太湖)에 살던 반임(潘壬), 반보(潘甫), 반병(潘丙) 3형제가 태호의 어민들과 함께 조윤을 폐위시키고 조횡을 황제로 옹립하기로 했다. 그리고 사미원의 전횡을 폭로하는 방을 붙이고 산동의 이전(李全)과 연합해 반란을 일으키기로 했다. 반씨 형제들은 1225년(보경 원년) 정월 6일, 수십 명의 어민을 이끌고 조횡에게로 가서 그를 황제로 추대했다. 조횡은 처음에는 완강하게 거부했으나 폭도들의 칼 앞에서 무릎을 꿇을 수밖에 없었다.

조횡은 군수품 창고를 열어 금백(金帛)과 회자(會子, 지폐)로 군사들을 대접하였고, 지주 사주경(謝周卿)이 관속을 거느리고 와서 축하했다. 거짓으로 이전의 방(榜)을 성문에 걸어놓고 사미원이 폐립한 죄를 헤아리면서 "지금 정예병사 20만 명을 거느리고 수륙으로 나란히 진격할 것이다."라고 떠벌리자 사람들이 모두 날뛰었다. 다음날, 날이 밝아 살펴보니 모두가 태호의 어부와 순찰병들뿐이었다. 조횡은 거사가 성공하지 못한 걸 눈치 채고 왕원춘(王元春)을 파견해 조정에 고발하는 한편, 고을의 병사들을 이끌고 반임을 토벌했다. 반임은 초주(楚州)로 달아났고 반보와 반병은 죽었다. 왕원춘이 임안(臨安)에 당도하자 사미원은 몹시 두려워하면서 급히 전사장(殿司將) 팽탁(彭托)을 불러 군사를 거느리고 호주성으로 달려가 사태를 평정하기에 이르렀다. 사미원은 이 기회에 조횡도 제거하고 싶었지만 그랬다가는 백성들의 원성까지 들을까 두려워 조횡이 중병에 걸렸다면서 어의를 보내 병을 치료하도록 했다. 그 후 조횡은 핍박을 당해 관아에서 목을 매 자결하였다. 당시 조횡이 독살 당했다는 소문이 떠돌기도 했다.

성공하면 황제가 되지만, 실패하면 반역 죄인이 되는 것이 역대 황위 쟁탈전의 결과였다. 승자는 하늘도 부럽지 않은 권세를 누리며 황손들을 닥치는 대로 제거했고, 패자는 목숨 하나도 제대로 부지할 수 없었다. 황족들은 설령 황위에 뜻이 없다 하더라도 자신의 몸에 천자의 피가 흐르고 있다는 이유만으로 잔혹한 황위 쟁탈전의 소용돌이에서 벗어날 수 없었다.

친형제와 부자간도 이 지경이었으니 사촌 형제 사이에서는 두말할 필요도 없었다. 현무문의 변이나 정난의 변, 팔왕의 난 등이 모두 이런 경우다. 황족들은 머리를 깎고 절로 들어가 승려가 되거나 사지와 온몸을 전혀 쓸 수 없는 상태가 아니고서는 혼란을 피하기 어려웠다.

명나라 마지막 황제 숭정제(崇禎帝)가 자결하기 전 딸에게 '명대로 살려면 절대로 황가의 자손으로 태어나서는 안 된다.' 라고 침통하게 말했다는 것도 그럴 법한 일이다. 이 한마디는 천 년이 넘도록 이어진 황위를 둘러싼 싸움과 골육상잔을 통해 얻은 처절한 진실이었으며, 장차 권력 싸움에 열중할 후세에게 남긴 비통한 경고이기도 했다. 권력은 남을 죽일 수 있지만 자기 자신도 그 권력으로 인해 죽을 수 있는 것이다.

황제의 순행

똑같은 순행이었지만 그 목적은 서로 달랐고
순행하는 황제들마다 자신의 족적을 역사에 남겼으니.

　문인과 학사들은 명산대천을 유람하면서 그 웅장함에 감탄하며 돌아갈 생각을 하지 않고 몇 달 동안이나 경치를 즐기곤 했는데 이는 황제도 마찬가지였다. 역대 황제들 가운데 순행(巡行)과 유람을 나가지 않은 이는 거의 없다. 물론 황제의 순행은 문인 학사들의 유람과 달랐다. 문인들은 유람을 할 때 홀로 떠나거나 지인 몇 사람과 동행하는 것이 보통이었지만, 황제의 순행은 하늘을 울리고 땅을 진동시켰다. 역대 황제들의 순행은 매우 많았지만 순행의 목적은 각기 달랐다. 그중 진시황과 한 무제, 수양제, 강희제, 건륭제 등의 순행이 유명하다.

　진시황은 황제가 되고 난 뒤 기원전 219년부터 210년까지 10년간 불안한 정국 상황에서도 통일 전쟁의 정당성을 알리고 제국을 안정시키기 위해 5차례의 대규모 순행을 나서 중국 동부의 명산대천을 모두 유람했다. 순행 때 협객이 진시황을 죽이려 했기 때문에 언제나 5개의 수레를 군사들이 호위하도록 하고 그중 1개의 수레를 타고 순행을 감행하였다.

진시황은 기원전 220년 제1차 순행 때 진나라의 서북 변방 지역을 시찰한 후 흉노의 침입을 막기 위한 전략을 세웠다. 다음 해 제2차 순행 때 추역산(鄒嶧山)과 태산(泰山), 지부(之罘, 지금의 산동 연대 동북쪽)에 오른 후 낭야(琅琊, 지금의 동랑야대東琅琊台)에 오르고 팽성(彭城)을 거쳐 형산(衡山), 상산사(湘山祠)에 갔다가 궁으로 돌아왔다. 제3차 순행은 기원전 218년에 시작되어 박랑사(博浪沙)에서 10일간 사냥을 즐긴 후 이듬해 다시 바닷길을 통해 낭야에 도착해 궁으로 돌아왔다. 박랑사에서는 자객이 진시황을 습격해 암살하려고 하였으나 실패하였다. 기원전 215년 제4차 순행을 나가 갈석산(碣石山)을 유람했다.

마지막 제5차 순행은 기원전 210년 10월에 시작되었다. 가장 긴 순행이었는데 11월에 운몽(云夢)에 다다라 구의산(九疑山)을 바라보고 낭야에서 출발해 영성산(榮城山)에 도착했다가 다시 지부에 올랐다. 순행의 노정(路程)이 너무 길어 가을과 겨울, 봄과 여름을 모두 거쳐야 했다. 교통수단도 낙후되어 있었기 때문에 진시황은 피로가 매우 심했다. 결국 평원진(平原津)에서 중병에 걸렸는데 때가 마침 한여름인데다 어의의 치료도 제대로 이루어지지 못해 사구(沙丘, 지금의 하북 광종 서북쪽)에서 세상을 떠났다. 진시황은 역사상 처음으로 순행에 나섰다가 죽은 황제가 되었다. 진시황은 성대하고 화려한 것을 좋아해

진시황 청동 거마
중국 시안 병마용에서 발굴된 청동거마. 진시황이 전국을 순행할 때 탔던 수레와 같은 종류다.

순행 때마다 규모가 매우 크고 위풍당당한 수행 행렬을 이끌고 다녔다. 그리고 목적지에 기념비를 세울 때에는 자신이 6국을 정복하고 중원을 통일한 위업을 분명히 새겼다.

　순행 때 남긴 것 중에서 현재까지 전해져 오는 것으로 6개의 비문(碑文)이 있다. 일종의 '순수비(巡狩碑)'라고 할 수 있다. 『사기, 진시황본기』에는 전해져 오는 비문이 모두 7개라고 하는데, 태산, 낭야대, 지부, 동관, 갈석, 회계, 시황소립각석방각석사(始皇所立刻石旁刻石辭) 등에 세워졌다. 제1차 순행 때 태산에 올라 새긴 비문을 주도한 학자들은 옛 춘추전국 시대 노나라와 제나라 지역의 유학자들이었다. 따라서 이 비문에는 유가의 정치사상이 뚜렷하게 나타나 있다. 반면 낭야대 비문에는 법가 사상의 줄기가 뚜렷하게 드러나 있다. 진나라가 통치 이념으로 삼았던 법가 사상의 중농억상책(重農抑商策)이나 백성과 관리들이 지켜야 할 법령과 제도 그리고 풍속의 기준에 관해 새겨져 있다.

진시황은 재위 기간이 너무 짧았고 6국을 통일한 후 10년 뒤에 바로 세상을 떠났기 때문에 그의 순행은 5차례에 불과했다. 하지만 16세에 황제로 등극한 한 무제 유철은 54년의 재위 기간 동안 지방 민심을 살핀다는 이유로 30여 차례의 순행을 했다. 그의 족적은 황하 양안(兩岸)에서부터 회하(淮河) 남북에 모두 분포되어 있다. 기원전 113년에서 기원전 106년까지 8년 동안 그는 8차례나 순행에 나섰다.

한 무제의 제1차 순행은 기원전 113년(원정 4년)에 시작되었으며, 두 번이나 황하를 건너 관중(關中)에서 하동(河東)까지 유람했다. 이 순행의 목적은 풍년을 기원한 것이었다. 이듬해 하반기에 제2차 순행을 나섰는데, 옹지(雍地)에서 출발해 서쪽으로 농산(隴山)을 거쳐 공동(崆峒)에 오르고 조려하(祖厲河)를 거쳐 다시 감천(甘泉)으로 돌아와 태일사단(泰一祠壇)을 세웠다. 기원전 111년(원정 6년) 또다시 황하로 제3차 순행을 떠났고 얼마 되지 않아 바로 돌아왔다. 그 이듬해 제4차 순행을 떠났는데 문무백관들과 12명의 장군, 18만 기병을 이끌고 장안 이북의 운양(雲陽)을 출발해 상군(上郡), 서하군(西河郡), 오원군(五原郡)을 거쳐 만리장성을 넘어 선우대(單于臺)에 올랐다. 또다시 서쪽으로 삭방군(朔方郡)을 거쳐 황하의 최북단에 도착했으며 그 후 감천군으로 돌아왔다. 같은 해 제5차 순행을 떠났는데 화산(華山)과 숭산(嵩山)을 넘어 구씨성(緱氏城)을 거쳐 동해에 다다랐고 다시 북상해 태산에 올랐다. 그곳에서 북쪽으로 향해 갈석에 도착한 후 서쪽으로 만리장성을 따라 구원(九原)을 거쳐 감천궁으로 돌아왔다. 기원전 109년에는 제6차 순행을 떠나서 태산에서 제사를 지냈다.

기원전 106년 이미 50세가 된 한 무제는 제7차 순행을 나섰다. 노정이 가장 길었는데 남부로 가서 양자강(揚子江)을 보고 안휘 지역의 성당(盛唐)에 도착해 천주산(天柱山)에 오른 뒤 다시 심양에서 배를 타고 양자강을 따라 동쪽으로 이동하고, 종양(樅陽)에서 육지로 올라 북쪽으로 올라와 낭야에 도착해 배를 타고 또다시 북쪽으로 향하는 것이었다. 그의 본래 목적은 신산과 신선을 찾는 것이었지만 파도가 드세 순행을 계속하지 못하고 태산 봉선(封禪)으로 돌아왔다. 그 후 한 무제는 여러 차례 순행을 더 나갔는데, 마지막 순행은 기원전 89년(정화 4년)에 행해졌다. 그때 한 무제의 나이는 68세로 고희에 가까워 몸도 좋지 않아 그 후로는 순행을 나가지 못했다. 진시황과 마찬가지로 한 무제도 화려하고 성대한 것을 좋아했다. 한 무제가 순행을 나갈 때면 항상 문무백관과 보병, 기병 등이 뒤를 따랐고 때때로 외국 사신이 동행하기도 했다. 순행 횟수도 많아 1년에 2차례나 나섰으니 거기에 들어간 재물이 막대했다. 순행 도중에는 현지 백성들로부터 조공을 받았기 때문에 민심이 흉흉해졌다.

진시황과 한 무제의 순행 목적은 정치적인 목적 외에도 신선을 찾고 불로장생할 수 있는 약을 찾는 것이었다. 도사의 거짓말에 넘어간 그들은 망망대해 위에 신산이 있고 산 위에 신선이 사는데 신선은 불로약을 가지고 있어서 그것을 먹으면 회춘하고 불로장생할 수 있다고 믿었다. 그들은 바다를 항해하며 신선을 찾았고 해변을 뒤지며 만날 수 있기를 바랐다.

기원전 113년(원정 4년) 6월, 공손경이 동래산에서 신선을 만났는데 그 신선이 황상을 만나기를 원한다고 전했다. 한 무제는 인마를 동원해서 그를 모셔오라고 명했다. 한 무제는 인마 부대가 떠나는 긴 행렬을 보면서 신선이 나타나지 않을 것을 걱정하였다. 공손경이 성급하게 생각하지 말라고 하자 한 무제는 자신이 젊은 사람이 아니니 얼마나 더 오래 기다려야 하느냐고 유감스러워했다. 한 무제의 불로장생을 향한 마음이 얼마나 간절했는지 알 수 있다. 그러나 신선의 비밀은 오래지 않아 곧 풀렸다. 한나라의 세력이 확대되면서 동북쪽으로 한반도까지 세력을 넓히게 되었는데 그곳 바다에서 신선 3명이 배를 타고 와 뭍으로 올라오더니 한 무제를 찾아왔다. 그런데 한 무제는 그들을 만난 후 그들이 전설 속의 신선이 아니며 불로약이라는 것은 본래부터 존재하지 않는다는 것을 깨닫게 되었다. 한 무제 이후로는 헛된 꿈을 꾸며 불로장생약을 찾으러 순행을 떠난 황제는 없었다. 역대 황제들의 순행은 정치적인 목적 외에는 그저 경치 좋은 곳을 돌며 유람하기 위한 것이었다. 수양제의 경우에는 정치적인 목적은 거의 없었고 유람을 위한 순행이었다.

수양제 양광은 604년에 부황을 죽이고 황위를 찬탈한 후 618년까지 14년의 재위 기간 동안 612년에서 614년 사이에 3차례 고구려에 친정을 떠났던 때를 제외하고는 항상 순행을 나가 있었고 결국 강도(江都)에서 생을 마감했다. 605년(대업 원년) 8월, 황상에 앉은 지 1년밖에 안 된 수양제는 제1차 순행을 시작했고, 이듬해 4월에 활짝 핀 목단꽃을 한껏 감상하며 강도에서 육로를 통해 낙양성에 돌아왔다. 607년(대업 3년)에는 내몽골로 순행을 떠나 초원의 풍광을 즐겼다.

608년에는 오원(五原)에서 만리장성을 지나 변경 지방을 순행했고, 609년에는 다시 서쪽을 유람하며 사막의 석양을 즐겼다. 610년에는 다시 강도를 유람하고, 611년에는 강도에서 하북 탁군으로 돌아와 고구려 친정을 준비했다. 그 후 3년간은 고구려에 친정을 떠나느라 유람할 시간이 없었으며, 615년 고구려와의 전쟁이 막 끝나자 또다시 북쪽으로 순행을 떠났다. 그런데 뜻밖에도 그 순행에서 돌궐족에게 포위되어 진퇴양난에 빠졌다가 간신히 살아나올 수 있었다. 616년에 수양제는 또 강도를 유람했으며, 618년에 강도에서 반란군에게 피살되었다. 이로써 수양제는 진시황 이후 두 번째로 순행 중에 사망한 황제가 되었다.

수양제 일생은 온통 유람하며 보냈다고 해도 과언이 아니며 역대 어느 황제보다도 사치스러웠다. 그가 3차례 강도로 순행을 떠날 때이다. 그는 다니기 편리하도록 수백만 명의 백성들을 징집해 황하와 낙수, 양자강, 회하 등의 커다란 강에 운하를 팠고 낙양에서 강도까지 행궁을 40여 개 이상 지었다.

수양제는 호화롭기 그지없는 용주(龍舟)를 만들었다. 높이 45척(尺, 1척은 24센티미터), 길이 200장(丈, 1장은 10척)에 달하는 4층 높이의 거대한 누선(樓船)이었다. 가장 높은 4층에는 군신이 정무를 논하는 정전(正殿)과 침식을 하는 내전(內殿), 집무실인 동서의 조당(朝堂)이 있었다. 중간의 2, 3층에는 모두 금옥으로 장식된 120개의 방이 있었으며, 1층은 환관들이 사용했다. 황후를 위해서는 '상리주(翔螭舟)'라는 누선을 만들었다. 하늘로 비상하는 뿔이 없는 용이라는 뜻이다. 상리주는 용주보다 크기만 약간 작았을 뿐 장식과 모양은 같았다. 부경(浮

용주를 타고 순행을 떠나는 수양제

景)이라 불리는 3층으로 된 거선 7척은 그 안에서 물놀이를 할 수 있었다. 백호와 현무, 주작 등의 이름을 지닌 배가 1천여 척에 달했는데 여기에는 후궁과 왕공, 백관, 외국 사신, 승려, 도사 등을 태웠다. 청룡과 평승(平乘) 등 작은 배는 수천 척에 달했고 금위군이 승선했다.

매번 순행할 때마다 배를 끌기 위해 8만여 명에 달하는 백성이 동원되었다. 용주와 상리주는 9천여 명이 끌었다. 이들을 전각(殿脚)이라 했는데 모두 비단으로 된 화려한 옷을 입고 배를 끌었다. 누선이 깃발을 펄럭이며 줄지어 강도로 갈 때 무려 200여 리에 걸쳐 오색비단을 펼쳐놓은 듯해서 보는 사람들의 넋을 빼앗았다고 한다.

낙양으로 돌아갈 때에는 육로로 갔는데 그때는 바닥에 깃털 등을 푹신하게 깐 마차를 만들어 사용했기 때문에 그 근방의 길짐승과 날 짐승을 수없이 죽여야 했다. 그리고 마차를 끄는 데만도 수천수만 명의 기병이 필요했다고 한다.

여러 차례 강도를 순행했던 것 외에 수양제는 북방으로도 유람을 갔다. 그는 순조로운 여정을 위해 수십만의 장정을 함께 따르게 하여 도중에 산이 나오면 길을 뚫고 물을 만나면 다리를 놓았다. 돌궐족의 유목 풍경을 보기 위해 하북의 장정 10만여 명을 동원해 태행산을 깎아 큰길을 내고 50만 대군과 10필의 말을 동원해 진을 친 후에 그 안에 숨어서 초원의 풍광을 즐겼다고 한다.

수양제의 사치와 향락은 중국 역사상 가장 심했다. 수양제는 20만 명의 수행인원을 대동하고 순행에 올랐으며, 지역을 돌 때마다 지방관이 나와 진귀한 물품과 산해진미를 바쳐야 화를 면할 수 있었다. 이러한 행렬은 백성을 도탄에 빠트리는 결과를 낳았다. 상황이 이러하니 백성들 사이에서 반란이 일어났다. 수양제의 시중을 들던 대신과 관병들마저 견디지 못해 결국 그는 수하의 손에 살해당하고 말았다. 수양제 이후의 역대 황제들은 그의 일을 교훈삼아 함부로 순행을 떠나지 않았으며 떠난다 해도 크게 사치를 부리지 않았다. 당 태종이 황제에 즉위하자 군신들은 관례에 따라 태산 봉선으로 순행을 다녀올 것을 건의했으나 거절하고 떠나지 않았다고 한다.

청나라 황제들이 남쪽 지방으로 순행을 떠난 것은 강희제 때부터다. 1684년(강희 23년)에서 1707년(강희 46)까지 23년 동안 강희제는 총 6차례 양자강과 절강 일대로 순행을 떠났다. 강희제가 남방으로 순행을 떠난 이유는 황하의 범람을 잘 다스리고 민심을 이해하고 아우르기 위해서였다.

　1684년 강희제는 처음으로 남방으로 순행을 떠나 강소(江蘇) 고우 일대에 도착했다. 그곳이 강의 물결이 거세서 제방이 무너질 것 같다는 현지 백성들의 말에 따라 제방을 더 높이 쌓도록 지시했다. 그 후 강희 28년, 38년, 42년, 44년, 46년에 남방으로 순행을 가서 치수 상황을 상세히 살폈고 심지어는 직접 작은 배를 타고 각지를 돌아보았다. 명나라 말기와 청나라 초기에 빈번히 발생하던 수해가 강희제 때에 와서 크게 줄어들 수 있었다. 그는 순행을 하는 동안 산동과 하남, 강소, 절강 등지를 거쳤고, 가는 곳마다 항상 공묘(孔廟, 공자의 위패와 신주를 모신 사당)와 우릉(禹陵, 중국 최초의 왕조인 하나라의 시조 우왕의 묘)에 참배했으며 심지어는 명의 태조릉에서도 제사를 지냈다. 그의 이러한 행동은 한족에 대한 존경을 표시하고 한족 백성들의 마음을 다스리기 위한 것이었다. 그는 남방으로 순행을 갈 때마다 항상 백성들의 상황을 꼼꼼히 살폈고 민심을 얻을 수 있는 일을 했다. 또한 가는 곳마다 백성들에게 신망이 높은 관리에게는 큰상을 내렸다.

　강희제는 여러 차례 남방으로 순행을 떠났지만 백성들에게 아무런 피해도 주지 않았다. 그는 부하들에게 간소한 옷을 입도록 했으며 따르는 사람이 3백 명을 넘지 않도록 했다. 이전 황제들의 순행과 비교할 때 강희제의 순행은 매우 검소했다. 강희제는 순행하면서 백성과 이야기를 하거나 탄원을 접수하고 의견을 나누고 이를 받아들이는 모습도 보였다. 그의 이런 행동은 역대 황제들에게는 찾아볼 수 없는 값지고 귀한 것이다.

강희제가 남방을 순행하는 모습

강희제의 남방 순행이 정치적인 목적을 가진 것이었다면, 건륭제는 순행에서 유람을 크게 중시했다. 건륭제의 순행은 1751년(건륭 16년)에 시작되어 건륭 22년, 27년, 30년, 45년, 49년까지 총 6차례 이루어졌다. 건륭제는 순행하는 동안 치수 상황을 살피고 관제를 개편하는 한편 백성들을 위한 일을 했다. 하지만 그의 조부 강희제의 순행 목적과 비교하면 아무래도 강남의 수려한 풍경을 감상하고 풍부한 물자를 구경하기 위한 목적이 컸다. 그래서 매번 남방으로 순행을 나갈 때마다 노선을 잘 짜고 경치가 아름다운 곳을 들렀으며 다리를 놓고 길을 깔고 행궁을 지었다. 건륭제는 순행할 때 황자와 공주, 대신, 환관, 시녀, 요리사, 호위병 등 3천 명을 대동했으며 건축가, 화가, 시인들과 동행해 강남의 절경을 논하였다.

건륭제의 순행 행렬이 수로를 지날 때에는 배가 1천 척이 넘어 배들이 수십 리에 걸쳐 꼬리에 꼬리를 물고 이어졌다. 육로를 지나갈 때에는 커다란 마차가 4, 5백 대나 되었고 말이 5, 6천 필이나 되었으며 차출된 백성들도 셀 수 없이 많았다. 행렬이 지나가는 곳에는 30여 개의 행궁이 있었는데 갖가지로 화려하게 장식되어 있고 산해진미가 준비되어 현지의 특산품을 한껏 맛볼 수 있었다. 건륭제는 순행 행렬을 융숭하게 대접한 지방에는 후한 상을 내렸다. 제4차 순행에서 건륭제는 모든 행궁을 지나면서 상으로 은자 2만 냥씩을 내렸다. 그러자 각 지역의 탐관오리들이 백성들을 억압하고 많은 조공을 바치게 해 백성들로부터 원망을 샀다. 통계에 따르면 강희제의 6차례의 남방 순행에 들어간 경비는 모두 금 10만 냥이었는데 비해, 건륭제의 6차례의 남방 순행에 소요된 경비는 은자 2천만 냥에 달했다.

황제가 사치를 즐기면 그 부담은 고스란히 백성들에게 남겨졌고 사회는 점점 피폐해졌다. 하지만 건륭제는 누구든 자신의 일에 반대하는 것은 용서하지 않았다. 한번은 강소성 학정윤(學政尹)이 상소를 올렸다. "지난 두 차례의 순행으로 현지 백성들이 고통을 겪어 원성이 자자합니다. 순행하실 때마다 백성들의 피해가 실로 크다고 할 수 있습니다." 이 상소를 읽은 건륭제는 노발대발하며 "백성들이 고통을 겪는다는 곳이 도대체 어디며 원성이 자자하다는데 도대체 어느 백성들이냐?"라며 호통을 쳤다. 그때 옆에 있던 학사가 "양자강 이남의 백성들은 이미 먹을 것이 없어 굶주리고 있다고 합니다."라고 대답했다. 건륭제는 곧 그에게 "너의 문학적인 재능을 인정하여 관직까지 주었지만 내 사실 네놈을 한낱 창기(娼妓)로 보았느니라. 그런데 어찌하여 감히 국사를 논하려 하는 것이냐?"라며 호되게 꾸짖었다고 한다.

순행을 하면서 건륭제는 큰일을 두 번 겪었다. 1748년(건륭 13년) 효현순황후 부찰씨와 더불어 동순과 제남을 거쳐 공자의 고향 곡부까지 내려가 공림(孔林, 공자와 그 후손들의 묘군)을 참배하였으나 황후가 배 위에서 연회를 즐기는 도중에 강물에 빠져 북경으로 급히 가다가 덕주에서 오한에 걸려 사망하였다. 그녀를 매우 사랑하고 아꼈던 건륭제는 크게 상심하여 순행을 몇 년간 중지하였고 동순을 갈 때에도 덕주를 경유하지 않고 우회하여 갔다. 그 후 건륭제는 한황귀비 오랍나랍씨를 황후로 새로 맞아들였으나 1765년(건륭 30년) 제4차 순행 때 연회 후 함부로 머리를 자르고 여승이 되려고 했다는 이유로 건륭제의 노여움을 사서 강제로 북경으로 보내졌다. 그 후 오랍나랍씨는 황후로서의 권위를 박탈당한 채 유폐되어 1768년(건륭 33년)에 사망하였고 황후가 아닌 귀비로서의 장례가 지내지고 황후의 시호도 받지 못하는 등 건륭제로부터 홀대를 받았다.

건륭제는 6차례의 남쪽 순행 외에도 1747년(건륭 12년)부터 12차례나 태산에서 대규모의 제사를 거행했다. 그리고 그 제사를 위해 태산에 행궁을 지었는데 여기에 수많은 재물을 쏟아 부었다. 청나라가 구가해 오던 태평성대가 건륭제 때에 이르러 점차 쇠퇴하기 시작했는데 이는 건륭제의 사치 향락과 무관하지 않다. 건륭제는 죽기 전에야 잘못을 뉘우치며 자신의 순행이 백성들을 도탄에 빠뜨렸다는 것을 인정했으며 후대 군주들에게 자신의 일을 교훈으로 삼을 것을 당부했다고 한다.

강희제와 건륭제가 항상 남방으로 순행을 나간 까닭에 청 말기부터 절강 해녕(海寧)에 진씨 성을 가진 사람의 아들이 청나라 황제가 되었다는 소문이 돌기 시작했다. 위로는 관리와 귀족들에서 아래로는 일반 백성들까지 이 소문을 모르는 사람이 없었다. 어떤 이들은 그가 강희제라고 했고 또 어떤 이들은 건륭제라고 했다. 하지만 이 모두 야사에 기록된 이야기이니 큰 신빙성이 없거니와 그 진위를 밝혀내기도 힘들다.

비참한 말로를 맞이한 공신들

새를 잡으면 활은 내팽개쳐지고
토끼를 잡으면 사냥개를 죽이는 법이니.

비참한 말로를 맞이한 공신하면 가장 먼저 생각나는 사람은 바로 회음후(淮陰侯) 한신(韓信)이다. 한신이 처형당하기 전에 했다는 "조진 궁장 토사구팽(鳥盡弓藏, 兎死狗烹). 새를 잡으면 활은 내팽개쳐지고, 토끼를 잡으면 사냥개를 죽인다."라는 말은 실로 사람의 마음을 비통하게 한다.

중국 고대 사회에서 신하는 황제가 죽으라면 죽어야 했다. 공신이든 재상이든 황제가 그를 필요로 할 때에는 하루아침에 큰 부귀와 영화를 누리고 온 천하에 권세를 떨칠 수 있었지만 더 이상 쓸모가 없어지면 곧 권세를 잃고 몰락하는 경우가 허다했다. 게다가 누구든 황권을 위협할 수 있다고 생각되면 그 대상은 전혀 권력에 대한 욕심

한나라 건국의 최대 공로자 한신

이 없는 사람이라 해도 가차 없이 죽음을 당하곤 했다. 소위 '조진궁장 토사구팽'이라는 말은 당시 공신들의 말로를 가장 잘 표현해 주는 말이며, 한신 역시 그런 운명에 처했던 공신 중 하나였다.

한신은 한나라 때 공신이었다. 한신이 없었다면 한나라는 건국될 수 없었다고 해도 과언이 아니며, 한 고조 유방도 인정할 수밖에 없었던 사실이다. 당시 민간에서 떠돌던 "얼어붙은 강에서의 전투가 없었다면 한나라의 4백 년은 존재할 수 없었다."는 말은 모두 역사적 사실이었다.

진나라 말 국운이 기울면서 난세가 되자 항우(項羽)가 그의 숙부인 항량(項梁)과 함께 군사를 일으켰는데 한신은 이에 가담하였다. 하지만 한신이 미천한 신분이라는 이유로 요직에 중용되지 못했고 한

직으로 전전했다. 뿐만 아니라 항우가 자신의 재능을 알아보지 못하자 결국 항우를 떠나 유방의 진영에 가담하였다. 유방은 한신을 파격적으로 삼군 총사령관인 대장군에 임명하였다. 기원전 203년 10월, 유하(濰河)에서의 전투에서 한신은 항우와 유방의 싸움에서 새로운 변수로 떠오르게 되었다. 한신은 제(齊)나라를 무력으로 굴복시키고 유방에게 제나라 왕 자리를 요구했다. 유방은 항우와의 싸움이 급박하게 돌아가자 할 수 없이 그를 제왕(帝王)으로 봉했다. 그리고 이때 천하가 세 갈래로 나뉘고 초나라와 한나라의 세력이 모두 약해지자 유방과 항우는 모두 한신을 자기편으로 끌어들이기에 혈안이 되었다. 항우는 한신을 초나라에 끌어들이려고 책사까지 파견했다. 그러나 한신은 한왕에게 큰 은덕을 입었다면서 그를 배반하지 않았다.

기원전 202년 초에 유방이 초나라를 공격했다가 참담한 패배를 맛보고 더 이상 전쟁을 할 수 없게 되었을 때 한신이 이끄는 대군이 남하하여 사면초가에 몰린 항우를 공격해 해하(垓下, 해하의 결전)에서 초나라 군대를 패배시켰고 항우는 결국 자결하고 말았다.

유방은 초나라를 멸한 후에 기원전 202년 산동 정도(定陶) 부근의 범수(氾水)에서 황제로 등극하고 한 고조가 되었다. 유방은 그때까지도 한신이 자신을 도와 패업을 달성하게 해 준 공신으로 인정했지만 마음 한구석에서는 자신의 권력에 잠재적인 위협 요소가 된다고 여기고 있었다. 한신의 용병술이 너무도 뛰어나 군대에서는 그의 명망이 하늘을 찔렀기 때문이다. 유방은 한신을 불안한 존재로 여겼고 그를 숙청할 계략을 짜기 시작했다. 우선 유방은 한신의 병권을 빼앗고 제왕에서 초왕(楚王)으로 봉했다. 초나라 왕은 병권이 없고 제왕으로서 명분만 있는 자리였다.

한신은 고향인 초나라 왕으로 금의환향하면서 예전 자신이 불우한 시절에 밥을 먹여준 빨래하던 아낙네에게 천금으로 은혜를 갚았는데 이를 두고 일반천금(一飯千金, 一飯之恩)이라는 고사가 생겼다. 그리고 자신을 가랑이 밑으로 기어가게 한 무뢰배는 치안을 담당하는 중위(中尉)로 임명하였다. 이 일로 한신은 초나라에서 덕망이 높고 고매한 인품을 가진 왕으로 칭송되었다. 그러나 한나라의 권력이 확립되자 유방과 참모들의 견제를 받았다. 유방이 황제로서 제후국을 순회하며 초나라를 방문하였는데 여전히 한신이 자신에게 위협이 될 인물로 짐작되었다. 한신은 유방을 안심시키고자 자신에게 의탁해온 종리매(鍾離昧)의 목을 베어 유방에게 바쳤다. 종리매는 항우 휘하에서 활약했던 유명한 장수로 유방의 진영을 괴롭혔던 인물이었다. 그는 항우가 죽자 친구 한신에게 의탁하여 초나라에 머물고 있었다. 하지만 이 일은 오히려 한신에게 불리하게 작용하여 민심을 잃는 결과를 초래하였다.

유방은 한신을 모반죄로 체포하여 장안으로 압송하였다. 이때 한신은 유방을 원망하며 토사구팽이라는 말을 남겼다. 압송되어 온 한신의 신분은 회음후(淮陰侯)로 격하되었다. 이때 그는 이미 관직에서 물러나 조용히 살고 있었지만 유방은 여전히 그를 놓아주지 않았다. 기원전 196년 정월에 유방이 원정으로 인해 자리를 비운 동안에 한신은 유방의 부인 여후(呂后)와 승상 소하에 의해 진희(陳豨)가 일으킨 반란을 공모했다고 모함당했다. 한신은 처형되고 삼족이 멸하였다.

사마천은 『사기, 회음후열전(史記, 淮陰侯列傳)』에서 한신의 죽음은 스스로 초래한 결과라고 주장했다. 겸손과 양보의 처세술이 부족했다는 것이다. 그러나 사실은 한신이 공을 세운 후 모든 관직과 권세를 내놓았더라도 유방은 그를 절대 놓아주지 않았을 것이다. 유방은 한신이 존재한다는 사실만으로도 위협을 느끼고 있었기 때문이다. 한신이 모든 것과 인연을 끊고 명산대천으로 들어가 은거하며 유방이 자신을 찾지 못하도록 했다면 이야기가 달라졌을지도 모르지만 말이다.

노비가 일단 주인의 자리에 올라가게 되면 그 주인보다도 더 혹독해지는 법이다. 유방도 바로 그런 사람이었고, 명 주원장 역시 예외가 아니었다. 오히려 유방보다 더한 면이 있었다. 유방은 공신들을 차례로 숙청했지만 주원장은 공신들을 한꺼번에 몰살하였다.

명 홍무제 주원장은 1368년(홍무 원년)에 황제에 즉위한 후 홍무 31년(서기 1398년)에 세상을 떠났다. 30년의 재위 기간 동안 그는 여러 차례에 걸쳐 공신들을 가두고 죽였다. 특히 옛날 자신과 함께 천하를 제패했던 공신들은 모두 제거하였다. 그 가운데 가장 유명한 사건은 호유용 사건(胡惟庸事件)과 남옥의 옥(藍玉之獄)이다.

호유용은 명나라 4명의 승상 중 하나로, 1373년(홍무 6년) 7월에 가장 늦게 승상이 된 사람이었다. 호유용은 재주가 비범했고 노승상 이선장(李善長)의 일가였기 때문에 평판이 아주 좋은 인물이었다. 주원장 역시 그를 크게 신임했다. 6개월 후, 주원장이 왕광양(王廣洋)을 광동참정(廣東參政)으로 강등시키면서 호유용만이 승상의 자리에 남게

남경 성벽
명나라가 수도로 삼았던 남경에 남아있는 명나라 때의 성벽

되었다. 호유용은 이때부터 천하의 권세를 쥐락펴락하며 대부분의 일을 주원장에게 보고하지 않고 자신이 처리하기 시작했다. 점차 주원장은 그를 의심하게 되었고 시간이 흐를수록 불만은 커져 갔다. 주원장은 여러 차례 공개적으로 그를 질책했고 결국에는 숙청하기에 이른다.

1380년(홍무 13년) 호유용이 관직에 오른 지 7년째 되던 해에 어사중승(中丞) 도절(塗節)은 그가 모반을 꾀했다고 탄핵하였다. 주원장은 좋은 기회라 생각하고 곧장 호유용을 잡아들여 처형했다. 하지만 그가 죽은 후에도 사건은 끝나지 않고 조사가 계속되었고, 10년 후인 1390년(홍무 23년)에 개국 공신이자 이미 77세의 고령인 태사한국공(太師韓國公) 이선장이 모반 사건의 주모자로 처형되면서 일단락되었다. 그사이 주원장은 자신의 눈에 거슬리던 문무대신들을 차례차례 그 사건에 연루시켜 처형하였다. 그러자 호유용의 죄명은 모반에서 일본, 몽골과 내통하고 이선장과 모반을 함께 꾸몄다는 등 눈덩이 불어나듯 커졌다. 당시 이 사건에 연루된 혐의로 처형당한 신하는 1만5천 명이 넘었다. 주요 인물로는 어사대부(御使大夫) 진녕(陳寧)과 중승 도절, 태사한국공 이선장, 대장(大將) 모양(毛驤)과 이백승(李伯升) 등이 있다.

호유용 사건이 매듭지어지고 3년도 안 되어 또다시 1393년(홍무 26년) 대장 남옥의 모반 사건이 발생했다. 남옥은 용맹한 장수로서 1371년에 촉나라를 토벌하고, 1378년에는 서번을 정벌하여 그 공으로 영창후(永昌侯)에 봉해졌다. 1387년에는 풍승(馮勝)을 따라 원나라의 나하추(納哈出)를 정벌하여 대장군이 되었다. 다음해 원 혜종의 4남 토구스테무르(脫古思帖木兒)를 토벌하기 위하여 몽골에 원정하여 대승리를 거두어 양국공(凉國公)에 책봉되었다. 군대 내에서는 명망 있는 인물이었다. 하지만 이로 인해 주원장은 남옥에 대한 경계심이 생기기 시작했고 그를 제거하려고 마음을 먹었다. 1393년 주원장의 특무기구인 금의위가 남옥이 경천후(景川侯) 조진(曹震) 등과 모반을 꾀했다고 밀고하였다. 주원장은 남옥 등을 잡아다가 심문했다. 그 결과 모반에 연루된 1만5천여 명이 처형당했다(남옥의 옥). 이 사건에 연루되어 처형당한 주요 인물로는 이부상서(吏部尙書) 첨휘(詹徽), 후부시랑(戶部侍郞) 부우문(傅友文), 개국공(開國公) 상승(常升), 경천후(景川侯) 조진(曹震)과 도독(都督) 황로(黃輅), 탕천(湯泉) 등이 있다.

이 두 사건으로 모두 3만 명에 달하는 신하들이 목숨을 잃었으며,

명의 개국 공신과 문무신하들이 거의 몰살되었다. 주원장은 공신들을 제거했다는 원망을 들을까 두려워 이 두 사건이 마무리되고 난 후 처형된 자들의 자백 내용을 각각 2권의 책으로 만들었다. 호유용 사건의 내용은 『소시간당록(昭示奸黨錄)』으로, 남옥의 옥은 『역신록(逆臣錄)』으로 각각 만들어 전국 각지에 배포해 자신의 행동을 정당화시키려고 노력했다. 하지만 당사자들이 모두 죽은 마당에 그 책에 적힌 자백 내용의 진위는 하늘만이 알고 있을 것이다. 설령 그들이 그렇게 자백했다 하더라도 잔혹한 고문으로 받아 낸 자백이었으니 사실이었다고 보기는 어렵다.

명나라는 중국 역사상 가장 참혹하게 공신을 제거했던 왕조다. 주원장은 자신의 자손들이 천하를 온전하게 유지할 수 있도록 하기 위해 이선장, 서달(徐達), 왕광양, 호유용 등 4명의 승상을 모두 죽였다. 이로써 1천여 년이나 이어져 내려오던 승상제도는 명대에서 사라지고 황제의 권력이 최고에 이르렀다. 주원장과 함께 천하를 일군 문무신하들 가운데 탕화(湯和) 등 몇 명만이 속세를 버리고 떠나 목숨을 부지할 수 있었으며 나머지는 모두 숙청당했으니 이보다 더한 토사구팽이 어디에 있을까.

중국 속담에 "어려움은 함께 나누기 쉽지만 부귀는 함께 누리기 힘들다."는 말이 있다. 군신이 함께 천하를 제패하기 위해 힘쓸 때 신하의 용맹과 재주는 군주의 신임을 얻지만 일단 천하를 손에 쥐고 나면 그 재주와 용맹은 독단과 전횡으로 바뀌고 이를 용납할 수 없는 황제들은 결국 그들을 제거하고 마는 것이다. 이선장과 호유용이 바로 그런 경우였다. 특히 황제와 함께 모반을 꾀해 황위를 찬탈한 공신들은 황제의 모든 비밀을 다 알고 있었기 때문에 일이 성사된 후에는 황제에게 위협적인 존재였다. 이러한 이유로 공신들을 죽였던 청나라의 황제는 옹정제다.

1722년(강희 61년), 강희제가 병으로 죽자 4명의 황자가 치열한 황위 쟁탈전을 벌였다. 옹정제는 밖으로는 천섬도독(川陝都督) 연갱요(年羹堯)의 도움을 받고, 안으로는 이번원상서(理藩院尚書)겸 보군통령(步軍統領)으로서 궁중에서 강희제를 호위하던 융과다(隆科多)에게 의지해 함께 황위를 손에 넣었다. 옹정제가 즉위한 후 연갱요와 융과다는 재빨리 몸을 낮추지 않고 계속 관직 문제를 둘러싸고 충돌했다. 그러자 옹정제는 황제로 즉위한 지 3년도 안 되어 연갱요를 하옥시켜 감옥에서 자결하도록 했고, 1727년(옹정 5년)에는 융과다에게 죄명을 씌워 유배를 보냈는데 그 이듬해 세상을 떠났다. 옹정제가 황제에 즉위한 후 연갱요와 융과다를 숙청한 것은 자신이 황위에 앉을 수 있었던 비밀을 그들이 모두 알고 있었기 때문이다. 그들이 관직에 대한 집착을 조금만 버리고 옹정제와 충돌하지 않았던들 말로가 이렇게 비참하지는 않았을 것이다.

연갱요나 융과다와 정반대인 경우는 송대의 개국 공신들이다. 그들은 황제가 패업을 달성한 후에 곧바로 몸을 낮추고 물러나 자신과 온 가족의 생명을 구할 수 있었다.

오대 후주의 금군은 주 세종 시영(柴榮)의 정리를 거쳐 강력한 군대로 재편되었다. 959년에 세종이 세상을 떠나 7세의 공제(恭帝)가 즉위하면서 군권은 조광윤의 손에 넘어갔다. 960년 조광윤은 북한과 요가 연합하여 침입해 오자 방어해야 한다는 구실로 금군을 출동시

컸다. 군대가 진교역(陳橋驛, 하남 봉호현)에 도착하였을 때 조광윤의 부하인 석수신(石守信), 왕심기(王審琦), 조보(趙普) 등이 모의하여 조광윤에게 황포를 입히고 회군하였다. 그런 다음 조광윤은 공제를 폐위시키고 국호를 송(宋), 연호를 건륭(建隆)이라 하고 황제에 즉위하니 그가 바로 송 태조다. 조광윤이 후주를 찬탈하고 송을 세운 것을 '진교병변(陳橋兵變)'이라고 한다.

조광윤이 황상에 앉은 후 가장 먼저 했던 일은 바로 다른 사람이 자신의 황위를 넘보지 못하도록 한 일이었다. 그가 황위에 오른 것이 부하들의 덕이란 것을 알고 있었고 그들이 모든 병권을 쥐고 있다는 것에 매우 불안했다. 하지만 조광윤은 주원장처럼 공신들을 무참하게 죽이는 방법을 사용하지는 않았다. 그는 '배주석병권(杯酒釋兵權)'이라는 비교적 온건한 방법을 사용했다.

조광윤은 황위에 오르고 난 이듬해(961년)부터 969년까지 두 차례에 걸쳐 석수신 등 고위 장수들을 불러 술잔치를 벌여 그 자리에서 장수들에게 말했다. "황제의 자리는 누구나 오르고 싶어 하는 자리요. 만약 장수들의 부하가 장수들을 황제로 옹립하려 한다면 어찌하겠소?" 장수들은 조광윤의 속뜻이 무엇인지 바로 알아차리고 곧 머리를 조아리며 황제의 처분에 따르겠다고 했다. 그 다음날 장수들은 모두 지병을 이유로 관직에서 사퇴했으며 병권을 모두 내놓았다. 조광윤은 그들을 각지의 절도사로 파견하고 병권을 거두어 각 주에 편입시켰다. 조광윤의 이러한 방법은 주원장이 사용한 방법보다는 훨씬 효과적인 것이었으니 그는 병권을 장악하고 군신 관계도 그대로 유지할 수 있었다. 또한 석수신 등 장수들이 상황을 제대로 파악하고 스스로 물러난 것도 지혜로운 행동이었다.

　공신들을 몰살한 사건은 역대 왕조에서 언제나 있었다. 단지 방법의 차이만 있었을 뿐이다. 어려움은 함께 나누기 쉽지만 부귀영화는 함께 누리기 어렵다는 말은 만고의 진리인 듯싶다.

명나라를 멸망시킨 세 가지 사건

구황제와 신황제, 외척과 내척, 파벌과 문호 간의 세력 다툼 끝에
명나라는 멸망의 길로 빠지고 마니.

　중국 역사에 '명조삼안(明朝三案)'이라고 불리는 사건이 있다. 이것
은 명나라 말기에 일어났던 3가지 사건을 통칭하는 말인데, 각각 13
대 만력제 주익균 때 일어났던 정격안(挺擊案)과 14대 태창제 주상락
때 일어났던 홍환안(紅丸案), 15대 천계제 주유교 때 일어났던 이궁안
(移宮案)이다. 표면적으로 이 사건들은 3대 황제 시대에 각각 일어나
서로 연관성이 없는 것으로 보이지만 사실 모두 구황제와 신황제, 외
척과 내척, 파벌과 문호 간의 세력 다툼이었다는 점에서 공통점이 있
다. 그리고 이 사건들 이후로 30년이 지난 후 명나라는 멸망의 길로
빠지고 만다.

　이 삼안은 논쟁이 지속된 기간이나 연루된 자들의 수에서 볼 때 역

대 왕조에 있었던 그 어떤 사건들보다도 규모가 크고 복잡하다. 당시 거의 모든 조정 대신들이 이 일에 연루되어 어떤 이들은 그 틈에 높은 관직과 재산을 얻었고, 어떤 이들은 가산을 탕진하고 가문이 몰락했으며 목숨마저 잃었다. 이 사건들은 명나라뿐만 아니라 전체 중국 역사를 통틀어 매우 중요한 사건으로 여겨지고 있다. 이 사건들을 이해하면 명나라의 폐단이 어디에 있었으며 왜 멸망할 수밖에 없었는지 이해할 수 있을 것이다.

명나라는 홍무제 주원장이 남경에서 황제를 칭했을 때(1368년)부터 숭정제 주유검이 북경의 매산에서 스스로 목숨을 끊을 때(1644년)까지 277년 동안 총 16명의 황제가 있었다. 그 가운데 홍무제 주원장과 영락제 주체만이 위대한 성군으로 기록되며 나머지는 대부분 주색에 빠져 방탕한 생활을 했다. 그들은 주지육림(酒池肉林, 술로 연못을 이루고 고기로 숲을 이룬다는 뜻으로, 호사스러운 술잔치를 이르는 말)에 둘러싸여 신선놀음을 했으며 재물을 탐하고 국사를 팽개쳐 두었다. 심지어는 후궁에 칩거하며 20여 년간 국사에는 한 번도 신경을 쓰지 않았던 이도 있다. 만력제 주익균이 바로 그런 인물이었다. 어떤 사학자들은 명나라의 멸망은 사실상 주익균 때부터 시작되었다고 하는데 이 말에도 일리가 있다. 명조삼안이라 불리는 3사건의 화근이 모두 만력제로부터 비롯되었기 때문이다.

1572년(융경 6년) 5월, 융경제(隆慶帝) 주재후(朱載垕)가 병사하자 3남인 열 살배기 주익균이 황위를 이었다. 그가 바로 만력제다. 그는 황제에 즉위한 후 어머니 이귀비와 환관 빙보(憑保), 수보(首輔) 장거정(張居正)에게 의지해 국사를 돌보았다. 1582년 장거정이 죽자 신시행(申

時行)이 수보가 되어 다시 큰 영향력을 행사하기 시작했다. 그는 주익 균에게 국사를 대충 처리하고 게으름을 피울 수 있는 방법을 귀띔해 주었다. 주익균은 명조삼안 가운데 첫 번째 사건인 정격안이 발생한 후에야 비로소 조정에 얼굴을 내밀었다.

1586년(만력 14년) 이후로 주익균은 황태자책봉 문제로 내각과 대립 하여 정사를 돌보지 않는 태정(怠政)을 지속하였다. 주익균은 황귀비 정씨를 총애하여 장자 주상락 대신에 정귀비가 낳은 3남 주상순(朱常 洵)을 황태자로 삼으려 하였다. 고대 사회에서는 정실의 아들이 황위 를 계승하고 정실에게 아들이 없을 경우에는 서자 중 장자가 황위를 잇는 것이 법도였으므로 주상락이 황태자가 되는 것이 당연했다. 하 지만 주익균은 주상순을 황태자로 책봉하려 하다가 대신들의 반대에 부딪쳐 10년간이나 황태자의 책봉을 계속해서 미루었다.

결국 1601년(만력 29년)에서야 여러 대신들의 간쟁과 할머니 자성황 태후(慈聖皇太后) 이씨의 지원을 받아 주상락은 황태자로 책봉될 수 있 었다. 20세가 되는 황태자의 가례를 치르기 위해서도 어쩔 수 없는 일이었다. 하지만 주익균은 계속해서 그를 냉대하였다. 정귀비는 주 상락의 황태자 책봉에도 굴하지 않고 계속 음모를 꾸미며 태자를 폐 서인시킬 방법을 찾고 있었다. 이런 상황에서 황태자의 처소에 자객 이 침입한 사건이 일어나자 자연히 화살은 정귀비에게 돌아갔다.

1615년(만력 43년) 정월 초나흘 저녁, 장차(張差)라는 남자가 손에 대 추나무 몽둥이를 들고 태자 주상락의 처소인 자경궁에 침입해 환관 이감(李鑒)을 때려눕히고는 환관 한본용(韓本用) 등에게 붙잡혔다. 그 는 동화문(東華門)을 지키고 있던 주웅(朱雄) 등에게 넘겨져 하옥되었

만력제 주익균
융경제의 3남으로 10세에 즉위하였다.
명나라 황제 중 재위기간이 48년으로 가장 길다.

다. 그 이튿날은 때마침 단오였다. 주상락이 이 일을 주익균에게 보고하니 죄인을 법사(法司)에게 넘겨 심문하고 다시 형부에 넘기도록 했다. 장차는 이름만을 밝히고 미친 사람처럼 횡설수설하였다. 형부로 넘겨진 뒤에도 미친 척하여 형부 낭중(郎中) 호사상(胡土相)과 악준성(岳駿聲)은 단순히 광증에서 비롯된 사건으로 여겨 장차의 처형으로 마무리 지으려 하였다. 그러나 형부에서 죄인들의 취조를 담당하던 제뇌주사(提牢主事) 왕지채(王之寀)는 장차에게 굶겨 죽이겠다고 위협하여 정귀비의 측근인 환관 방보(龐保)와 유성(劉成)의 사주를 받아 자경궁에 난입하였다는 진술을 받았다. 왕지채가 이러한 사실을 상주하면서 조정은 정쟁에 휩싸였다. 동림당 관리들은 정귀비가 아들 주상순을 황태자로 세우기 위해 태자를 해치려 하였다며 그녀와 그녀의 아버지 정국태를 사건의 배후로 지목하였다. 그리고 사건의 전말을 철저히 밝히지 않고 덮으려 했던 수보 방종철과 어사 유정원 등의 처벌을 주장하였다.

사건의 심리가 정귀비에게 매우 불리해지고 대신들은 황제에게 계속 상소를 올려 진상을 철저히 조사할 것을 간청했으며 대신들 사이에서도 의론이 분분했다. 순식간에 조정은 발칵 뒤집혔고 주익균도 더 이상 참지 못하고 직접 나서서 일을 처리하게 되었다. 그 당시 주익균은 25년 동안이나 국사를 돌보지 않고 있었던 상황이었지만 사랑하는 정귀비와 셋째 아들을 위해 어쩔 수 없이 조정에 나와 자녕궁에서 대신들과 일을 논의하기에 이르렀다.

황제를 단 한 번도 본 적이 없는 수보 방종철과 신하 오도남(吳道南)은 문무백관들을 이끌고 황제 앞에 대령했다. 주익균은 황태자 주상락과 3명의 황손도 함께 불렀다. 주익균은 대신들에게 자신과 아들 사이를 이간질한다며 크게 호통을 쳤고 태자 주상락의 손을 이끌며 이렇게 말했다. "이 아이는 효성스러운 아이니라. 난 이 아이를 매우 아끼는데 어찌하여 태자를 바꿀 수 있다는 말이냐? 바꿀 생각이었으면 이미 예전에 바꾸었을 것이다." 만력제는 또 황손들을 앞으로 불러 놓고 말했다. "내 손자들이 이미 장성하여 성인이 되었으니 더 이상 쓸데없는 데 신경 쓰지 말거라." 태자 주상락도 대신들에게 말했다. "내가 황제 폐하께 효를 다하고 황제 폐하께서 날 이리 아끼시는데 대신들이 나서서 왈가왈부하다니 너희들 눈에는 군주가 보이지 않더냐? 날 불효자로 만들려는 수작은 당초에 그만두어라." 주익균은 태자의 말을 듣고 흐뭇한 듯 고개를 끄덕였다. 대신들도 더 이상 아무 말도 하지 못했다. 그런데 이때 감찰어사 유광복(劉光復)이 무슨 말을 하려는 듯하자 주익균은 바로 그의 말을 막으며 소리쳤다. "저 놈을 끌어내 혼쭐을 내거라." 말이 끝나기 무섭게 환관 몇 명이 우르르 몰려들어 유광복을 흠씬 두들겨 팼다. 그는 살점이 떨어져 나갈 정도로 맞은 뒤 하옥되었다. 갑작스럽게 발생한 일에 오도남은 놀라 바지에 오줌을 싸며 아무 말도 못 하고 사시나무 떨듯하였다. 다른 대신들도 그 후 며칠 동안 안정을 찾지 못했다고 한다.

주익균과 태자가 직접 나선 데다 이런 일까지 벌어지자 대신들도 다시는 이 일을 거론하지 못했고 혼란은 점차 평정되었다. 태자의 처소에 침입했던 장차는 다음날 처형되었다. 10일 뒤 정귀비와 결탁해 장차를 태자궁으로 보냈던 유성과 방보도 내궁에서 조용히 죽음을 맞이했다. 입을 막기 위해 정귀비가 그들을 제거한 것이다. 이렇게 정귀비와 그의 일가는 처벌은 면했지만 세력은 크게 약화되었다. 주익균은 정격안으로 주상순을 태자로 삼으려는 계획을 포기하였고 불안했던 주상락의 태자 지위는 굳어졌다.

5년 후인 1620년(만력 48년) 7월, 주익균이 병으로 사망하고 그해 8월 황태자 주상락이 황제에 즉위하여 태창제가 되었다. 하지만 천신만고 끝에 황제에 오른 주상락은 황위에 오른 지 불과 29일 만에 세상을 떠나고 말았고 그 짧은 29일 동안 명조삼안의 두 번째 사건인 홍환안이 발생했다.

주상락은 정격안 이전부터 부황 주익균에게 큰 불만을 품고 있었다. 그는 사랑받지 못하는 황태자로서 오랫동안 억압당하여 우울한 나날을 보냈다. 그러나 정격안 이후로 그에 대한 예우가 달라지기 시작했다. 아들 주상순의 훗날을 생각한 정귀비가 예전과는 딴판으로 주상락에게 호의를 베풀고 수시로 금은보화를 선물하는 한편 궁중에서 8명의 아름다운 미인을 선발해 그에게 주었던 것이다. 그런데 마침 주상락이 주색을 탐닉하는 인물이었고, 또 이제 황태자의 지위를 빼앗길 위험이 없어지자 마음 놓고 궁녀들에 빠져 방탕한 나날을 보냈다. 주상락이 1620년(태창 원년) 8월 1일 만력제의 뒤를 이어 황위에 올랐다. 그는 병중인 몸으로 겨우 황위 등극식을 거행했고, 10일 후에는 병상에 드러눕더니 다시 일어나지 못했다.

원래부터 몸이 허약했던 주상락은 술과 향락을 즐겨 건강을 크게 해쳤다. 정귀비는 어약을 담당하고 있는 사례감(司禮監) 병필태감(秉筆太監) 최문승(崔文昇)에게 약을 한 첩 보냈는데 이 약을 먹은 뒤에 설사가 심해지고 병이 더 악화되어 머리가 어지럽고 기력이 빠져 움직일 수 없게 되었다. 그는 이미 자신이 죽을 것을 알았는지 후사를 당부하였다. 그러다 8월 29일 홍려사승(鴻臚寺丞) 이가작(李可灼)이 신선의 술법으로 만든 선약(仙藥)이라며 바친 붉은 알약(紅丸)을 먹고는 병세가 잠시 호전되는 모습을 보였다. 하지만 한 알을 더 먹은 주상락은 다음 날 새벽에 급사하였다.

이때부터 그 붉은 알약을 둘러싸고 거센 풍파가 일기 시작하였다. 이 사건을 홍환안이라고 한다. 그 붉은 알약이 도대체 무슨 약이었을까. 누가 바친 것일까. 그 약이 무슨 약이었는지는 그다지 중요한 문제가 아니다. 금단과 같은 약이었건 회춘약이었건 별 관계가 없다. 가장 문제가 되는 것은 바로 누가 그 약을 바쳤느냐 하는 것이었다. 누가 고의로 태창제를 모살한 것인지 하는 심각한 문제와 직결되기 때문이다. 설사약을 바쳤던 최문승도 본래 정귀비의 심복이었고, 이가작 역시 수보 방종철이 불러들인 자였다. 태창제는 최문승과 이가작이 바친 약을 먹은 뒤에 병이 깊어져 사망했으니, 이 두 사람이 범인일 것이며 처형당해야 마땅했다. 하지만 그 배후를 캐면 정귀비와 방종철이 있으며, 이 사건은 5년 전에 발생했던 정격안과도 연관되어 있었다. 논쟁이 눈덩이 불어나듯 커졌지만 방종철은 태창제의 유지라면서 이가작에게 후한 상을 내렸다. 이에 대신들의 반대가 격렬해졌고 지금까지 방종철이 저지른 모든 악행을 폭로하면서 그를 탄핵하기 시작했다. 하지만 결국 대신들간의 논쟁은 어느 누구도 정확한 증거를 대지 못했다. 방종철이 관직에서 퇴임하자 이가작을 유배보내고 최문승을 남경으로 보내면서 홍환안은 일단락되었다.

홍환안이 막 마무리되었을 무렵 이궁안이 또다시 발생했다. 이궁안

건청궁
중국 베이징의 자금성 내에 위치하며, 명·청 시대의 황제들이 정무를 보던 곳이다.
침실로도 사용하였다.

은 말 그대로 궁을 옮기는 것을 둘러싼 분쟁이었다. 죽은 태창제가 총
애하던 이선시(李選侍)를 건청궁에서 내보내는 문제가 사건의 중심이
었다.

건청궁은 자금성 내정의 3개의 대전 가운데 최고의 대전이었으며
황제의 침궁이자 황제가 대신들을 접견하는 곳이었다. 황제와 황후
의 거처였기 때문에 다른 빈비들은 황제의 부름이 있어야만 이곳에
들어올 수 있었다. 태창제의 태자비 곽씨는 이미 그가 황제에 즉위
하기 7년 전에 세상을 떠났던지라 태창제는 가장 총애하던 이선시
를 데리고 건청궁으로 들어왔다. 그녀는 정귀비가 태창제에게 선사
한 8명의 미인 가운데 한 명이었으므로 정귀비와 친밀한 관계를 유
지하고 있었다. 이선시는 건청궁으로 옮긴 후에 태창제에게 자신을

황후로 봉해 줄 것을 계속 요구했다. 태창제의 병세가 위독했을 때에도 그녀의 바람은 자신이 황후가 되는 것 한 가지였다. 하지만 대신들의 반대로 황귀비의 봉호조차 받지 못한 채 태창제가 세상을 떠났다. 그러자 그녀의 거처를 옮기는 것과 관련해 또 다른 사건의 서막이 올랐다.

관례에 따르면 황제가 붕어했으니 이선시도 건청궁에 살 수 있는 자격을 상실한 것이기 때문에 마땅히 새로운 황제와 황후에게 건청궁을 내주고 나와야 했다. 그러나 그녀는 건청궁에 계속 머무르며 환관 위충현과 결탁하여 어린 황제를 손에 쥐고 조정의 실권을 장악하려고 대신들의 압력에 저항했다. 그런데 뜻밖에도 여러 대신들이 곧장 건청궁으로 들어와 황태자 주유교를 데리고 가더니 9월 초에 황제 등극식을 거행하기로 결정하였다. 등극식이 거행되기 전에 반드시 이선시를 건청궁에서 끌어내야 했기 때문에 조정은 또 한바탕 혼란에 휩싸였다. 이선시는 위충현의 계략에 따라 여러 차례 음모를 꾸몄으나 번번이 실패했다. 하지만 그래도 그녀는 건청궁에서 한 발짝도 나가지 않았다. 이윽고 9월 5일, 새 황제의 등극식이 치러지기 하루 전날이라 대신들은 이제 초조해지기 시작했다. 양련(楊連), 좌광두(左光斗), 주가모(周嘉謨) 등을 주축으로 한 동림당 대신들은 함께 건청궁으로 몰려가 주유교를 만나려고 하였지만 이선시가 방해하였다. 대신들은 내궁이 온통 쩌렁쩌렁 울리도록 크게 고함을 지르며 이선시를 호되게 욕했다.

대신들은 황실 예법에 따라 이선시에게 건청궁에서 나와 인수전으로 옮길 것을 요구하였지만 그녀는 자신이 황태후가 되어 건청궁에 머무르며 수렴청정을 하겠다고 주장하였다. 이선시가 건청궁을 떠나지 않자 좌광두, 양련 등은 그녀가 다른 궁으로 옮겨가도록 강하게 압박하였다. 결국 이선시가 건청궁에서 나와 인수전으로 이궁하면서 수렴청정을 하려던 그녀의 계획은 실패로 끝났다. 이튿날 주유교는 예정대로 황제 등극식을 치르고 건청궁의 새로운 주인이 되었다. 그가 바로 천계제이며 그때 나이 16세였다.

이궁안은 모두 천계제의 등극식을 위한 것이었으므로 주유교는 즉위 초기부터 이궁안을 해결한 주가모, 양련, 좌광두, 왕안 등에 의지하게 되었다. 그러나 시간이 가면서 겁이 많고 무능한 천계제는 유모 객씨의 손에 휘둘리게 되었고 객씨와 위충현이 결탁하면서 몇 년 후에는 위충현이 천계제를 손바닥 안에서 가지고 놀며 조정의 모든 정권을 농단했다.

위충현은 이궁안에서 이선시의 편에 있다가 일이 실패하자 대신들로부터 공격을 받았다. 특히 양련은 그의 24가지 죄목을 상세히 적어 상소를 올렸고 위충현은 그 일로 죽을 고비를 넘겨야 했다. 이에 앙심을 품은 위충현은 마침내 천계제를 자기편으로 끌어들이고 조정의 권력을 장악하자 보복을 시작했다. 1624년(천계 4년), 그는 만력제, 태창제, 천계제 때 일어났던 정격안과 홍환안, 이궁안을 정리한 24권의 『삼조요전(三朝要典)』을 편찬하고 반대파인 동림당을 치기 위한 『동림점장록(東林点將錄)』 등의 살생부를 만들어 당시 사건에 연루되었던 자들을 일망타진할 준비를 모두 마쳤다.

위충현은 황제 직속의 비밀경찰인 동창(東廠)을 배경으로 조정의 실권을 장악하였고, 1625년(천계 5년)부터 동림당에 대해 대대적인 탄압을 시작하였다. 우선 정격안의 연루자들을 대상으로 삼았다. 그는 당시 형부주사로서 정격안의 심의를 맡았던 형부시랑 왕지채(王之寀)에게 사건을 날조했다는 죄명을 씌워 옥사시켰다. 또한 홍환안 때 최문승과 이가작을 유배 보낸 주역인 당시의 형부주사 손신행(孫愼行)을 삭탈 관직시키고 영하로 유배 보냈다. 그리고 당시 동림당의 주모자였던 추원표, 고반룡, 이삼재에 대한 공격을 시작했다. 그는 이들 3명 가운데 이미 세상을 떠난 추원표와 이삼재는 그들의 아들을 삭탈 관직시켰다. 고반룡은 체포 명령이 내려지자 스스로 물에 뛰어들어 세상을 떠났으나 그의 아들 고세유(高世儒)가 대신 체포되어 심문을 받았다.

마지막으로 이궁안에서 그의 미움을 산 양련과 좌광두는 선제(태창제)의 뜻을 거스르고 황제에게 서모를 핍박하여 내쫓고 이선시의 이궁을 압박하였다는 죄목과 권력을 이용해 뇌물을 받았다는 죄목으로 하옥시키고 은자 2만 냥의 벌금형에 처했으나 결국 옥사하였다. 천계제가 즉위한 후 6년간 명조삼안의 주요 인물들은 대부분 죽거나 유배 보내졌다.

1627년(천계 7년) 8월, 천계제 주유교가 병사하고 그의 동생인 주유검이 황제에 즉위해 숭정제가 되었다. 숭정제는 어려서부터 궁에서 자랐지만 궁 밖에서 생활한 적도 있어 위충현 등의 죄악을 낱낱이 알고 있었다. 주유검이 황제에 즉위하자마자 가장 먼저 한 일은 위충현 일당을 소탕하는 것이었다. 그는 우선 선친의 유모 객씨를 궁에서 쫓아냈다. 진나라의 여불위가 자신의 자식을 임신한 첩을 황제에게 바친 수법을 객씨가 그대로 자신에게 사용하려 했다는 사실을 알고는

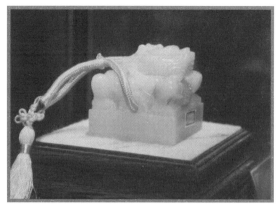

명나라의 마지막 황제 숭정제 옥새, 어압

크게 노해 그녀를 잡아다가 때려죽였다. 며칠 후 위충현의 봉호를 폐하고 평양으로 유배 보내 황릉을 지키게 하였다. 그리고 바로 엄당(閹黨)의 '역안(逆案)'을 조사하도록 명하였다.

위충현은 부성현에 도착해서 그 소식을 듣고는 이제 죽은 목숨인 것을 알고 대들보에 목을 매 자결했다. 그 후 그의 일당도 대부분 죽고 체포되어 거대했던 위충현 일당은 삽시간에 와해되었다. 숭정제는 뒤이어 정격안, 홍환안, 이궁안에 대한 처리에 착수해 당시 정귀비와 이선시를 옹호했던 262명의 죄를 물었다. 또한 당시 억울함을 당했던 대신들에게는 관직과 상을 내렸으며 유배당했던 대신들을 궁으로 다시 불러들였다. 그리고 위충현이 만든 『삼조요전』은 불살라 버렸다. 위충현에 의해 왜곡되었던 역사적 사실들이 제대로 회복된 것이다.

숭정제는 명나라의 마지막 황제였으며 그가 집권하고 있을 때에는 명조삼안이 다시 부활하지 않았다. 1644년(숭정 17년) 이자성이 농민봉기군을 이끌고 북경을 함락시킨 후 3월 18일 광안문(廣安門)으로 밀고 들어오니 갈 곳이 없는 숭정제는 매산에서 스스로 목을 매달아 목숨을 끊었다. 277년간 이어 오던 명나라가 멸망하는 순간이었으며, 조정을 온통 혼란의 도가니에 빠뜨렸던 삼안도 명조의 몰락과 함께 역사 속으로 사라졌다. 하지만 뿌리 깊은 당파 싸움은 그 후 남명 왕조에서도 재연되었다. 삼안이 또다시 고개를 들어 마사영(馬士英)을 위시한 신하들이 『삼조요전』을 공개하고 숭정제에 의해 삭탈 관직되었던 사람들을 다시 조정으로 불러들였다. 좌양옥(左良玉)을 중심으로 한 문신들이 마사영 등을 축출하고 1667년 남명이 완전히 멸망한 후에야 삼안은 완전히 막을 내렸다. 명나라가 더 유지되었더라면 아마도 분쟁은 계속되었을 것이다.

황제의 모살

역사에는 두 가지가 있다.
하나는 조정에서 작성한 왜곡된 역사이며
다른 하나는 비밀에 부쳐진 역사다.
전자는 황태자들에게 읽히기 위한 것이며
후자는 비로소 국가 대사의 진정한 원인을 기록하고 있다.
이것은 고대 역사에서 이미 검증된 사실이니.

　역사적으로 황제가 모살(謀殺)당한 사건은 여러 번 있었다. 하지만
궁녀들이 집단으로 황제를 모살하고 자금성 내에서 공개적으로 처단
한 일은 극히 드문 일이다. 이렇게 드문 모살 사건이 명대와 청대에
각각 한 번씩 있었다.

　명 가정제는 정사를 멀리하며 오직 불로불사(不老不死)의 단약을 제
조하는 데만 많은 시간을 허비하였는데 불로장생의 약초를 찾아 각
지로 사람을 파견하기도 했다. 심지어 그는 단약을 제조하기 위해 12
세에서 14세의 어린 궁녀들의 월경액을 강제로 채취하기도 하였다.
이런 가정제의 엽기적인 행각은 결국 1542년(가정 21년) 10월 21일 새
벽에 임인궁변을 일으키는 원인이 되었다.

효열황후 방씨
가정제의 제2계후. 1531년(가정 10년) 궁에 입궁을 한 후, 덕빈(德嬪)이라는 봉호를 받았다. 1547년 궁에 화재사건이 났을 때 질식사했다.

10여 명의 궁녀가 가정제 주후총을 모살하려 한 사건이 일어났다. 그 전날 밤 가정제는 단비(端妃) 조씨와 잠자리에 들었다. 궁녀 양금영(楊金英), 장금련(張金蓮), 소천약(蘇川藥), 양옥향(楊玉香), 형취련(邢翠蓮), 요숙취(姚淑翠), 양취영(楊翠英), 관매수(關梅秀) 등 11명이 가정제가 깊이 잠든 틈을 타서 미리 준비한 밧줄로 그의 목을 매달아 죽이려고 했다. 그런데 다급히 서두르다 밧줄의 매듭을 제대로 묶지 못하여 당황한 가정제가 심하게 몸부림을 치며 반항했다. 일이 실패한 것을 알고는 장금련이 몰래 빠져나와 서둘러 황후에게 이 사실을 보고했다. 효열황후 방씨는 즉시 11명의 궁녀들을 모두 잡아들였다. 다행히 가정제는 황후 방씨가 급히 도와서 목숨을 건지게 되는데 이 사건으로 양금영 등 11명의 궁녀는 능지처참당하고 단비 조씨와 영비(寧妃) 왕씨(王氏) 또한 이 일에 연루되어 주살당하였다. 황후에게 사실을 밀고

당나라 궁녀들의 모습

했던 장금련도 화를 면할 수는 없었다.

　이 일은 『명사(明史)』와 『명실록(明實錄)』 그리고 당시 형부주사였던 장합(張合)이 쓴 『주재(宙載)』 등 정사와 야사에 모두 기록되어 있다. 그 중에서도 형부에서 그들을 심문하고 자백을 받아 냈을 때의 상황은 매우 상세하게 묘사되어 있다. 『사서』에 기록된 당시의 상황은 다음과 같다.

　"가정 21년 10월 21일, 사례감 장좌(張佐)가 그 일에 연루된 궁녀들을 심문하여 자백을 받아 냈다. 궁녀 양금영이 말했다. "19일에 왕과 조비가 동초(東稍)에서 주무실 때 일을 도모해 황제를 죽이기로 결정했습니다. 양취영과 소천약, 양옥향, 형취련이 옆에서 듣고 있었습니다. 양옥향은 곧장 동초로 달려가서 밧줄을 준비했습니다. 20일 묘시(오전 5시에서 7시)경에 밧줄을 소천약에게 주었고 소천약은 양금영과 함께 그 밧줄에 매듭을 묶고 함께 황제의 목에 걸기로 했습

니다. 요숙취가 황제의 목을 꽉 눌렀고 양취영이 말했습니다. '목을 꽉 누르고 놓아서는 안 돼.' 형취련은 노란 천을 요숙취에게 주며 황제의 얼굴을 가리게 했습니다. 형취련은 황제의 가슴을 누르고 왕수란은 몸을, 소천약은 왼팔을, 관매수는 오른팔을, 유묘련과 진국화는 두 다리를 눌렀고, 요숙취가 황제의 목에 밧줄을 걸었습니다. 장금련은 상황이 여의치 않은 것을 보고 황후를 모서 왔습니다. 요숙취가 황후를 한 대 때렸고, 왕수란이 진국화를 시켜 등불을 껐습니다. 진부용이 다시 불을 켰는데 서추화, 정금향, 장춘경, 황옥련이 등을 깨버렸습니다. 부용이 곧 뛰어가 관사에게 이일을 알렸고 모두 다 잡혔습니다."

　물론 위의 자백 가운데 사실이 아닌 것도 있다. 이 사건은 방황후가 황제가 총애하던 조비를 질투해서 저지른 일이었기 때문에 조비도 모살의 대상이었고 잠에서 깬 가정제는 조비가 황후에게 죽음을 당한 것을 알고 매우 화를 내며 원망했다. 그 후 1547년(가정 26년)에 황후가 거처하던 곤녕궁(坤寧宮)에서 불이 난 일이 있었는데, 환관이 가정제에게 보고해 서둘러 구할 것을 청했으나 그저 방관만하면서 구출하지 않아 황후는 불길에 휩싸여 죽었다. 아마 황후에 대한 가정제의 보복이었을 것이다.

모살 사건이 있은 후에 가정제는 놀라고 당황해 서둘러 어의를 불렀지만 황제를 치료하지 못하면 그 벌로 처형당할까 두려워 선뜻 나서는 사람이 없었다. 후에 허신(許紳)이라는 태의가 죽음을 무릅쓰고 황제를 진찰하고 약을 올렸는데, 황제가 진시(辰時, 오전 7에서 9시)에 약을 먹더니 잠시 후 검붉은 피를 토하고 나서 곧 깨어나 말을 할 수 있었다. 가정제는 살아났지만 그 태의는 그때 너무 놀라고 긴장한 탓에 얼마 후 몸져눕더니 일어나지 못했다. 태의가 놀라서 죽을 정도였으니 당시 궁중 전체가 얼마나 긴장에 휩싸였을지 가히 짐작할 수 있다.

그 후 주후총은 임인궁변 이후 건청궁에 다시는 발걸음도 하지 않았고, 태액지(太液池) 서쪽에 있는 연왕(燕王)의 낡은 궁인 서원(西苑)에서 지냈다. 그리고 죽을까 두려워 20여 년간 태묘에 제사도 지내지 않고 조정에도 나가지 않았으며 신하들도 만나지 않고 지냈다고 한다. 1566년(가정 45년) 12월 14일, 병이 위독해져서야 서원에서 건청궁으로 돌아와 바로 그날 숨을 거두었다.

황궁을 진동시켰던 또 다른 황제모살사건은 1803년(청 가경 8년) 윤2월 20일에 발생했다. 천하(天暇)가 지은 『만청야사(滿清野史)』와 이악서(李岳瑞)가 지은 『춘빙실야승(春氷室野乘)』 등에서 그때의 상황을 자세히 기록하고 있다.

"그날 새벽, 진덕(陳德)이라는 중년 남자가 몸에 단도를 숨기고 자금성 신무문 내에 숨어들었다. 마침 가경제(嘉慶帝)가 가마를 타고 신무문으로 들어섰는데, 순정문에 도착할 때쯤 진덕이 손에 단도를 들고 가경제를 향해 맹렬히 돌진했다. 가경제는 누군가 자신에게 칼을 휘두르는 것을 보고 놀라 순정문으로 뛰어 들어갔고, 1백여 명의 호위병들은 처음 당하는 일에 놀라 속수무책으로 멍하니 서 있기만 했다. 진덕은 계속 칼을 이리저리 휘둘렀고 후에 어전대신과 건청궁의 호위병이 달려들어 막아 가경제는 무사히 피할 수 있었다. 진덕은 곧 잡혔다."

진덕은 천민 출신의 노비었는데 너무 가난해 화가 난 나머지 황제를 죽이려 했다고 자백했다. 그러나 가경제는 크게 화를 내며 그를 곧 처형하라고 명령했고 그에 따라 관리들이 그를 심하게 고문했다. 4일 밤낮을 쉬지 않고 고문을 받은 진덕은 이미 죽어 가고 있었다. 24일 가경제가 진덕을 능지처참하라고 명했으며 그의 두 아들까지 교수형에 처했다. 진덕은 죽기 직전에 매우 태연한 모습으로 두려움의 기색조차 없었다.

진덕을 처형한 후에도 가경제는 조사를 제대로 하지 못했다는 죄명으로 17명의 문무관리를 처벌했다. 하지만 진덕의 행동이 가경제에게 경종을 울린 것은 확실하다. 가경제는 친필 어지에서 그 일은 자신의 부덕의 소치며 앞으로 덕을 쌓고 정사를 바르게 처리하고 백성들을 잘 보살피겠다고 했다. 이 말이 진심에서 나온 것인지 민심을 다독거리기 위해서 한 것인지 그리고 가경제가 이후에 진심으로 실천했는지는 하늘만이 알 것이다.

황궁의 화재

대전의 명칭을 바꾼 후에도 화마의 공격을 피해 가지 못했으니
황궁이 모두 불타 버렸으니 이 얼마나 불길한 징조인가
이 불이 불운을 예시하는 징조였던지.

자금성(紫禁城)은 중국 명과 청 두 왕조의 황궁이다. 1421년(명 영락 19년), 영락제 주체가 남경에서 북경으로 천도할 때부터 청의 마지막 황제 선통제가 1924년에 쫓겨날 때까지 자금성에서 570여년간 24명의 황제가 살았다. 72만 평방미터에 방만 해도 9천 개가 넘는 이 황궁은 영락제가 수많은 비용을 들여 15년 동안 1백만 명의 인원을 동원하여 건설한 것이다.

800여 개의 건물과 10m의 높은 성벽, 50m 너비의 거대한 해자로 구성된 궁궐 자금성에는 1억만 개의 벽돌, 2억만 개의 기왓장이 사용되었다. 때로는 200톤에 이르는 돌이 수십 킬로 떨어진 채석장에서 운반되었으며 사천에서 자란 나무가 기둥으로 쓰이기 위해 4년에 걸

1890년대 자금성의 모습

쳐 운반되기도 하였다. 자금성 바닥에는 걸을 때 경쾌한 발소리를 내는 특별한 벽돌이 깔려 있다. 이 벽돌이 내는 음향은 땅 밑에서 뚫고 올라올지 모를 침입자를 막기 위해 40여 장의 벽돌을 겹쳐 쌓았다. 성 안에는 후원을 제외하고는 나무가 전혀 없다. 암살자가 나무에 숨을 수 있기 때문이다.

이렇게 거대한 규모의 황궁은 모두 나무로 지어진데다가 북경의 기후가 건조하고 바람이 많이 불어 명과 청 두 왕조를 거쳐 여러 차

레 화재가 발생했다. 특히 황궁의 중심에 지어진 태화전(太和殿)과 중화전(中和殿), 보화전(保和殿)에서 화재가 많이 발생했다. 이 3대전은 명나라 때만 해도 3차례나 불이 나 잿더미가 되었다.

첫 번째 불은 1421년(명 영락 19년), 3대전에 번개가 치면서 삽시간에 불바다가 되었다. 천도한 지 얼마 안 된 때라 민심이 아직 안정되지 않은 상황에서 대전이 벼락에 맞아 불타니 온 조정은 혼란에 휩싸였다. 천도에 불만을 품은 하늘의 경고라고 생각한 일부 대신들은 수도를 다시 남경으로 옮기자고 주장했다. 천도의 기쁨에 푹 빠져 있던 영락제는 갑자기 금란전(金鑾殿)의 보좌가 불타버리고 온 나라 백성들과 조정이 소란스러워지자 크게 당황했다. 특히 수도를 다시 남경으로 천도하자는 주장은 그를 더욱 화나게 만들었고 그들을 죽이고 나서야 겨우 조정 안팎의 혼란을 진정시킬 수 있었다. 불에 타버린 대전의 중건은 한참이나 지난 후에야 시작되어 20년 후인 1440년(정통 5년) 10월에 준공되었다.

두 번째 화재는 1547년(가정 26년) 여름에 일어났는데 이 화재는 명나라 때 일어난 가장 큰 화재였다. 이 화재로 자금성의 3대전이 모두 타버렸을 뿐 아니라 봉천문, 좌우순문, 오문 밖 회랑에까지 불길이 번졌으며 자금성의 외궁은 거의 모두 잿더미가 되었다. 황제의 보좌마저 타버려 가정제는 동쪽의 문화전에서 국사를 돌볼 수밖에 없었다. 이 불을 끄기 위해 동원된 인원만 3천 명이 넘었고 물 운반 수레가 5천여 대에 달했다. 불은 새벽 3시부터 저녁 7시까지 꺼지지 않고 궁을 태웠으니 그 손실은 실로 참담했다. 이때 발생한 화재로 황후의 거처인 곤녕궁에도 불이 옮겨 붙었는데, 가정제는 강 건너 불구경 하듯 하여 방황후가 불에 타 죽었다. 불타버린 궁전에 대한 복원은 바로 그해에 시작되어 1562년(가정 41년)에야 모두 끝났다. 그리고 3대전의 본래 명칭은 봉천전(奉天殿), 근신전(謹身殿), 화개전(華盖殿)이었는데, '화개'라는 말이 하늘의 뜻을 거슬렀다고 생각하여 이 3대전의 명칭을 황극전(皇極殿), 중극전(中極殿), 건극전(建極殿)으로 바꾸었다.

하지만 대전의 명칭을 바꾼 후에도 3대전은 화마의 공격을 피해가지 못했다. 그로부터 35년 후 1597년(만력 25년)에 세 번째 화재가 발생했다. 이번에는 건청궁과 곤녕궁도 3대전과 함께 불길에 휩싸였다. 그러나 이때 이미 명나라는 쇠락의 길을 걷고 있었기 때문에 국고가 바닥나 3대전과 2개 궁의 중건은 쉽지 않았다. 하지만 황제의 보좌가 있는 금란전은 중건하지 않을 수가 없었다. 금란전은 바로 조정의 위엄을 상징하는 곳이었기 때문이다. 금란전 중건을 명목으로 백성들에게 무거운 세금을 거두었고 백성들의 생활은 더욱 어려워졌다. 3대전은 30년 후인 1627년(천계 7년)에야 중건이 완성되었는데 이때 이미 명나라의 운명은 바람 앞의 촛불처럼 위태로운 상황이었다. 천계제(天啓帝) 주유교(朱由校)가 죽고 숭정제(崇禎帝) 주유검(朱由檢)이 금란전의 보좌에 앉은 지 17년 만에 이자성이 이끄는 농민봉기군이 북경으로 밀고 들어왔다. 주유검은 피신도 못 하고 황궁 뒤쪽의 매산에서 밧줄에 목을 매 277년간 이어져 오던 명나라는 수명을 마감했다.

명대와 비교하면 청대에는 황궁의 화재가 매우 드물었고 3대전에서는 더 이상 화재가 일어나지 않았다. 청나라 말기에 한 차례의 큰불이 발생했는데, 이 화재는 청나라의 마지막 혼인과 밀접한 관련이 있다.

태화전

태화전은 황제의 즉위, 황태자의 탄생 축하, 새해와 동지의 제사의식 및 조서반포 등 국가의 중
요한 행사들이 치러지는 장소로 사용되었다. 1406년(영락 4년)에 건축을 시작하여 1420년에 완
공되었다. 원래 명칭은 봉천전으로 1645년(청 순치 2년)에 태화전으로 개칭하였다.

화재는 온 나라를 진동시켰고 청 왕조에 어두운 그림자를 드리웠
다. 1888년(광서 14년)에 서태후가 광서제의 황후를 간택하고 이듬해
정월 27일에 가례를 치르기로 결정했다. 황제의 가례는 국가의 경사
였으니 일찍부터 온 백성들에게 알렸으며 궁궐에서는 몇 개월 전부
터 가례 준비로 부산했다. 대전 장식과 정리 등 모든 준비가 끝나고
가례만을 남기고 있던 12월 15일 깊은 밤, 정도문(貞度門)에서 불길이
치솟았고 이 불은 태화문, 소덕문으로 번져 주변의 모든 방을 깨끗이
불태우고 자금성의 전문(前門)에까지 옮겨 붙었다. 이 불로 조문(朝門)
이 잿더미가 되었으며 가례를 위해 수천 냥의 은자를 쏟아 부어 정성
스레 지었던 용봉패루(龍鳳牌樓)마저 불길에 휩싸였다. 화려하기 그
지없던 누각이 검게 그을려 그대로 두고 볼 수 없는 지경이 되어 버

렸다. 가례를 1개월도 남겨 두지 않은 때에 다시 새 누각을 짓는다는 것은 불가능했고 어쩔 수 없이 북경안의 모든 장인들을 불러 모아 연일 밤샘 작업을 해 가며 원래의 누각과 겉모양이 흡사한 임시 누각을 지었다.

이 불은 서태후와 광서제의 마음에도 불을 붙인 듯 불이 난 다음날부터 매일 어명을 내려 불을 낸 자를 찾아내 처형하라고 명했고, 화재 진압에 공이 큰 자에게는 관직과 후한 상을 내렸다. 그러나 아무리 임시 누각을 세우고 화재를 완벽하게 처리했다 해도 가례를 앞두고 일어난 큰불은 조정의 대신들을 불안하게 했다. 황궁의 대문이 모두 불타 버렸으니 이 얼마나 불길한 징조인가! 아마도 이 불이 불운을 예시하는 징조였던지 그로부터 20년 후 청나라의 대문은 꺼질 줄 모르고 무섭게 타오르는 신해혁명의 불길에 휩싸이고 말았다.

목숨을 빼앗는 황제의 금지 문자, 문자옥

시를 지어 경전으로 삼고 글을 지어 역사를 논하면
현세를 비판할 수 있고 황권에 도전할 수 있으니
이것은 바로 역대 황제들의 공통된 생각이었네.

수천 년 동안 중국에는 풍부한 문자역사(文字歷史)가 면면히 이어져
내려왔으며 가히 세계 최고라고 할 만하다. 하지만 문자역사로 인해
발생한 문자옥(文字獄, 자기가 쓴 문장 때문에 화를 당하는 일. 황제의 이름에
들어간 글자를 쓰거나 황제가 싫어하는 글자를 사용했다는 죄를 씌워 관직을 박
탈하거나 사형까지 시킨 황제의 전횡을 일컫는 말)도 역시 세계 최고였다.

명나라와 청나라 때 문자옥이 가장 심해 그 규모와 희생자의 수가
모두 역대 최고였다. 게다가 대부분의 문자옥은 황제가 직접 주도한
것이었다.

중국 고대 사회에서는 출신을 매우 중시했으며 이는 황제라 해도
예외는 아니었다. 역대 황제들은 모두 자신이 명문 귀족의 후손이며

친척이라고 했고 심지어는 자신의 출생을 신화처럼 꾸미기도 했다. 한 고조 유방은 분명 부모 사이에서 태어났지만 그는 자신이 인간인 어머니와 교룡(蛟龍) 사이에서 태어났다고 떠벌렸다. 그런 까닭인지 항우가 그의 아버지를 인질로 잡고 생명을 위협하고 있을 때에도 그는 차를 마시며 빈정거렸다. 유비도 분명 짚신을 팔던 평민 출신이었지만 자신이 한 경제의 9남 중산정왕(中山靖王) 유승(劉勝)의 후예라고 했다.

명 홍무제 주원장은 혈연관계를 이을 만한 귀족도 없었고 유방처럼 출생 신화를 날조할 수도 없었다. 그는 가난한 농민의 집안에서 태어나 승려가 된 적도 있으며 그와 함께 천하를 제패한 장수들은 모두 어릴 적부터 함께 자란 동무들이었다. 주원장은 황포를 입고는 있었지만 농민의 아들임은 부정할 수 없었다. 거짓을 꾸며 자신의 출신을 포장하려 해도 그럴 수가 없었다. 주원장의 마음속에는 항상 자격지심이 있었지만 그는 아예 자신의 출신이 천하다는 것을 천하에 공포하였다. 하지만 황제의 출신에 대한 말은 그 누구도 감히 언급할 수 없었다. 그 일을 언급한다는 것은 가문의 몰락과 자신을 죽음으로 몰아갈 수 있는 문자옥을 불러일으킬 수도 있었다.

주원장은 17세 때 집이 가난하고 부모 형제도 잇따라 병으로 죽자 어쩔 수 없이 봉양황각사(鳳陽皇覺寺)로 들어가 탁발승이 되어 이곳저곳을 전전하였다. 8년 후에는 홍건적의 부장 곽자흥(郭子興)이 이끄는 홍건군(紅巾軍)에 참가한 적도 있었다. 주원장은 황제가 된 후 불우했던 옛 시절을 부끄러워하여 ‘문자의 옥’을 일으켰다. 당시 조정에서는 홍건군을 ‘홍적(紅賊)’ 또는 ‘홍구(紅寇)’라고 불렀기 때문에 상소문

홍무제 주원장
명나라의 개국 황제. 중앙집권적
독재체제의 확립을 꾀하였다.

이나 공문서 등에 '광(光)', '승(僧)', '적(賊)', '구(寇)' 자가 들어가 있으면 그것을 쓴 사람을 가차 없이 처형했다. '광'은 승려였던 자신의 깎은 머리를 연상시키며, '승'은 승려를, '적'은 도적을 뜻하기 때문이라는 것이었다. 당시 이 금기를 깬 사람은 화를 피해 갈 수 없었으며 당시 이러한 이유로 억울하게 죽음을 당한 자가 한두 명이 아니었다. 이런 터무니없는 일은 심해져서 주원장은 '칙(則)' 자를 '적(賊)' 자와 동일시했고(중국어에서는 '칙則' 자와 '적賊' 자의 음이 비슷함—역자 주), '생(生)' 자를 '승(僧)' 자와, '취법(取法)'은 '거발(去髮)'과 동일시했으며 '도(道)'는 '도(盜)'와 같은 것으로 생각했다. 이 때문에 누구든지 말에 그 글자들이 들어가면 곧 화를 면할 수 없었다. 이렇게 되자 예부의 관리들이 하나씩 죽음을 당했다. 말뿐만이 아니었다.

1396년(홍무 29년)에 주원장은 한림학사 유삼오(劉三吾) 등에게 상소문의 격식을 만들게 하고 각지의 관리들에게 배포해 상소를 올릴 때에는 반드시 그 격식에 따르고 자신의 이름만 쓰도록 했다. 이를 어기는 관리들은 곧 처형당했다. 주원장은 의심이 매우 많은 성격이어서 누구든지 자칫 실수하면 목숨을 내놓아야 했다.

『황명기략(皇明紀略)』에 따르면, 주원장 아들의 스승인 장신(張信)이 두보의 시 가운데 '사하순천벽(舍下筍穿壁)'이라는 구절을 황자들의 서예 연습용으로 삼았다. 주원장이 이것을 보고 크게 화를 냈다. 장신이 황자들을 속이 빈 죽순으로 비유해 큰 인물이 될 수 없을뿐더러 장성해서는 벽을 타는(穿壁) 도적놈이 될 것이라고 풍자하였다면서 곧바로 처형했다고 기록하였다. 시 구절 하나 때문에 자신이 죽게 될 줄 가련한 장신이 상상이라도 했을까.

주원장이 자신의 출신이 미천한 것에 대한 자격지심 때문에 문자옥을 실시했다면, 청나라 황제들은 자신이 소수민족이고 중원에 쳐들어와 나라를 세웠기 때문에 한족이 자신을 업신여기고 반항할까봐 두려워 단행했다. 문자옥을 통해 그들은 반청 인사들을 잔혹하게 탄압했고 이로써 한족들의 불만을 억압해 자신들의 통치 기반을 공고히 하려 했다.

청대의 문자옥은 강희제와 옹정제, 건륭제 3황제에 걸쳐 130여 년간 지속되었다. 이로 인해 처형당한 사람이 2백 명이 넘었고 연루된 사람은 그 수를 헤아릴 수 없다. 처형당한 사람들은 조정의 고위 관리에서부터 일반 농민에 이르렀고 죽은 사람들의 수는 홍무제 때보다도 더 많았다. 청나라가 중원을 통치한 이래 언제 처음 문자옥이 발생하는지는 알 수 없지만 최대의 문자옥 사건은 '명서 사건(明書事件)'이다.

'명서 사건'은 1663년(강희 2년), 절강 귀안현(歸安縣, 지금의 오흥현)의 부호인 장정롱(庄廷鑨)이 명나라 때 대학사를 지낸 주국정(朱國楨)의 후손에게서 주국정이 지은 「열조제신전(列朝諸臣傳)」의 원고를 사면서 시작되었다. 주국정이 지은 『사개(史槪)』라는 책은 이미 오래전에 세상에 알려져 있었고, 「열조제신전」은 『사개』의 일부분이었는데 아직 책으로 나오지 않은 원고였다.

장정롱은 실명하였기 때문에 이 원고를 사들인 후에 수정하지 못하고 당시의 명사들을 불러다가 그의 뜻에 따라 수정하고 보충하였다. 그리고 명나라 숭정제의 역사를 덧붙여 『명서(明書)』라는 책으로 만들어 내고 작자는 장정롱으로 써넣었다. 그런데 이 책이 세상에 나오기도 전에 장정롱은 사망했고, 그의 아버지 장윤성(庄允城)이 장인들을 불러 모아 5년간의 노력 끝에 비로소 책이 인쇄되었다. 장씨 부자는 돈만 있는 부자가 아니라 품위와 명성이 있는 부자가 되고 싶었다. 그래서 본래 다른 사람이 쓴 원고를 사들여 책으로 출판해 자신들의 이름을 널리 알릴 생각이었는데 도리어 큰 화를 입게 되었다.

「열조제신전」이 명나라 때 쓰인 것이었기 때문에 명 왕조를 칭송하고 청 왕조를 거리낌 없이 비판했으며, 반청 역사를 기술하고 청나라에 투항한 명나라의 장수들을 크게 질책하는 내용이 섞여 있었다. 이 책은 곧 귀안현의 지현(知縣) 오지영(吳之榮)의 손에 들어갔다. 오지영은 부패를 저질러 지현으로 강등당한 사람이었다. 그는 관직을 옮기기 전에 장윤성과 주우명(朱佑明)에게 돈을 빌려 준 적이 있었는데, 그들이 돈을 갚지 않았던 일로 앙심을 품고 있었다. 그 무렵 『명서』를 손에 넣고는 보복을 하기로 결심하고 조정에 고발했다. 그 결과 장윤성은 체포되어 옥에 갇혔고 얼마 후 감옥에서 사망했다. 장정롱은 이미 몇 년 전에 죽은 사람이었지만 역시 무덤이 파헤쳐지고 시신이 훼손되었다. 또 장정룡의 아우 장정성(庄廷鉞)은 참수형에 처해졌다. 주우명도 오지영의 모함으로 억울한 누명을 쓰고 다섯 아들과 함께 처형당했다.

그뿐만이 아니었다. 『명서』의 편집과 인쇄 등에 참여했던 모든 장인들이 처형당하거나 군대로 끌려가고 관직을 박탈당했다. 오지영은 밀고한 공을 인정받아 황실로부터 관직과 상을 하사받았다. 이 사건으로 오랜 기간을 거쳐 계속된 문자옥이 시작되었으며, 사건에 연루된 자들은 체포되어 하옥되거나 유배되었으며 심하면 온 가족이 능지처참을 당하는 등 처벌이 더욱 잔혹해졌다. 또한 연루되어 처형된 자들의 수가 적게는 수십 명에서 많게는 수백 명에 이르렀다. '남산안(南山案)'에 연루된 사람들은 300명이 넘었다.

남산안도 청나라 초기의 문자옥으로 1711년(강희 50년)에 발생했다. '명서 사건'과는 40년의 시간차가 있다. 안휘 동성 사람인 대명세(戴名世)가 같은 지방 사람인 방효표(方孝標)가 지은 『전검기문(滇黔紀聞)』을 소재로 『남산집(南山集)』을 편찬했다. 이 책 중에는 청 순치 연간에 명나라 황제가 광동과 광서, 운귀 일대에 여전히 살아 있었으니 엄격하게 말해 그때까지는 명이 멸망했던 것이 아니다. 따라서 순치제는 중원으로 들어왔지만 정통이라고 할 수 없고 강희 원년을 청의 시작으로 보아야 한다는 내용이 적혀 있었다. 그리고 그 시기의 연대를 남명의 연호로 표시하고 청나라 연호를 쓰지 않았다.

1701년(강희 40년) 경, 『남산집』은 대명세의 문하생이었던 우운악(尤云鄂)의 이름으로 간행되었다. 1709년(강희 48년)에 대명세는 진사에 합격해 한림원 편수(編修)로 임명되었다. 2년 후 좌도어사(左都御使) 조신교(趙申喬)가 『남산집』에 대역어(大逆語)가 있는 점을 들어 탄핵했다. 본래 형부에서는 대명세를 능지처참하고 방효표의 무덤을 파헤치며 이 두 사람의 조부와 부친, 형제, 자손에 숙질까지 16세 이상의 남자들은 모두 참수하고 여자들은 모두 노비로 삼고, 그 책과 관련된 100여 명을 처형하고 유배 보내거나 옥에 가두라고 판결하였다. 그러나 이미 정권 기반이 탄탄했고 억압정책에서 회유정책으로 선회한 때인지라 강희제가 민심을 동요시키지 않기 위해 대명세를 참수하고 가족들은 흑룡강으로 내쫓는 선에서 사건을 일단락 지었다.

강희제의 문자옥은 정권을 공고히 하고 반청 인사들을 억압하기 위한 수단이었다. 반면에 그의 뒤를 이어 황위에 오른 옹정제는 자신에게 반대하는 자들을 숙청하기 위한 수단으로 문자옥을 사용했다. 그의 목적은 자신이 어렵게 차지한 황위를 지키고자 하는 것이었다.

연갱요의 기실(記室, 비서) 왕경기(汪景祺)는 연갱요와 함께 여러 차례 서쪽으로 원정을 나가면서 『서정수필(西征隨筆)』을 지었다. 연갱요가 황제의 신임을 얻고 난 후에 이 책이 간행되어 간행 당시에는 별다른 비판을 받지 않았다. 하지만 1725년(옹정 3년), 옹정제는 연갱요가 자신을 도와 황위를 찬탈했다는 이유로 그를 경계하기 시작했고 숙청할 기회를 찾고 있었다. 옹정제는 우선 부하를 시켜 92개에 달하는 연갱요의 죄상을 모두 파헤쳐 그를 체포해 옥에 가두었으며 얼마 후 자결하게 했다. 그 후 왕경기도 『서정수필』에 포함된 「공신불가 위론(功臣不可爲論)」 때문에 처형당하고 온 가족이 흑룡강의 노비로 끌려갔다.

건륭제 때에는 문자옥이 가장 극에 달했는데, 그 당시에는 조그만 실수에도 화를 면할 수 없었다. 당시 유명한 문자옥은 호중조(胡中藻) 의 시옥(詩獄)이었다. 한림학사를 지낸 호중조는 대신 악이태(鄂爾泰) 의 문하생이었다. 악이태는 옹정제의 심복으로 군기대신(軍機大臣)을 지내고 옹정제가 사망한 후에는 정치를 보좌했다. 건륭 초기에는 장 정옥(張廷玉) 등과 함께 태보(太保)를 지낸 인물이다. 악이태는 조정안 에 자신만의 파벌을 형성하고 있었고 그 권세가 대단했다. 그래서 건륭제의 신임을 받고 있는 장정옥과 늘 충돌하여 건륭제도 악이태 를 경계하고 있었다.

1757년(건륭 20년), 건륭제는 악이태의 문하생인 호중조가 지은 「견 마생시초(堅磨生詩鈔)」에서 만주족을 저주하는 말로 트집 잡을 수 있 는 '一把心腸論濁淸(한 가지 마음으로 탁함과 맑음을 논하네)'라는 구절을 발견해 냈다. '탁(濁)' 자를 국호인 '청(淸)' 자 앞에 붙인 것이 화근이 었다. 건륭제는 그것을 빌미로 호중조의 목을 쳤고, 이미 10여 년 전 에 죽은 악이태의 관직을 삭탈하고 그의 조카인 악창(鄂昌)도 호중조 와 자주 왕래했다는 죄명으로 자결을 명령했다. 이 사건으로 악씨 파 벌의 정치적 권력이 크게 약해졌다.

건륭제의 문자옥은 대부분 글 가운데 한두 구절을 가지고 트집을 잡아 곡해하고 죄를 터무니없이 부풀리는 방식이었다. 명 홍무제의

사냥을 떠나는 건륭제

문자옥과 비슷한 방법이었다.

　1751년(건륭 16년)에는 서생 왕조기(王肇基)가 황태후의 생일을 경하하는 시에서 조정 대신을 공자와 맹자 등 성현에 비유한 것이 화근이 되어 허무맹랑한 소리라며 처형당하기도 했다. 그는 죽기 직전에 슬프게 통곡하며 "이 한마음은 황제를 향한 충성뿐이온데 어찌 비방하겠사옵니까? 정말 억울합니다."라고 울부짖었다고 한다.

　명·청대에 이렇게 대대적으로 문자옥이 실시되면서 당시에는 아예 글공부를 하지 않는 풍조가 나타나기도 했다. '명서 사건'에 연루되어 북경으로 잡혀가던 명사 육기(陸圻)는 자신의 아들에게 이런 화를 당하지 않으려거든 앞으로 평생 글을 읽지 말라고 당부했다고 한다. 또 어떤 관리들은 관직에 있으면서 문자옥에 연루될까 두려워 글을 통해 누군가와 왕래하지 않았고 단 한 줄의 원고도 남기지 않았다고 한다.

문자옥은 사람들의 생각을 억압하는 정책이었다. 이로 인해 명·청대에는 문인들이 경세치용의 학문을 감히 연구하지 못했고 참혹한 현실에서 도피하기 위해 고고학에만 열중했다고 한다. 이것은 한 개인의 비애일 뿐 아니라 한 국가의 손실이며 근대 중국사회가 낙후된 중요한 원인 중 하나다.

황태자 비밀결정제도

황태자 비밀결정제도는 중세 전제 정권이
빛을 발할 수 있는 원인이 되었으니.

　청나라를 제외하고 중국 역대 왕조 가운데 황위 계승자를 둘러싼
문제가 발생하지 않았던 왕조는 없다. 황위 쟁탈전은 일어날 때마다
골육상잔의 비극을 불러일으켰다. 그렇다면 청나라에 이 같은 사건
이 일어나지 않았던 이유는 무엇일까? 바로 황위계승제도에서 그 해
답을 찾을 수 있다.

　청 태조(天命帝) 누르하치(努爾哈赤)가 혁도아랍(赫圖阿拉, 지금의 요녕
신빈)에서 금을 건국한 후 아직 황위계승제도가 자리 잡지 않았을 때,
덕 있는 자에게 황위를 계승한다는 원칙을 세웠다. 따라서 황위 계승
자는 패륵(貝勒, 6가지 작위인 친왕親王, 군왕郡王, 패륵, 패자貝子, 진국공鎭國
公, 보국공輔國公 중 하나로 만주어로 부장部長이라는 뜻)들이 논의해 결정하

팔기군의 8기 깃발
팔기군은 청나라 시대 만주족이 주도가 된 군사 · 행정조직.
정황기(正黃旗),양황기(鑲黃旗),정백기(正白旗),양백기(鑲白旗),정홍기(正紅旗),양홍기(鑲紅旗),정남기(正藍旗),양남기(鑲藍旗).

기로 했다. 1626년(천명 10년) 12월, 누르하치는 13만 대군을 이끌고 요하(遼河)를 건너 영원(寧遠)을 공격했다가 적의 포탄을 맞고 사망했다. 누르하치는 죽기 직전에 황위 계승자를 지명해 주지 않았기 때문에 여러 패륵들이 그의 8남 황태극을 황제로 추대했으니 그가 바로 숭덕제 홍타이지다. 1643년(숭덕 8년) 8월, 홍타이지가 병으로 사망했는데 그 역시 태자를 책봉하지 않고 죽었기 때문에 여러 왕들 사이에서 황위 쟁탈전이 시작되었다. 당시 3명이 서로 경쟁하고 있었는데, 홍타이지의 장자 숙친왕(肅親王) 호격(豪格), 9남 복림(福臨), 누르하치의 14남 예친왕(睿親王) 도르곤(多爾袞)이었다. 팔기군 가운데 두 황기(黃旗)는 호격의 황위 계승을 주장했고, 두 백기(白旗)는 도르곤을, 그리고 두 홍기(紅旗)와 양남기(鑲藍旗)의 기주(旗主) 지르하랑은 복림을 황제로 추대하자고 했다. 이 세 파가 팽팽하게 맞붙으면서 조정은 혼란에 휩싸였다. 결국 태조의 아우인 예친왕(禮親王) 대선(代善)이 도르곤과 호격의 황위 계승을 반대했고, 대권을 쥐고 있던 도르곤은 호격의 반대로 자신의 황위 계승이 어려워지자 복림을 지지하였다. 결국 6세의 복림이 황위에 오르게 되었다. 그가 바로 순치제다. 순치제는 중원에 진입한 후에 전국을 통일했지만 그 역시 태자를 책봉하지 않고 1661년(순치 18년)에 세상을 떠났으며, 그의 유언에 따라 3남 현엽이 황태자가 되었다. 그가 바로 강희제다. 이렇게 되자 신하들은 황태자를 책봉하지 않는 전통이 계속된다면 앞으로 황위 쟁탈전이 계속될 것이라고 주장하기 시작했다. 황태극이 사망할 때에도 이미 그런 조짐이 보이고 있었다. 그래서 강희제는 황제에 즉위한 후 황태자를 책봉하지 않는다는 법도를 깨고 1675년(강희 14년)에 자신의 적자 윤잉(胤礽)을 황태자로 책봉했다.

강희제의 장자 윤제(胤禔)는 서출이었고, 2남 윤잉이 인황후의 소생이었다. 윤잉은 두 살도 채 안 되었을 때 생모인 인황후가 병사했고, 강희제는 어미를 일찍 여윈 윤잉에게 온갖 사랑을 다 쏟았다. 그리고 명성있는 관리들을 불러다가 교육시켰다. 윤잉은 경서를 공부하고 만주족과 한족의 문자에 모두 정통했으며 말타기와 활쏘기 등 무예에도 능했다. 그러나 20대가 된 윤잉은 성격이 그다지 원만하지 못하고 야심이 커서 태자의 지위를 이용해 온갖 포악하고 방탕한 일을 저질렀다. 게다가 하루빨리 황상에 오르기 위해 부황을 죽이고 황제가 될 생각까지 하고 있었다. 그러자 강희제는 어쩔 수 없이 1708년(강희 47년)에 문무백관들을 불러 놓고 윤잉을 태자에서 폐서인시키고 함안궁(咸安宮)에 연금시켰다. 그랬더니 이번에는 태자를 노리는 황자들끼리의 분쟁이 일어났다. 그 추잡함에 질린 강희제는 1년 뒤인

1709년 윤잉을 다시 태자로 삼았는데 반성할 줄 모르고 예전의 포악한 짓을 거듭하여 3년 뒤인 1712년에 다시 폐태자시켰다.

윤잉을 폐서인시킨 후 강희제는 십여 년 동안 태자를 책봉하지 않았고 일부 대신들은 여러 번 상소를 올려 태자 책봉을 건의했지만 황제의 화만 돋울 뿐이었다. 1722년(강희 61년) 11월, 강희제는 죽음을 앞두고 태자가 없었던 까닭에 황태자 제도를 포기하고 밀지로 차기 황제를 정했다. 그런데 여기에 조작이 가해졌다는 소문이 돌았다. 강희제는 본래 '십사(十四) 황자'라고 밀지에 적었으나, 누군가 十 자에 가필을 해서 第 자로 변조하여 '제4(第四) 황자'로 만들어 옹정제가 황위에 오를 수 있었다는 것이다. 4남 옹정제가 황위에 즉위한 후에도 부황 강희제가 피살되었고 옹정제가 유서를 날조했다는 등의 소문이 나돌았다.

강희제는 법도를 깨기는 했지만 태자 책봉의 선례를 남긴 셈이었다. 그러나 그는 잘못된 태자 책봉으로 인해 결국에는 태자를 정하지 못했고 자신의 황위를 찬탈당할 뻔했다. 윤진은 황제로 즉위한 후에 역대 황제들의 경험을 교훈으로 받아들이고 새로운 황위계승제도인 황태자 비밀결정제도(황태자밀건법皇太子密建法)를 만들었다.

황태자밀건법이란 후계자를 미리 공표하지 않고, 황제가 후계자의 이름을 쓴 종이를 상자에 밀봉해 자금성 건청궁 내에 있는 '정대광명(正大光明)'이라는 편액 뒤에 보관한 뒤, 황제가 죽은 뒤에 대신들이 입회해 이를 개봉하고 후계자를 공표하도록 하는 방식이다. 이 제도는 1723년(옹정 원년) 8월에 옹정제가 건청궁에서 왕공대신과 문무백관들을 불러 놓고 선포했다. 황태자를 적어 놓은 종이는 1735년(옹정

건청궁 정대광명

13년) 8월 옹정제가 죽은 후에 황숙인 장친왕(莊親王) 윤록(胤祿)에 의해 개봉되어 그 자리에서 황위 계승자를 발표하였다. 대신들은 그제야 홍력(弘曆, 건륭제)이 황위 계승자인 것을 알게 되었다. 그 후 이 황태자 비밀결정제도는 계속 이어졌다.

건륭제가 즉위한 후에는 1795년(건륭 60년) 9월에 15남 옹염(顒琰)이 황태자로 결정되었고, 이듬해 1월 황위를 내주었다. 건륭제의 뒤를 이어 황위를 계승한 황제는 가경제다. 가경제, 도광제(道光帝) 두 황제는 모두 옹정제가 만든 황태자 비밀결정제도에 의해 황위 계승자를 결정했다. 그리고 함풍제(咸豊帝)는 죽기 하루 전에야 대신들을 불러 모아 황태자를 발표했고, 그 이후에는 서태후가 황권을 찬탈했다. 동치제(同治帝)와 광서제(光緒帝)는 아들이 없어 황태자를 책봉하는 일은 모두 서태후의 주도로 이루어졌다.

역대 왕조에서 자질과는 관계없이 장자나 적자를 황태자로 삼았던 것과 비교하면 이 황태자 비밀결정제도는 효과적인 제도라고 할 수 있다.

역사를 살펴보면 황위 계승을 둘러싸고 황궁 내에 정변이 일어난 경우가 많았으며 골육상잔의 비극도 끊이지 않았다. 게다가 무조건 장자나 적자가 황위를 계승하게 되면서 적지 않은 후유증이 나타나 역사적으로 백치 황제나 갓난아이 황제, 폭군 등이 수없이 많았다. 이러한 후유증은 작게는 궁정 내란에서 심하게는 국가의 분열과 멸망을 초래하기도 했다. 황태자 비밀결정제도는 이러한 후유증을 예방할 수 있었기 때문에 청나라의 12명의 황제 가운데에 7명이나 성황(聖皇)으로 평가되고 있다. 특히 옹정제 이후에는 골육상잔의 비극이 발생한 적이 없다.

서예를 사랑한 황제들

웅비하는 조조의 글씨, 왕희지를 사랑했던 이세민,
비단으로 글씨를 썼던 이욱 등 황제들의 서예 사랑은 넘쳐났으니.

　중국의 서예는 전 세계 여러 민족의 문자 가운데 유일하게 독립적
으로 예술 분야로 발전한 문화이자 붓으로 글자를 쓰는 일종의 조형
예술이다. 작가는 점 하나 획 하나 혹은 글자 하나에서 무궁무진한
변화를 만들어 낼 수 있다. 고금을 통틀어 한자의 서법은 수많은 문
인학사들을 매료시켰고, 왕희지(王羲之), 구양순(歐陽詢), 안진경(顔眞
卿), 소동파(蘇東坡), 회소(懷素), 정판교(鄭板橋) 등의 위대한 서예가와
『난정서(蘭亭序)』, 『백원첩(伯遠帖)』, 『서보(書譜)』, 『제질첩(祭侄帖)』, 『자
술첩(自述帖)』 등 뛰어난 작품을 탄생시켰다. 유명한 서예가들 중에는
황제도 있었는데 그들은 한 시대의 서풍을 만들어 내기도 하고 서파
를 탄생시키기도 했으며 역대 서법을 수집해 책으로 집대성하는 공

헌을 하기도 했다.

역대 황제 가운데 서예로 이름을 날린 황제로는 삼국 시대 위나라 개국의 기초를 닦은 조조(曹操)를 들 수 있다. 난세의 영웅으로 평가되는 조조가 서예를 즐겨 했다는 기록은 『삼국지』와 『삼국연의』 어디에도 남아 있지 않다. 하지만 남조의 수견오(庾肩吾)가 지은 『서품(書品)』에는 조조가 쓴 글씨를 "필묵이 웅비하는 것 같다."고 기록하고 있으며, 당나라 때 장회관(張懷瓘)은 『서단(書斷)』에서 조조의 글씨를 극찬하였다. 조조는 서예에 능했을 뿐만 아니라 글씨를 감상하는 능력도 뛰어났다. 양주자사(涼州刺史)를 지낸 양곡(梁鵠)은 본래 유표(劉表) 밑에 있다가 후에 조조에게 투항했는데 서예로 꽤 유명한 사람이다. 조조는 그의 글씨를 특별히 좋아해 전투에 나가서도 그의 작품을 군영에 걸어두고 감상했다. 심지어 그에게 황궁의 현판을 직접 쓰게 하였다. 후대 사람인 원악(袁鄂)은 조조가 잠도 자지 않고 양곡의 글씨를 감상했을 만큼 그의 글씨를 좋아했다고 전한다. 조조는 중국 역대 황제 가운데 서예에 가장 조예가 깊은 황제였다.

남북조 시대 양 무제(梁武帝) 소연(蕭衍)도 서예를 매우 좋아했다. 『남사, 양본기(南史, 梁本記)』에 그가 예서와 초서를 좋아했다고 전하고 있다. 그러나 좋아하기만 했을 뿐 그가 직접 쓴 초서는 그리 뛰어나지 않았다. 장회관은 『서단』에서 양 무제의 초서에 대해 "필체는 수려하나 힘이 부족하고 독특함이 없다."고 평가하고 있다. 양 무제는 글씨는 평범했지만 서예에 대한 평론은 뛰어났다. 그는 『서론(書論)』에서 고금의 서예가들에 대해 평가하기도 했다.

서예는 당대에 들어와서 가장 발전했다. 아마도 시가가 번성하고

당 태종 이세민 「온천명(溫泉銘)」 탁본(프랑스 국립도서관 보관)

글을 아는 사람들이 특히 많았기 때문인 듯하다. 마종곽(馬宗霍)의 『서림조감(書林藻鑒)』에 기록된 서예의 명인들은 245명이나 되었고, 그 가운데 특히 유명했던 사람으로는 우세남(虞世南), 구양순, 저수량(褚遂良), 설직(薛稷), 이옹(李邕), 장욱(張旭), 안진경(安眞卿), 유공권(柳公權), 회소(懷素) 등이 있다. 당대에 서예가 흥성할 수 있었던 것은 역대 황제들이 서예의 발전을 적극 추진했던 것과 관련이 있다. 당 태종 이세민이 서예를 좋아했던 것을 시작으로 고종, 예종, 측천무후, 현종, 숙종, 선종 등이 서예를 매우 좋아했다.

당 태종 이세민은 나라를 태평성대로 이끌고 문화를 번성시켰을 뿐 아니라 스스로 솔선수범해서 새로운 서풍을 창시했다. 이세민은 왕희지의 글씨를 거의 숭상에 가깝게 칭송했으며 그의 글씨가 이미 진(眞)과 선(善)의 경지에 이르렀다고 평가했다. 이세민은 서예의 발전에 투자를 아끼지 않아 전국 각지에서 고서들을 수집했는데, 632년

(정관 6년)에는 그가 모은 고서가 모두 1,510권에 달했다고 한다. 그는 또 『진서(晉書)』를 편찬하도록 명령하고 「왕희지전론(王羲之傳論)」을 지어 왕희지에 대한 사랑을 표현했으며 '서성(書聖)'이라는 영예의 칭호를 내렸다. 또한 왕희지의 서예를 칭송했을 뿐 아니라 그의 서법을 배우기 위해 노력했다. 이세민은 왕희지의 명작인 『난정서(蘭亭序)』를 너무나 좋아해 자신이 죽으면 『난정서』를 관에 함께 넣어 묻어 달라고 유언했다. 이후 『난정서』는 소릉에 습장되어 세상에서 자취를 감추게 되었다.

이세민은 왕희지 뿐만 아니라 서예의 대가인 우세남의 글씨체도 배우려고 노력했다. 이세민은 평소에 우세남의 '과(戈)' 자는 쓰기가 매우 어렵다고 말하곤 했는데, 한번은 '전(戩)' 자를 쓰다가 '과(戈)' 자가 마음에 들지 않아 몇 번을 다시 썼다. 이세민은 결국 '진(晉)' 자만 쓰고 '과(戈)' 자를 빈 공간으로 남겨 두었다가 우세남에게 써넣어 달라고 부탁했다. 후에 재상 위정(魏徵)에게 글씨를 보여 주었는데, 그는 한눈에 차이를 알아내고는 이렇게 말했다. "오른쪽의 '과(戈)' 자가 우세남의 글씨체와 비슷하옵니다." 위정의 말을 들은 이세민은 학문에는 조금의 거짓도 있어서는 안 된다는 사실을 깨닫고 더욱 열심히 서예에 힘을 쏟았다. 이세민은 다년간의 연습을 통해 훌륭한 글씨체를 구사하게 되었고 서예에 대한 조예도 깊어졌다. 그리고 『필법론(筆法論)』, 『지법론(指法論)』, 『필의론(筆意論)』 등의 이론서를 직접 편찬하였다. 그는 자신의 저서에서 붓을 잡는 법에 대해 다음과 같이 기록하고 있다.

"무릇 글을 쓸 때에는 손가락의 힘이 강해야 하며 손바닥은 힘을 빼고 자세는 곧게 하고 마음은 둥글어야 한다. 또 팔은 곧게 하고 붓은 바르게 잡아야 한다."

이세민의 이론은 다년간의 경험에서 나온 것이다. 이처럼 서예를 좋아했으며 교육, 인재 등용, 관리 임용 등의 기준으로까지 삼았다. 그가 서예를 이렇게 크게 제창하자 당대에는 서예 문화가 크게 흥성했고 새로운 서풍이 탄생하여 서예사에 커다란 영향을 미쳤다.

당 태종의 뒤를 이어 측천무후도 서예를 매우 아꼈다. 측천무후는 여성이었지만 그녀의 글씨에는 대장부의 기질이 나타났다. 『선화화보(宣和畵譜)』의 기록에 따르면, 측천무후의 글씨는 본래 그다지 뛰어나지 않았지만 후에 동진 왕방도(王方導)의 14세손인 왕방경(王方慶)의 집에 가보로 내려오던 선조 28명의 글씨를 얻은 후에 서예가 크게 진보했다고 전한다. 현재까지 전하는 그녀의 유일한 명작은 『승선태자비(升仙太子碑)』다.

당 현종 이융기도 서예를 매우 좋아했는데 특히 예서를 잘 써서 당시 예서의 대가였던 한택목(韓澤木), 채유린(蔡有隣), 이조(李潮), 사유측(史惟則) 등과 함께 이름을 날렸다. 송나라 때의 황정견(黃庭堅)은 현종의 글씨가 증조부 태종의 서풍과 비슷하다고 했다.

한편 남당의 후주 이욱(李煜)은 시와 서화에 모두 능했는데 그는 특히 붓이 아니라 비단을 말아 글씨를 썼다. 이렇게 하려면 많은 공력(功力, 애써서 들이는 정성과 힘)이 필요했기 때문에 쉬운 일이 아니었을 뿐더러 비단의 가격이 매우 비쌌기 때문에 황제를 제외하고는 비단으로 글씨를 쓸 수 있는 사람이 거의 없었다. 유감스러운 것은 그의 작품 중에 현재까지 남아 있는 것이 매우 적다는 것이다. 화가 조간

난정집서
왕희지의 산문. 후세 서법을 배우려는 사람들의 모범이 되었다.

(趙幹)의 명작 『강행초설도(江行初雪圖)』의 제목인 '금착도법(金錯刀法)'
이라는 네 글자가 바로 이욱의 작품이다. 이욱 역시 왕희지의 글씨를
특별히 좋아했다.

송나라 때는 첩학(帖學, '법첩法帖의 원류와 우열, 서적의 진위와 문자 내용
등을 연구하고 고증하는 학문)이 크게 발전했던 시대다. 그것은 아마도
송 태종 조광의(趙光義)가 서예를 특히 좋아했기 때문이다. 그는 전국
각지의 관리들에게 역대 유명한 서예가들의 글씨를 수집하라고 명령
하고 992년(순화 3년)에는 각지에서 수집한 각종 법첩(法帖, 고전 법서의
책자. 돌이나 나무에 모각된 법서와 그것의 탁본들이 포함됨)을 황궁에 모두
모아 놓고 학사 왕저(王著)에게 그 가운데 가장 뛰어난 작품 10개를 골
라 『순화각첩(淳化閣帖)』을 편찬하게 했다. 이 책은 중국 서예사상 최
초의 완전한 서첩이며 이 가운데 절반이 왕희지 부자의 작품이다. 송
태종은 중국의 역대 서예 작품들을 온전하게 보전하는 데 큰 공헌을
했으며 자신도 서예를 연마하여 정서, 초서, 예서, 전서, 행서에 조예
가 깊었는데 그 중 특히 초서에 능했다.

송나라 황제들 가운데 서예사에 중요한 업적을 남긴 황제로는 휘종(徽宗) 조길(趙佶)을 꼽을 수 있다. 그는 신종(神宗) 조욱(趙頊)의 11남으로 형 철종이 사망하자 즉위하였다. 처음에는 신·구양법의 균형을 취한 정치를 했었으나 상태후(尙太后)가 사망(1101년)한 후에는 신법을 부활하고 채경(蔡京), 동관(童貫) 등에게 정치를 맡겨 실정이 많았다. 1125년(선화 7년)에 금나라 군대가 침공하자 황태자 조환(趙桓)에게 황제의 자리를 물려주었다. 하지만 문예의 보호와 육성에 열성적이었으며 한림원의 서원, 화원제도를 정비하고 화가의 처우를 개선하였다. 1104년(숭녕 3년)에는 서화학을 개설하기도 했는데 입학시험을 직접 출제하고 제작을 지도할 정도로 열성적이었다.

조길은 다재다능하여 시, 서, 화에 뛰어난 재능을 보였으며 수금체(瘦金體)라 불리우는 독특한 서풍을 창시하여 『신소옥청만수궁비(神霄玉清萬壽宮碑)』외 서화의 제식(題識)을 남겼다. 수금체는 세로로 가늘고 필체가 매우 강한 것이 특징이었다. 조길의 9남 고종(高宗) 조구(趙構)도 부친의 천성을 물려받아 서예를 매우 좋아했으며 해서와 행서, 초서에 가장 능했다. 왕응린(王應隣)은 『옥해(玉海)』에서 조구의 글씨를 매우 높이 평가하며 왕희지 부자에 견줄 만한 서예가라고 칭송했다. 조구는 황정견(黃庭堅), 손과정(孫過庭) 등의 글씨를 본받아 배웠으며 이로 인해 수많은 사람들이 그를 따라하게 되었고 그들의 글씨는 한 시대를 풍미하게 되었다. 하지만 송대에는 서예 문화에 있어서 모두들 유행을 쫓기만하고 새로운 시도가 없었다는 점이 유감스럽다.

원 세조 쿠빌라이는 중원을 차지한 후 무예를 중시하고 문치(文治)를 경시했으며 인종과 영종 때에 이르러서야 문치를 중시하기 시작

건륭제 헌시
동기창의 「완련초당도」. 건륭제가 쓴 19개의 헌시가 있다.

했다. 문종 때에 이르러서는 서화가 궁궐에까지 전파되었다. 특히 문종은 서화를 좋아하여 1328년(천력 원년)에 규장각을 설치하고 당시 유명한 문인들을 감서박사(鑒書博士)로 임명해 황궁에서 소장하고 있는 명서와 명화들을 감정하게 했다. 문종 자신도 매일 그곳에 들러 문인들과 함께 글씨와 그림들을 감상하고 평가했다.

명 홍무제 주원장은 어려서는 글공부를 많이 하지 못했고 반평생을 말을 타고 지냈지만 그의 글씨는 매우 훌륭했다. 명나라 황제들 가운데는 서예를 좋아하고 중시했던 사람이 매우 많다. 영락제 주체는 글을 아는 문인들을 대거 임용해 한림으로 삼고 문서 관리를 담당하도록 했다. 홍희제과 선덕제, 홍치제 역시 서예를 매우 즐겼으며 만력제 주익균은 10세 때부터 서예에서 뛰어난 재능을 보였다. 그는 항상 주변에 왕헌지(王獻之)의 『압두환첩(鴨頭丸帖)』, 우세남의 『낙의논첩(樂毅論帖)』 등을 두고 언제든지 그들의 글씨를 공부할 수 있도록 했다. 황제가 서예를 이렇게 중시하자 글씨를 잘 쓰는 사람은 한림이 될 수 있었으며 과거 시험에서도 글씨는 중요한 조건이 되었다.

청나라 황제들 가운데 서예에 뛰어나고 관심이 많았던 황제는 강희제, 옹정제, 건륭제 등이다. 그들은 모두 행서와 초서에 능했으나 좋아하는 서예가는 각기 달랐다. 강희제는 동기창(董其昌)을 매우 좋아했고, 긴륭제는 조맹부(趙孟頫)를 좋아하여 그 당시 수많은 사람들이 그들의 글씨체를 흉내 냈다. 심지어는 그들의 글씨체를 따라 하면 과거에 급제할 수 있다는 말까지 있었다. 건륭제의 글씨는 모두 천편일률적이며 변화가 거의 없었다. 비록 서법은 예술적 가치가 없었지만 왕희지의 『쾌설시정첩(快雪時晴帖)』과 왕헌지의 『중추첩(中秋帖)』,

그리고 왕순의 『백원첩(伯遠帖)』을 매우 아끼며 집에 보관하고 삼희당(三希堂)이라고 이름 붙였다. 1747년(건륭 12년)에는 문인들에게 명해 왕희지, 왕헌지, 왕순의 붓글씨 서적 3권과 황궁에서 소장하고 있는 위나라 때부터 명나라에 이르기까지의 역대 법첩들을 모두 모아 32권의 『삼희당석거보급법첩(三希堂石渠寶笈法帖)』을 편찬하도록 했다. 이 책은 후대 사람들에게 매우 귀한 서법 자료가 되었다.

이외에도 역대 황제들 가운데 서예를 좋아했던 이는 매우 많다. 그러나 유감스럽게도 그들이 썼다는 글씨는 많이 남아 있지 않고 그저 사서에서 전하는 글씨에 대한 기록에서만 그들의 서풍을 짐작할 수 있을 뿐이다.

황제의 유언

황권은 단 한 번도 온정이 넘치는 분위기에서
계승된 적이 없으며, 항상 수단과 방법을 가리지 않고
인성과 도덕이 짓밟히면서 누군가의 손으로 들어갔으니.

　황제가 평소에 내리는 명령은 어명이라고 하지만 황제가 임종 직
전에 전하는 유언은 유조(遺詔)라고 한다. 역대 황제들은 임종 직전에
유조를 남긴 경우도 있고 그렇지 않은 경우도 있다. 또 어떤 유조는
진실이며, 어떤 유조는 거짓이다. 그리고 또 어떤 유조는 그 진위를
판가름하기 힘든 경우도 있다. 이것들은 모두 천 년의 비밀로 남아
현재까지도 수많은 논쟁을 불러일으키고 있다.

　역사적으로 거짓 유조가 처음 출현한 때는 진나라 때이며, 최초로
유조를 날조한 이는 호해와 조고 그리고 이사다. 기원전 210년 9월
10일 진시황은 다섯 번째 순행에서 병으로 객사했다. 진시황은 임종
직전에 환관 조고에게 멀리 변방에 있는 장자 부소에게 유서와 옥새

를 전하라고 명했다. 장자 부소에게 황위를 잇게 하려고 했던 것이다. 하지만 환관 조고는 다른 속내를 가지고 있었다. 그는 평소에 부소와 반목하고 있었기 때문에 부소가 황제가 된다면 앞날이 평탄치 않을 것이 분명했다. 그래서 그는 진시황의 18남 호해로 하여금 황위를 잇게 할 생각이었다. 조고는 호해가 어려서부터 자신이 키웠기 때문에 말을 잘 들었을 뿐만 아니라 또 무능하여 황제가 되기만 한다면 모든 권력을 장악할 수 있을 것이라고 여겼다. 진시황이 죽자 조고는 호해와 승상 이사를 사주해 계략을 꾸몄다. 부소를 자결하게 만들고 호해를 태자로 책봉하기로 하는 중국 역사상 최초의 유조 날조 사건이다. 그 유조에는 다음과 같이 쓰여 있었다.

"부소는 변방에 수십 년간 머물렀으니 황위를 잇기에 적합하지 않고 여러 번이나 상소를 올려 불만을 표시하여 천자에게 불효했다. 이에 자결하기를 명한다."

거짓 유조가 전달된 후에 태자 부소는 이를 사실로 믿고 분을 품고 자결했고, 조고는 호해를 황위에 앉히는 데 성공했다.

또 때로는 거짓 유조가 황위 찬탈을 위한 수단뿐 아니라 올바른 것을 세우고 바르지 못한 것을 내쫓는 데 사용되기도 했다. 명 정덕제 주후조는 홍치제의 장자로서 어렸을 때부터 학문을 즐기고 불교와 산스크리트에도 능통했다. 그러나 황제가 된 뒤로는 미인을 후궁으로 삼아 쾌락을 즐기는 음탕한 생활에 빠졌다. 뿐만 아니라 환관을 사랑하고 라마교를 광신하였으며 유희를 좋아하여 국비를 낭비하였다. 나랏일에는 전혀 관심이 없었고 대권은 환관의 손에 맡겨져 그의 치세는 내란으로 혼란스러웠다. 그는 죽을 때에도 아무런 말을 남기

가정제 주후총
명나라 황제 중 두번째로 긴 45년간 재위하였다. 정치에 대한 태만으로 난정을 초래했다.

지 않았다. 그러자 황태후 장씨(효성경황후), 대학사 등 조정의 요직들은 논의 끝에 정덕제에게 아들이 없으니 사촌 형제인 주후총에게 황위를 물려준다는 내용의 유조를 거짓으로 꾸며 세상에 공표했다. 이는 환관들의 득세를 누르고 조정을 바로잡기 위한 계책이었다. 가정제 주후총은 황제에 즉위하고 난 후 선정을 펼쳐 민심을 아우르는 한편 환관들이 장악한 대권을 되찾고 나라의 혼란을 진정시켰다. 하지만 그런 그도 시간이 지나자 도교에 심취해 불로장생의 헛된 꿈을 꾸며 국사를 돌보지 않았다. 1540년부터 1566년 세상을 떠날 때까지 26년간 조정에 나와 국사를 돌본 횟수는 얼마 되지 않았다. 주후총은 서원에 칩거하면서 재초(齋醮, 도교의 제례 또는 기도 의식)에만 골몰했는데, 결국 1566년(가정 45년) 12월 금석으로 만든 약을 먹고 중독되어 죽고 말았다. 내각의 최고 관직에 있던 서개(徐階)가 장례를 관장하고 직접 주후총의 유조를 작성했다. 그 유조에는 주후총이 생전의 잘못을 모두 인정한다는 내용이 적혀 있었다.

사람은 일생을 살아가면서 여러 가지 이유로 적지 않은 거짓말을 하지만 죽음에 임박해서는 대부분 자신의 진심을 털어놓게 마련이다. 수양제도 예외는 아니었다. 그는 제3차 강도 순행을 다녀온 후 대세가 이미 기울었음을 직감하고 절망하였다. 거울에 자신의 모습을 비추어 보면서 옆에 있던 양민황후 소씨에게 자신의 잘못을 인정하고 참회하는 말을 했다고 한다.

명의 마지막 황제 숭정제 주유검은 1644년(숭정 17년) 3월 19일에 이자성 군대가 북경을 함락시키자 처첩과 딸을 죽이고 매산에서 스스로 목을 매 자결했다. 그는 죽을 때 흰 도포에 흰 바지를 입고 있었고 한쪽 발은 맨발이었고 한쪽 발에는 버선이 신겨 있었으며 머리는 온통 풀어헤쳐져 있었다. 그의 옷에서 유서가 발견되었는데 다음과 같은 말이 쓰어 있었다고 한다.

"짐이 등극한 지 17년이 지났는데도 도적떼들의 공격을 당했다. 이는 짐의 부덕의 소치가 아니라 모든 신하들이 짐을 속인 탓이다. 짐은 이제 죽어서도 선대 황제들을 볼 낯이 없으니 관을 쓰지 않고 머리를 풀어헤쳐 얼굴을 가릴 것이다."

그는 모든 잘못을 신하들에게 돌리고 자신은 신하들에게 속은 가련한 황제라고 적고 있으니 죽기 직전에도 자신의 나라가 멸망하게 된 진정한 원인을 모르고 있었던 듯싶다.

황제의 유조는 보통 병중이나 임종 직전에 쓰이므로 한번 쓴 다음에 고쳐지는 경우는 드물었다. 그러나 황제가 병중에 서둘러 유조를 내렸다가 다음날 병이 호전되어 유조를 취소한 경우는 있었다. 1602 년(만력 30년) 만력제 주익균이 갑자기 병을 얻어 병세가 점점 깊어지 자 환관과 대신, 태후, 태자 등을 모두 불러놓고 광산에 물리던 세금 을 취소하겠다는 유조를 내렸다.

만력제가 집정하던 시기에 그의 낭비벽으로 새어 나간 국고를 채 우기 위해 수많은 자금이 필요했기 때문에 광산에 무거운 세금을 물 려 왔다. 백성들은 굶주린 생활에 고통 받고 있었고 임종을 앞둔 그 는 죽은 뒤 좋은 평가를 받기 위해 그 광산세를 폐지하기로 결정한 것이었다. 하지만 몇 시간 후 만력제의 병세가 다소 호전되어 이튿날 날이 밝자 급히 사람을 보내 유조를 취소하고 계속 광산세를 걷도록 명령했다. 유조를 마치 어린아이의 놀이쯤으로 생각했으니 아마도 역대 황제들 가운데 만력제처럼 철없는 황제도 없을 것이다.

황제가 임종을 맞이할 때에는 그의 곁에 몇 명의 측근들밖에 없기 때문에 황제의 유조가 진짜인지 가짜인지를 판별하기가 매우 어렵 다. 특히 진실을 아는 신하들이 세상을 떠나고 나면 그 내막은 더욱 안개에 휩싸인다. 확실한 증거 없이 추측에만 의존하다 보니 역사적 으로 적지 않은 유조들이 현재까지도 그 진위를 판별하기 어렵다. 송 나라의 '금고(金庫)의 맹세'와 청나라의 옹정제가 즉위하게 된 일은 대표적인 의문사건이다.

976년(개보 9년) 10월, 송 태조 조광윤이 병사하자 황위는 전통적인 관습에 따라 태조의 4명의 아들 가운데 한 명이 계승해야 했다. 하지 만 그들 가운데 장자 덕수(德秀)와 3남 덕림(德林)이 일찍 요절하여 2

남 덕소(德昭)와 4남 덕방(德芳) 가운데 한 명이 황제가 되어야 마땅했다. 그러나 황위는 그 둘이 아닌 태조의 아우 조광의(趙匡義)가 계승했으니 그가 바로 송 태종이다. 그런데 태종이 즉위하고 난 지 3년 되는 해인 979년(태평흥국 4년), 덕소가 태종을 따라 유주를 정벌하러 갔다가 돌아온 후에 돌연 자살하는 사건이 일어났다. 또한 2년 후에는 23세의 덕방도 갑작스럽게 병사했다. 이러한 괴이한 상황을 두고 태종은 황위를 찬탈하고 두 조카를 죽였다는 의심을 받았다. 조정 안팎의 혼란과 민심을 안정시키기 위해 982년(태평흥국 7년)에 재상 조보(趙普)가 조정에 소위 '금고(金庫)의 맹세'라는 것을 발표했다. 조보는 태조가 황위를 조광의에게 물려주게 된 이유를 다음과 같이 말했다.

"우선 조광의는 태조가 황위에 오를 때 정변에 참여한 공이 있다. 송이 정권을 장악할 수 있었던 것은 후주의 황제가 너무 어렸기 때문이므로 태조의 모친인 두태후가 임종 직전에 태조에게 다음 황위를 아우 조광의에게 물려주라고 당부했다. 태조는 모친의 말에 동의하고 그것을 기록해 금고에 넣어 두었는데 태조가 임종 때 다른 유조를 남기지 않았기 때문에 당시에 금고에 보관했던 맹세대로 조광의를 황위로 추대한 것이다."

하지만 이 사건은 역사가들의 의혹을 사고 있고 여러 사료에서도 이 일에 대해서는 자세히 기록하고 있지 않아 아직까지도 그 진위를 판단하기 힘들다.

한편 청 옹정제가 황위에 오르게 된 것도 역사적인 의문으로 남아 있다. 1722년(강희 61년) 10월, 강희제가 사냥을 나갔다가 돌아온 후

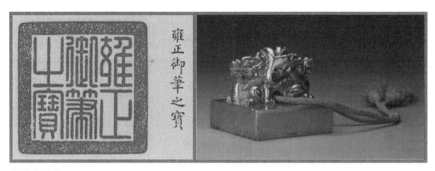

옹정제 옥새

갑자기 병을 얻어 11월 13일에 죽었다. 강희제는 생전에 14남 윤제(胤
禵)를 특별히 총애했기 때문에 모두들 그가 황위를 이을 것이라고 생
각하고 있었다. 그런데 뜻밖에도 융과다가 발표한 유조에는 4남 윤
진(胤禛)이 황위 계승자로 지명되어 있었다. 그 후 윤진이 유조를 날조
했다는 의문이 여기저기서 제기되었다. 강희제의 유조에는 본래 '十
四皇子(14 황자)'에게 황위를 계승한다고 적혀 있었는데, 윤진이 융과
다를 시켜 '十' 자를 '第' 자로 고치도록 하여 네 번째 황자에게 황위
를 계승한다는 내용으로 고쳤다는 것이다. 윤진이 제5대 황제 옹정
제로 즉위한 지 4년 후에 그의 심복인 연갱요가 하옥되어 자결을 명
받고 그로부터 1년 후에는 융과다가 유배지에서 세상을 떠나니 사람
들은 옹정제가 자신의 비밀이 새어 나갈까봐 그 둘의 입을 막은 것
이라고 했다. 하지만 이에 대해서도 아직은 확실한 정론이 없는 상
황이다.

나이를 초월한 황제들

고귀한 출생은 공교롭고 우연한 일이며
재능이 부족한 이가 이런 우연한 이유로 역사에 길이 남고
역사서의 한쪽에 실리기도 하니.

중국은 세계적으로 역대 황제가 가장 많았던 국가다. 진시황 때부터 황제라고 호칭하기 시작해(BC 221년) 청나라 마지막 황제인 선통제가 퇴위하기까지(1912년) 모두 2천여 년 동안 중국을 통치했던 황제는 수없이 많다.

중국에는 도대체 몇 명의 황제가 있었을까. 여러 가지 통계 방법이 있지만 황제라고 불렸던 군왕은 모두 400여 명이다. 여기에 농민봉기를 일으켜 지방에서 세워졌던 정권과 소수 민족이 세운 지방 정권 등의 황제까지 합하면 그 수는 더욱 많아진다.

400여 명의 황제들 가운데 재위 기간이 가장 길었던 황제는 청나라 강희제 현엽이다. 그는 8세에 황제에 즉위해서 69세에 병으로 사

망할 때까지 61년간 집정했다. 사실 그의 손자인 건륭제의 재위 기간
이 좀 더 길다. 공식적으로는 25세에 즉위해 60년간 황제의 자리에
있었다. 그는 조부 강희제의 61년 재위 기간을 넘지 않기 위해 86세
에 아들인 가경제(嘉慶帝)에게 황위를 물려주고 3년간 태상황(太上皇)
의 자리에서 국정을 좌지우지했다.

　재위 기간이 가장 짧았던 황제는 금나라 말제(末帝) 완안승린(完顔承
麟)이다. 그의 재위 기간은 불과 24시간도 채 안 된다. 그는 태조 완
안아골타(完顔阿骨打, 아구다)의 후예로서 황족의 자손이다. 『사서』에
는 매우 용맹하고 재주가 뛰어난 것으로 기록되어 있지만 안타깝게
도 때를 잘못 만난 탓에 즉위하자마자 폐위되는 불운을 겪었다.
1229년 (금 정대 6년) 몽골 제국의 제2대 황제 태종은 황제로 즉위하자
마자 칭기즈칸의 유업을 달성하기 위해 곧바로 금나라에 대한 전면
공격을 시작했다. 그로부터 3년 후인 1232년(천흥 원년) 12월, 금나라
의 수도가 함락되면서 애종(哀宗) 완안수서(完顔守緒)는 채주(蔡州, 현재
의 하남 여양)로 쫓겨가 임시 수도를 잡았다. 1233년 몽골·남송 연합군
은 채주에 대한 협공을 시작하여 그 이듬해 정월에 함락시켰다. 완안
수서는 아들 완안승린이 성을 탈출하여 재기할 수 있도록 하기 위해
황위를 아들에게 양위하였다. 전쟁의 포화가 천지를 진동시키는 상
황에서 완안승린은 옥새를 물려받았다. 그 후 곧바로 몽골·남송 연
합군이 성안으로 물밀듯이 들이닥쳤다. 완안수서는 신하들에게 명
령해 궁궐 안에 건초를 쌓아 두도록 하고 자신이 죽으면 곧 건초 더
미에 불을 붙이라는 유언을 남기고 자결했다. 그의 죽음과 함께 궁궐
도 불길에 휩싸였다. 완안승린은 아버지의 죽음을 전해 듣고 곧바로

부하들을 이끌고 달려와 엎드려 통곡했다. 하지만 그사이에 몽골·남송 연합군은 눈앞에까지 들이닥쳤다. 완안승린은 탈출하다가 결국 적국의 사병에게 살해당해 궁궐과 함께 재로 변했다. 120년 역사의 금나라는 제위에 오른 지 채 몇 시간도 안 된 완안승린의 사망으로 멸망하였다.

중국에서도 황제의 보좌는 세습되었기 때문에 역사적으로 수많은 어린 황제와 나이 든 황제가 있었다. 가장 늦은 나이에 보좌에 올랐던 황제는 측천무후다. 측천무후는 637년 당 태종 이세민의 후궁으로 입궁하였다. 태종이 죽자 황궁의 법도에 따라 감업사로 출가하였다가 고종의 후궁으로 다시 입궁하였다. 고종과의 사이에서 4남 2녀를 낳았으며 왕황후와 소숙비를 내쫓고 황후가 되었다. 683년 12월, 당 고종이 병들어 죽자 황태후의 명분으로 조정에 나가 집정하였다. 이후에 아들 중종과 예종을 차례로 폐위시키고 690년 9월에 67세의 나이로 황제에 즉위해 스스로 신성황제(神聖皇帝)라 칭하고, 국호를 주(周)로 고쳤다. 『사서』에는 그 시기를 무주(武周)로 기록하고 있다.

중국 역사에서 가장 어린 나이에 즉위한 황제는 후한 상제(殤帝) 유융(劉隆)이다. 그는 백일도 채 안 되었을 때 황제에 즉위해 8개월 후에 요절하였다. 아직 젖비린내도 가시지 않은 갓난아이가 어떻게 국가의 대사를 처리할 수 있었겠는가. 기가 막히는 일이다. 하지만 유감스러운 것은 이렇게 갓난아이가 황제에 즉위한 사례는 그 후로도 여러 차례 더 있었다. 전한 소제(昭帝) 유불릉(劉弗陵)이 8세에 황위에 오른 것을 시작으로, 3세에 황제가 된 청나라 선통제 푸이까지 모두 29명의 어린 황제가 있었다.

어린 황제들은 대부분 즉위가 이른 만큼 요절한 경우가 많았다. 황제는 본래 지고지상한 자리다. 황위에 오르기만 하면 그때부터 온 나라의 정권을 거머쥐고 천하를 쥐락펴락할 수 있었다. 그런데 역사적으로는 자칭 누군가의 아들이라고 했던 황제들도 있었으니, 그들을 '아황제(兒皇帝)', 즉 아들 황제라고 부른다.

후진의 건국자 석경당(石敬瑭)이 가장 먼저 '아황제'를 자처했다. 석경당은 본래 후당의 하동절도사였다. 후당의 말제 이종가(李從珂)가 매부인 석경당이 모반을 꾀하는 것으로 의심해 그를 천평절도사로 보내 권세를 약화시키고자 하였다. 석경당은 황제의 그런 의도를 미리 알아차리고 어명에 따르기를 거부하며 거란족(요나라)에게 자신을 도와 후당을 칠 것을 요청했다. 그리고 요 태종 야율덕광(耶律德光)에게 보내는 서신에서 자신을 그의 아들이자 신하로 칭하고, 일이 성사되면 연운16주를 바치겠다고 약속했다. 그리하여 야율덕광은 편지를 보고 즉시 5만 정예 기병을 보내 석경당의 군대를 토벌하러 온 후당의 군대를 대파하고, 석경당과 부자의 연을 맺게 되었다. 그 후 야율덕광은 석경당을 대진황제(大晉皇帝)로 추대하고, 석경당은 약속대로 연운 16주를 거란에게 내주었다.

936년, 석경당은 또 거란의 도움으로 낙양을 함락시키고 정식으로 낙양에서 황제 즉위식을 거행하여 연호를 천복(天福)으로, 국호를 진(晉)으로 정했다. 이것이 바로 후진(後晉)이다. 2년 후 938년, 석경당은 야율덕광과 부자의 연을 맺는 의식을 성대하게 치러 정식으로 야율덕광을 아버지로 추대하고 자신은 아들을 자처했다. 이때 야율덕광의 나이가 37세, 석경당의 나이는 47세였다. 47세의 아들이 37세

연운 16주
석경당이 거란의 원조를 받아
후당을 멸망시키고 후진을 세운
대가로 거란에 할양한 땅이다.

의 아버지를 모신다는 것은 세계 역사를 통틀어 그 유래를 찾아볼 수
없는 일이다. 석경당은 재위 7년간 야율덕광을 받들어 모셨다. 연말에
비단 30만 필과 금은보화를 바치는 것으로도 모자라 연초에는 진귀한
물품을 진상했다. 그 결과 후진은 국고가 바닥나고 백성들은 도탄에
빠졌으며, 석경당은 942년(천복 7년) 요나라에 대한 충성을 거부한 신
하 유지원(劉知遠)의 권세를 감당해 내지 못하고 시름시름 앓다가 사
망했다.

석경당은 중국 역사상 최초로 기록된 치욕스런 황제였다. 다행히
그의 뒤를 이어 황제가 된 출제(出帝) 석중귀(石重貴)는 석경당보다 심
지가 굳고 주관이 뚜렷했다. 석중귀는 석경당의 조카이자 양자였는
데, 황위를 물려받은 후 아들 황제의 지위를 몹시 치욕스럽게 생각했

석경당
오대 후진의 건국 황제

다. 그는 재상 경연광(景延廣)의 건의를 받아들여 자신을 거란의 신하로 칭하지 않고 손자라고만 칭했다. 이제 나라와 나라 사이에 군신 관계가 성립되지 않는다는 의미였다. 야율덕광은 이에 크게 분노하였다. 석중귀가 자신의 허락도 없이 황상에 앉았다는 것을 빌미로 군대를 거느리고 침략해 왔다. 거란은 개운(開運) 초에 2차례나 중원을 침략해 왔으나 모두 진나라에게 패하고 말았다. 그러다가 진나라의 반역자들이 도와주고 나서야 변경에 들어올 수 있었다. 그들은 석중귀를 포로로 삼아 거란으로 압송해 간 뒤 부의후(負義侯)라 봉하였다. 이로써 후진은 멸망하고 말았다.

946년(대동 원년) 정월 초하루, 야율덕광은 중원 황제의 도움으로 숭원전(崇元殿)의 보좌에 앉았으며, 득의양양한 모습으로 문무백관들을 자신에게 복종시키고 후진의 관리와 황후와 후궁, 그리고 궁 안의 모든 보물들을 자신의 궁궐로 옮겨 갔다.

당시의 예법에 따르면, 아들은 아버지가 죽으라면 죽어야 했다. 그러므로 국가와 국가 사이에 이런 부자의 관계가 성립되면 아들 황제는 모든 주권을 상실하는 것이나 마찬가지였기에 그보다 더 치욕적인 일은 없었다. 그러므로 역대 왕조 가운데 국력이 가장 약했던 남송도 요나 금과 화의를 맺으면서 형제나 숙부, 군신 등의 관계는 맺었지만, 부자 관계를 맺어 아들 황제가 되지는 않았다.

많은 중국의 황제들 가운데는 문무를 겸비하고 재주가 뛰어난 성군도 있었지만, 음탕하고 포악했던 망국의 황제도 있었다. 그뿐 아니라 아무것도 할 줄 모르는 어리석고 우매한 백치 황제도 있었다. 역사적으로 호방한 기상을 가지고 문무에 모두 능하며, 역사에 크게 이바지한 성군은 대부분 개국 황제이거나 나라가 건국된 지 얼마 안 되어 즉위한 황제들이다. 그들 가운데 민란을 통해 패업을 달성한 황제들은 민심을 잘 읽고 아우르는 지혜를 가지고 있었고, 또 직접 전쟁터를 누비며 전투를 한 경험이 있었기 때문에 부하들을 다스리는 통솔력도 있었다.

6국을 통일한 진시황은 최초로 전제주의 중앙집권형 국가를 세워 수백 년간 계속되던 군웅할거(群雄割據, 여러 영웅이 각기 자신의 근거지를 차지하고 세력을 다툼) 시대를 막 내리게 했다. 이때부터 중국은 사회, 경제, 문화가 발전하고 다민족 국가로서의 기초가 다져지기 시작했다.

전한의 제7대 황제 유철이 무제(武帝)라 불리는 이유는 그가 외치(外治)에서 거둔 눈부신 업적 때문이다. 춘추전국 시대부터 중국의 북방에는 흉노라는 막강한 위협 세력이 있었다. 통일 제국인 한나라도 이를 감당하지 못해 한 고조 시절에 정벌하려다 그만 거꾸로 포위를 당하고 겨우 풀려난 이후로는 매년 거액의 뇌물을 바치거나 황실의 여자를 보내는 것으로 그들의 침입을 달래 오는 처지였다. 그래서 오랫동안 군사훈련에 힘쓰고 유능한 장군을 물색하여 발탁하는 등 만반의 준비를 하였다. 기원전 129년부터 위청(衛靑)과 곽거병(霍去病)을 비롯한 명장들을 앞세워 흉노를 맹공격했다. 전쟁에서 대승을 거두어 흉노는 고비사막 저편으로 쫓겨 갔다. 그리고 고비사막 저편에 있다는 서역 나라들과 동맹을 맺고자 노력하였다. 특히 기원전 104년에는 대완을 정복하여 실크로드를 개척해 동서간 교류의 장이 본격적으로 열리게 되었다. 한 무제 시대는 서역만이 아니라 동서남북으로 두루 뻗어나갔다.

형제의 피를 뒤집어쓰며 옥좌에 앉은 당 태종 이세민은 중국 역사상 가장 뛰어난 군주로 평가된다. 태종은 공신들을 변함없이 존중하는 한편 문벌은 약해도 실력이 뛰어난 인재들을 계속 발굴해서 원로 공신들과 균형을 맞췄다. 그리고 집권 과정에서 흘린 형제의 피를 잊을 수 있도록 진정한 제왕의 정치, 백성을 위한 정치를 하려는 의지가 강했다. 백성의 어려움을 덜어주는 것을 정치의 근본 목표로 삼았다. 태종은 제도의 정비와 문화의 창달에도 힘썼다. 개황률(開皇律)을 근거로 10년의 노력을 들여 율령을 정비하여 637년(정관 11년)에 당률(唐律)과 당령(唐令)을 반포, 시행하였다. 이후에 신라와 일본 등 동양 문화권의 정치제도의 근간이 되었다. 또 『오경정의(五經正義)』를 편찬하고 과거제를 강화하는 등 보다 금욕적인 유교를 장려했다. 태종은 서예에도 일가견이 있어서 직접 서법책을 편찬하기도 하여 전국적으로 서예가 크게 발전했다. 또 음악과 무용에도 관심을 보여 한족과 북방민족의 예술을 종합한 새로운 예술을 창시했다. 그의 치세는 '정관의 치(貞觀之治)'라 칭송받았고 후세 제왕의 모범이 되었다.

청나라 강희제는 정치가 차츰 관대하고 후덕하게 바뀌었고, 권지(圈地, 청나라 때 공신이 하사받아 소유하던 토지)를 영구히 소유하는 것을 금지하고 기인(旗人)이 노비를 학대하지 못하도록 하였다. 1681년(강희 20년) 삼번의 난이 평정되면서 국가는 재정적으로 안정되었으며 대외적으로는 중국의 영토를 크게 확장하였다. 이후 대만을 공격하여 정씨 정권을 붕괴시켰다. 또한 러시아와 네르친스크 조약을 맺어 러시아와 중국 사이의 국경을 확정했다. 이 시기에 들어서 진정한 의미의 전국 통일이 이루어진 것이었다.

그러나 역사적으로 볼 때 성군보다는 폭군이나 어리석은 군주가 더 많았다. 만행과 독선을 일삼았던 진 이세황제(秦二世皇帝), 포악하고 음탕했던 수양제, 주색잡기에만 빠져 있던 남당의 후주 이욱과 남조 진의 진숙보(陳叔寶), 간신을 등용해 권세를 빼앗기고 나라를 망하게 한 송나라의 황제, 황궁의 깊은 구석에 처박혀 정사를 전혀 돌보지 않았던 명나라의 황제 등 헤아릴 수 없이 많은 황제들이 폭정과 우매함으로 나라를 망쳤다.

성군으로 칭송되는 황제들 중에서도 잔혹하고 음탕한 면을 가진 황제들이 있었다. 폭군으로 유명한 진시황, 여색에 빠져 안사의 난을 불러일으킨 당 현종, 신하들을 무참히 살해했던 명 홍무제 주원장, 문자옥을 통해 사상과 문화의 발전을 완전히 봉쇄한 청 강희제, 건륭제 등이 그렇다. 황제들의 폭정은 작게는 사회의 발전을 저해하고 혼란을 야기했으며, 크게는 망국의 화를 불러오고 국가는 물론 자신도 몰락시켰다.

역대 황제들 가운데에는 백치라고 불릴 정도로 우매하고 어리석기 그지없었던 서진의 혜제(惠帝) 사마충(司馬衷)은 매일 먹고 마시기를 일삼았을 뿐 아는 것이라고는 하나도 없었다. 한번은 전국적으로 가뭄이 들어 땅바닥이 온통 갈라지고 굶어 죽는 백성들이 부지기수였는데, 그는 신하의 보고를 듣는 자리에서 곡식이 없으면 고기를 먹으면 될 것 아니냐고 반문했다고 한다. 또 한 번은 정원에서 유희를 즐기던 중 두꺼비 울음소리를 듣고 주위 신하들에게 "지금 소리 높여 울고 있는 자가 관리냐, 평민이냐?"라고 물어, 신하들이 모두 아연 실색하여 어찌할 바를 몰랐다고 한다. 이렇게 어리석은 자가 황상에 앉아 나라를 다스리고 있었으니 어찌 백성들이 편하게 살 수 있었겠으며, 나라가 온전히 흥성할 수 있었겠는가. 황제로서 능력을 갖추지 못해 외척의 힘이 거대해지고 팔왕의 난이 일어난 서진은 통일한 지 반세기도 되지 않아 몰락의 길을 걷게 되었다.

황제의 음식, 어선

음식은 정갈할수록 좋으며 회는 얇을수록 좋으니
통치자에게 있어 음식이란 권력의 완벽함을 맛볼 수 있는 도구였네.

    사람이 사는 데 있어 가장 중요한 것은 바로 먹는 것이다. 이것은 황제도 예외가 아니다. 단지 다른 것이 있다면 백성들이 먹는 밥은 완전히 자신의 노력을 통해 얻어야 했기 때문에 돈이 없으면 굶어야 했고 또 돈이 있어도 먹을 수 없는 것이 있었다. 이와 대조적으로 황제가 먹는 밥은 특별히 '어선(御膳)'이라 불렸는데, 황제는 먹고 싶은 것은 무엇이든 먹을 수 있었으며 천하의 산해진미를 혼자서 먹었다.

    어선에 대한 역사 기록을 보면, 송나라 이후의 기록이 비교적 많고 그 중에서도 청나라의 기록은 자료도 많을뿐더러 매우 상세하다.

    한나라 때는 일반 평민들은 대부분 하루에 두 끼를 먹었고 귀족과 종실 자제들은 세 끼를 먹었으며, 황제는 네 끼를 먹었다. 『백호통(白

虎通』에 기록된 식사 시간을 보면, 아침은 평단(平旦)이라 하여 소양(少陽)의 시작에 먹었고, 주(晝)는 태양(太陽)의 시작에 먹었으며, 포(哺)는 소음(少陰)의 시작에, 모(暮)는 태음(太陰)의 시작에 먹었다고 한다.

황제가 무엇을 먹었는지 살펴보면 우선 탕류와 쇠고기, 양고기, 밀가루 음식이 있었는데 밀가루 음식 가운데 가장 유명한 것은 참깨를 넣어 부친 전병 '호병(胡餅)'이었다. 한 영제가 호병을 좋아해 경사(京師)들도 모두 그를 따라 호병을 즐겨 먹었다고 한다.

당나라 황제들의 어선은 비교적 가짓수도 많고 고급스런 음식이 많았다. 당시 궁궐에 '혼양몰홀(渾羊歿忽)'이라는 유명한 음식이 있었는데 조리법이 매우 특이했다. 우선 갖가지 양념을 한 돼지고기와 찹쌀밥을 섞어 털과 내장을 제거한 새끼 거위의 뱃속에 집어넣고 그 거위를 또다시 껍질과 내장을 제거한 양의 뱃속에 넣어 잘 꿰맨 후 불에 굽는 것이다. 모두 잘 익으면 황제는 거위고기만 먹었다.

송나라 어선은 진귀하고 맛있기로 유명하다. 변량(汴梁, 지금의 항주)에 수도를 두고 있던 남송 황제들의 어선은 무려 100가지가 넘었다. 『무림구사 9권(武林舊事 卷九)』에 따르면 1151년(소흥 21년) 10월, 고종이 청하(淸河)의 군왕 장준(張俊)을 방문하자 그가 과일로 만든 포를 진상했는데 가짓수가 배, 석류, 여지, 야자, 모과 등 130여 종에 이르렀으며 술 15잔에 안주가 30가지였다. 뿐만 아니라 술도 모두 20가지가 되었으니 각종 안주는 모두 57가지였다고 한다. 『몽양록 7권(夢梁錄 卷七)』에는 남송의 황태후가 생일을 맞이해 연회를 베풀었는데 음식이 모두 수십 종이나 되었다고 기록하고 있다.

한편 명나라의 황제들이 가장 좋아했던 음식은 준치였다. 준치는

명나라 때 환관들이 어선을 나르는 모습

전어라고도 불리는데 중국 양자강 중하류에서 잡히는 귀한 물고기로 겉모양이 아름다웠으며 맛은 더욱 좋았다. 명나라 개국 황제인 홍무제 주원장도 이 준치를 너무 좋아해 조공으로 바치게 했으며 그가 죽은 뒤에도 영정 앞에 제물로 올렸다. 영락제 주체는 북경을 수도로 정한 뒤에 관례에 따라 홍무제의 영전에 준치를 올렸다. 매년 5월 15일에 준치를 남경의 효릉(孝陵, 홍무제 능)에서 올린 후 북쪽으로 운반하여 6월 말이면 북경에 도착했다. 7월 초에는 이 준치를 태묘(중국은 종묘를 태묘라고 함)에 올린 후 황제의 어선으로 만들었다. 또한 준치를 조공으로 바친 관리들에게는 재물을 내리기도 했다. 그런데 북방 출신의 신하들이 진귀하게 여기는 이 준치를 남방 출신의 신하들은 몰래 버렸다고 한다. 본래 오랜 길을 운반되어 온 준치는 북경에 도착할 때쯤이면 대부분 상하기 시작해 고약한 냄새가 진동했고 좋은 것은 황제에게 바쳐지고 나머지는 신하들의 차지가 되었기 때문이다. 북방의 신하들은 처음 보는 것이라 준치의 맛이 본래 그런 줄 알고 먹은 후 칭찬을 아끼지 않았지만 남방의 신하들은 고약한 냄새가 나는 이유를 다 알고 있었기 때문에 앞에서는 고맙게 받았지만 뒤에서는 그대로 버렸던 것이다.

이 밖에도 주원장은 버섯을 좋아했다. 『곡강현지(曲江縣志)』에 따르면 당시 매년 잘 쪄서 익힌 남방의 버섯이 4상자씩 조공으로 바쳐졌는데, 주원장이 이 버섯의 맛을 본 후에 신선의 음식이라며 극찬했다. 용천(龍泉)과 경녕(景寧), 장원(庄元) 지역에서만 버섯을 기를 수 있는 특권을 주었다고 한다. 청나라의 황제들도 버섯을 특별히 좋아했다. 건륭제는 버섯부용탕을 평생 동안 즐겨 먹었는데 그가 장수한 이

유가 평소 버섯을 즐겨 먹은 것과 연관이 있다는 주장도 있다. 서태후도 버섯을 몹시 좋아하여 절대로 넣을 수 없는 음식을 제외하고는 모든 요리에 버섯을 함께 넣고 만들도록 했다. 아침 어선에는 제비집 요리와 버섯을 반드시 준비하도록 했다.

청나라의 황제들은 매일 아침과 점심 두 끼를 먹었는데 오전 6시에서 7시 사이에 조찬을 먹고, 낮 1시경에 만찬을 먹었다. 이 두 끼의 정찬 외에 저녁 6시쯤에 저녁 간식을 먹었고 시간에 관계없이 수시로 간식과 술을 즐겼다. 황제의 어선에는 매 끼니마다 차려진 음식의 명칭과 조리한 요리사의 이름, 어선을 가지고 온 사람의 이름, 어선을 담는 그릇의 종류와 어떤 젓가락을 사용했는지, 식사 시간, 장소까지 빼곡하게 적힌 문서가 작성되었다. 이렇게 자세하게 적어놓으면 행여 실수가 있었을 때 책임 소재를 분명히 할 수 있었기 때문이다.

서태후의 식도락은 가히 전설적이다. 서태후의 전용 어선방에서는 항상 수백 명의 요리사들이 최고의 요리를 만들었다. 요리에는 황제의 식재료 외에도 연와(燕窩, 제비집), 어시(魚翅, 생선 지느러미살), 은이(銀耳, 목이버섯), 등의 귀한 식재료들이 매일 적당량 준비되었다.

서태후는 정권을 장악한 후에는 더욱 사치스럽고 복잡하게 어선 제도를 개혁했다. 그녀는 평소에 매 끼니마다 100가지 음식을 차리도록 규정해 두었으며 실제로도 100가지가 넘는 음식이 차려졌다. 그녀가 역대 황제나 태후들과 달랐던 점은 고정된 장소에서 식사를 하지 않고 아무데서나 즉흥적으로 장소를 정했다는 것이다. 한번은 공연을 보다가 흥이 나서 궁으로 돌아가기 싫다며 궁 밖에서 식사를

歲萬萬歲萬歲萬歲萬太皇母聖今當大清國

서태후의 생일날 찍은 기념 사진

하겠다고 했다. 그러자 어쩔 수 없이 환관들이 궁 안에서 요리된 음식들을 모두 밖으로 날랐는데 모두 150가지여서 총 25명의 환관이 각각 접시 6개씩을 들어야 했다. 이 밖에도 작은 탁자 2개에 과일을 담아 내오고 식탁을 펴서 음식을 차리는 환관까지 합쳐서 환관만 모두 50명이 동원되었다. 또 한 번은 서태후가 기차를 타고 봉천(奉天, 지금의 심양)에 행차하는데 모두 4칸의 기차가 그녀를 위한 어선방으로 마련되었다. 아궁이가 50개, 어선방에서 일하는 궁인이 100명이었으며 음식을 씻고 써는 일을 맡은 궁인들까지 합치면 훨씬 더 많았다. 이렇게 해서 그녀는 기차에서도 매 끼니 정찬에 100가지의 어선과 100가지의 간식을 먹을 수 있었다.

매 끼니마다 음식이 탁자에 한상 가득히 차려졌으니 황제는 앉은 채로는 그 많은 음식을 집을 수가 없었다. 그래서 황제가 식사를 할 때 환관이 항상 옆에서 시중을 들었고 먹으려는 음식을 말하기만 하면 곧바로 그 접시를 황제 앞으로 공손하게 대령했다. 100가지 음식들 중 일부는 장식을 위한 것이었는데 어떤 음식은 용이나 봉황 혹은 글자 모양으로 꾸며졌다. 매 끼니마다 100가지 음식을 먹는다는 것은 보통 위장을 가진 사람으로서는 불가능한 일이었다. 그래서 황제가 먹다 남긴 음식들은 황자와 빈비, 신하, 궁녀와 환관, 위사 등이 나누어 먹었다.

명절이나 경사스러운 날에 베풀어지는 황제의 성대한 연회에는 그 목적에 맞는 법도가 있었다. 매년 설과 만수절에는 규모가 비교적 큰 성대한 의식을 거행했다. 청나라에서 가장 유명했던 연회는 천수연(千叟宴, 황제가 노인들을 모시고 108가지 산해진미를 베푼 연회)이었다. 천수연은 그 규모나 성대함, 참석 인원의 수 등에서 역사적으로 매우 드문 연회였다. 청의 강희제와 건륭제 때는 가장 흥성했던 시기였기 때문에 몇 차례의 천수연이 베풀어졌다.

첫 번째 천수연은 1713년(강희 52년)에 강희제의 60세 되는 생일에 치러졌다. 강희제는 생일을 자축하기 위해 창춘원(暢春園)의 정문 앞에서 열었다. 이 연회에는 현직에 있거나 이미 퇴직한 관리 등 각지의 노인들이 참석했는데 참석자의 연령은 90세 이상이 33명, 80세 이상이 530명, 70세 이상이 1,823명, 65세 이상이 1,846명이었다. 두 번째 천수연은 1722년(강희 61년)에 거행되었다. 이때에는 규모가 그리 크지 않았고 현직 관리와 퇴직 관리 그리고 북경 부근에 사는 문인들만이 초청되어 참석 인원수가 1천 명에도 못 미쳤다. 연회는 황제의 침궁인 건청궁에서 열렸는데 이 연회를 치르고 얼마 후 강희제는 세상을 떠났다.

건륭제는 황제에 즉위한 후에 조부 강희제를 크게 존경하여 여러 분야에서 정책을 인용했다. 천수연을 거행한 것도 그 중 하나였는데, 그 규모나 횟수가 강희제를 능가했다. 첫 번째 천수연은 1785년(건륭 50년)에 열렸는데 당시 건륭제는 이미 75세였다. 연회는 건청궁에서 열렸으며 모두 3천 명이 초청되었다. 그 중에는 대신, 관리, 군인, 일반 백성 등 각계각층이 있었고 직급에 따라 자리가 정해지고 모두에게 선물이 하사되었다. 또 조선에 60세 이상의 노인을 참석시켜 줄 것을 요청하기도 했다. 11년 후 건륭제는 태상황이 되면서 86세의 고령에 황극전(皇極殿)에서 또 한 차례의 천수연을 성대하게 열었다. 이때는 참석 인원의 수가 5천9백여 명이나 되었다.

강희제와 건륭제 때 몇 번에 걸쳐 천수연이 열렸던 이유는 이 두 황제가 재위 기간이 가장 길고 가장 장수한 황제였기 때문이다. 강희제는 61년간 재위했으며 70세를 넘긴 나이에, 건륭제는 60년간 황제의 자리에 있었고 89세의 나이로 세상을 떠났다. 또 다른 이유는 강희와 건륭 연간이 청 왕조가 최고로 태평성대를 구가하던 시기였기 때문이다.

천수연은 황제가 가진 것을 백성들과 함께 나눈다는 의미였다. 물론 함께 나눌 수 있었던 사람들은 고급 관리였으며 일반 백성들은 꿈도 꾸지 못할 일이었다. 당시의 규정에 의하면 나이는 60세 이상이며 황제가 특별히 초청했거나 혹은 북경의 3품 이상의 관리와 대신들만이 참석할 수 있었다. 천수연에 참석하려면 나이와 관직이 기준에 부합해야 했지만 그중에서도 관직이 더 중요했다. 하층 관리나 병사들도 참석하기는 했지만 그저 구색을 맞추기 위한 것에 불과했다. 그리고 천수연에 참석한 사람들은 70세 혹은 80세 이상의 노인들이었기 때문에 행동이 느렸고 치아도 온전치 못한 경우가 많았으니 아마도 풍성하게 차려진 산해진미를 제대로 소화시키지 못했을 듯하다.

한편 천수연에 참석한 많은 사람들이 황제의 환심을 사기 위해 진기한 선물을 바쳤는데, 이런 이유 때문에 천수연은 더욱 자주 열렸다. 천수연에서 차려진 술과 기름진 음식들은 모두 백성들의 피와 고름이었으니 백성들은 더욱 힘들어졌다.

청나라 때는 이 밖에도 매우 유명한 상차림이 있었는데, 만한전석(滿漢全席)이다. 만한전석에 몇 가지 음식이 차려졌고 또 어떤 음식이 차려졌는지에 대해서는 아직까지 정론이 없으며 의견이 분분하다. 어떤 이들은 일주일을 먹을 수 있는 양의 200가지 음식이 차려졌으며, 주요 음식은 곰발바닥, 낙타봉, 원숭이골이었다고 주장한다. 또 어떤 이들은 8가지 음식뿐이었고, 만주식 음식과 한족식 음식이 함께 섞여 있었다고 주장하고 있다. 여기에서 만주식 음식은 주로 생선과 사슴고기를 위주로 멧돼지고기, 닭고기, 개고기 등이었다. 한족식 음식은 돼지고기와 내장을 위주로 하는데 돼지꼬리탕이 유명했다고 한다. 필자는 후자 쪽이 좀 더 신빙성이 있다고 생각한다.

『청사고(淸史稿)』에 따르면 청나라 황제들은 사슴꼬리로 어머니와 유모에게 효성을 표시했다고 하니 당시에는 사슴꼬리가 매우 귀한 음식으로 조공품에 속했으며 낙타봉이나 곰발바닥보다도 더 귀했던 것 같다. 청나라 황제들은 매년 12월에 '구록상(狗鹿賞)'을 거행해 왕궁의 대신들에게 '구록(狗鹿, 개고기와 사슴고기)'을 나누어 주었으며 각지의 관리들은 황제에게 '사슴꼬리와 사슴고기'를 조공으로 바쳤다는 기록이 있다. 황제의 어선은 기본적으로 각지에서 올라온 조공으로 만들어졌는데, 낙타봉이나 곰발바닥을 조공으로 바쳤다는 기록이 없으니 황제가 그것들을 먹었을 가능성은 거의 없다. 따라서 만한전석은 아마도 사슴고기를 주재료로 한 상차림이며 음식 가짓수도 200가지가 넘지는 않았을 것으로 추측된다.

황제가 먹고 마시는 비용은 실로 엄청났다. 청나라 내무부의 기록을 보면, 궁중 어선방에서 매년 은자 3, 4만 냥을 썼다고 하는데 여기에는 각지에서 조공품으로 올라온 산해진미와 우유, 견과류 등은 포함되지 않았다. 기록에 의하면 황제의 어선에는 매일 고기 27근, 돼지기름 1근, 양 반 마리, 닭 5마리, 오리 3마리, 배추·시금치·미나리 총 19근, 무·당근 60개, 통과 1개, 양배추 5개, 파 6근, 옥천수 4량, 장과 간장 각 3근, 식초 2근, 그리고 조찬과 만찬에 밀가루 음식 8접시 240개, 각 접시 당 밀가루 4근, 참기름 1근, 참깨·설탕 조금, 호두와 대추 각 12량, 이 밖에 우유 100근, 옥천수 12항아리, 유지 2근, 잣잎 75줌이 필요했다. 황후의 어선에는 고기 26근, 닭과 오리 각 1마리, 배추·미나리 총 13근 13량, 무·당근 20개, 통과 1개, 양배추 5개, 파 1근, 장 1.5근, 간장 2근, 식초 1근, 밀가루 음식 4접시 120개, 각 접시 당 재료는 황제와 같았으며, 이 밖에 우유 50근, 옥천수 12항아리, 잣잎 8줌이 들어갔다.

황제와 황후의 하루 어선에 들어가는 재료가 이렇게 많았으니 비용으로 환산하면 5천 백성이 하루를 먹을 수 있는 금액이었다. 여기에 들어가는 비용은 모조리 백성들이 부담해야 했다.

하지만 세상에 영원히 계속되는 잔치가 있을까. 흥함이 극에 달하면 쇠함이 있는 법. 이것은 역사의 필연이었다. 서태후의 허례허식이 도를 넘어서더니 드디어 몰락의 날이 다가왔다. 1900년(광서 16년), 8국 연합군이 북경에 침입하자 그녀는 서쪽으로 피신했고 피신하는 동안에는 시냇물을 마시고 좁쌀죽을 먹었다고 하니 처량하기 그지없다. 청나라 마지막 황제 선통제는 즉위한 이래로 선대들이 누렸던 사치와 영화를 누리지 못했다. 1910년(선통 2년) 9월 1일부터 30일까지 내무부가 황제의 주식과 부식용으로 배정한 음식은 매일 고기 5근, 돼지기름 1근, 오리 3마리, 닭 5마리였다. 이것은 백성들의 음식에 비하면 물론 호화로운 진수성찬이었지만 그의 선대들과 비교하면 실로 누추한 어선임에 틀림없다. 한 끼 식사에서도 바람 앞의 등불처럼 흔들리는 국가의 운명이 그대로 드러나고 있었다.

공주의 혼인

황족의 혼인이란 정치적인 행위이니
한 가문에게는 이익을 결정하는 대사였으나
한 개인에게는 원치 않는 일일 수도 있었으니.

　　중국 속담 중에 황제의 딸은 시집갈 걱정은 하지 않는다는 말이 있
다. 황제가 한 나라의 군주이며 만백성의 주인이니 황제의 딸인 공주
의 신분이 얼마나 고귀했을지 짐작할 수 있다. 이렇게 귀한 공주를
아내로 맞이한다면 그 가문은 황제의 사돈이 되는 것이기 때문에 수
많은 귀족들이 오매불망 바라는 일이었다. 황제의 사돈이 되면 관직
이 상승하고 권세를 손에 쥘 수 있었을 뿐 아니라 다른 관리와 귀족
들은 누릴 수 없는 각종 특권까지 누릴 수 있었다. 진나라 승상 이사
는 며느리를 모두 진시황의 딸로 맞아들였고, 그의 딸은 진시황의
아들에게 시집보냈다. 그러니 최소한 진시황이 사는 동안만큼은 이
사가 조정 최고의 권세였다.

그러나 아무나 황제의 딸을 아내로 삼을 수 있는 것은 아니었다. 공주의 신분이 고귀한 만큼 그녀의 배우자가 될 사람도 일정한 지위를 가지고 있어야 했다. 일반 평민이나 중간층 관리들은 오르지 못할 나무였다. 송나라 이전에는 공주를 아내로 맞이하려는 사람은 반드시 명문세족의 자제여야 했고 최소한 공신의 자손이어야 했다. 특히 위진남북조 시대에는 문벌 제도가 엄격해 아무리 학식이 뛰어나고 재주가 있다 해도 문벌 귀족이 아니면 유능한 사람으로 인정하지 않았다. 당나라 때 부마가 된 사람들은 장수의 후손이거나 공신의 자제였다. 통계에 따르면 당 고종, 중종, 예종 3대에 걸쳐 부마가 모두 25명이었는데, 이 가운데 19명의 집안이 『신당서, 재상세계표(新唐書, 宰相世系表)』에 수록된 가문이었다. 이것만 보더라도 공주를 아내로 맞이하기가 얼마나 어려운 일이었는지 잘 알 수 있다.

당 고종 이치는 딸인 태평공주를 설소(薛紹)에게 시집보내려고 했는데, 측천무후는 설소의 형수 소씨가 귀족 신분이 아니라는 이유로 극구 반대했다. 당시 측천무후는 "내 딸이 어찌 그런 천한 여자와 동서지간이 될 수 있습니까?"라며 반대했는데, 누군가 소씨가 당 초기의 재상인 소우(蕭瑀)의 질손(姪孫)이라고 귀띔하여 억지로 동의했다.

송나라 때부터는 공주의 배우자를 고르는 기준이 가문에서 학식과 재능으로 옮겨갔다. 그래서 이때부터는 과거에 장원 급제한 청년을 부마로 삼았다는 내용이 소설과 희곡에 자주 등장한다. 또한 황제가 직접 과거 시험장에 나와 사윗감을 고르기도 했는데 송 영종 조서(趙曙)가 그러했다. 왕사약(王師約)이 바로 과거 시험장에서 영종의 눈에 띄어 부마가 된 사람이다.

명나라 때는 다른 시대와 달리 공주의 부마를 문무대신의 자제들 가운데에서 선택하지 않고 저급 관리나 일반 백성들 중에서 골랐다. 왕세정(王世貞)이 지은 『감산당별집(龕山堂別集)』에 다음과 같은 기록이 전하고 있다.

"주원장은 부마를 공후(公侯)의 자제들 가운데에서 골랐지만, 후대로 갈수록 일반 백성 가운데에서 정했다. 심지어 부마의 아버지가 관직에 있으면 그 아버지를 퇴직시키기도 했으니 정말 알 수 없는 일이다."

사실 이것은 관리들이 내정과 결탁하는 것을 막기 위한 일종의 엄격한 방지책이었다. 일반 백성들 가운데서 부마가 될 만한 사람을 추천받았는데 후보자들은 반드시 추천인이 있어야 했다. 후보자들 가운데서 3명을 선발한 뒤 태후와 황후, 황제와 환관, 빈비 등의 심사를 거쳐 마지막으로 한 사람을 골랐다. 기본 조건이 추천이었으니 그 과정에서 뇌물을 주고받는 일이 허다했고 그런 이유로 돈이 있거나 권세가 있는 집안의 자제만이 추천되어 후보가 될 수 있었다. 이렇게 뇌물을 주고 추천받았으니 후보가 된 청년들 가운데에는 주색만 밝히고 아무것도 모르는 한량도 있었고 심지어는 중병에 걸려 언제 죽을지도 모르는 사람까지 끼어 있었다.

1582년(만력 10년) 융경제의 4녀 영녕공주(永寧公主)의 부마를 고를 때에는 환관 빙보(憑保)가 수만 냥의 은자를 뇌물로 받고 폐병에 걸린 사람을 선발했는데, 이름은 양방서(梁邦瑞)였고 북경의 한 부잣집 자제였다. 그런데 그가 혼례를 올리다가 붉은 피를 토해 입고 있던 혼례복이 붉게 물들었다. 빙보는 옷이 붉어졌으니 길조가 아니냐며 황급히 둘러댔다. 혼인 후 1개월도 안 되어 부마는 세상을 떠났고 영녕 공주는 몇 년간 수절하다가 우울증으로 세상을 떠났다.

　한편 청나라 때는 공주의 혼인에 대해 지금까지 한 번도 실시한 적이 없었던 시혼(試婚) 제도를 마련했다. 공주가 출가하기 전에 황태후나 황후가 직접 고른 영리한 궁녀를 부마의 집으로 보내 부마와 함께 하룻밤 지내도록 하는 것이었다. 다음날 아침에 궁녀는 궁으로 돌아와 부마에게 생리적인 결함이 있는지 혹은 성격이 온화한지 등에 대해 태후나 황후에게 상세하게 아뢰었고, 공주가 혼인을 한 후에는 궁녀도 부마의 곁에서 첩이나 시녀 노릇을 했다.

　공주를 아내로 맞이하게 되면 그 가문은 권력을 손에 쥐고 커다란 명예를 얻을 수 있었지만 부마의 가정만을 두고 보면 사실 그리 행복한 일만은 아니었다. 궁궐에서 태어나 자란 공주는 어려서부터 어리광을 부리며 하고 싶은 대로 하고 자랐기 때문에 이기적이고 오만한 경우가 많았다. 공주들은 시집을 간 후에도 항상 자신이 금지옥엽이기를 바랐으며 안하무인에 마음대로 행동했다. 당나라 명장 곽자의(郭子儀)의 아들 곽난(郭暖)은 대종 이예(李豫)의 딸인 승평공주(升平公主)를 아내로 맞이했는데 항상 공주의 짜증을 받아 주어야 했다. 한번은 이 부부가 다투었는데 곽난이 너무나 화가 난 나머지 "천자가 뭐가 그리 대단하다고 그러는 게요? 난 그 따위는 누가 시켜줘도 안 하겠소."라고 소리쳤다. 이 말을 전해 들은 대종은 화가 났으나 곽자의가 몇 대에 걸친 관리로 큰 군사를 가지고 있었기 때문에 어쩔 수 없이 그대로 넘어갔다고 한다.

　그렇게 대단한 가문도 공주의 모든 짜증과 화를 다 받아 주어야 했으니 다른 가문은 어땠을지 가히 짐작할 수 있다. 희곡 『타금지(打金枝)』에도 이러한 장면이 나온다. 어떤 공주들은 시집간 후 시댁의 집안을 온통 불편하게 만들었다고 한다. 측천무후의 딸 태평공주도 설소와 혼인한 후 동서들의 신분이 그다지 높지 않다는 것을 이유로 천한 여인들과 동서지간이 될 수 없다면서 남편 형제들에게 아내를 소박 놓도록 강요했다. 그러나 뜻대로 되지 않자 결국 설소와 이혼하고 측천무후의 조카인 무유기(武攸曁)에게 다시 시집갔다. 또 어떤 공주는 혼인 후에 남편과 원만히 지내지 못하고 일부러 남편을 학대하기도 했다.

남조 송의 조청(趙靑)은 송 문제 유희룽의 4녀 해염공주(海鹽公主)를 아내로 맞이했다. 그러나 해염공주는 출가하기 전 비밀리에 사통하고 있던 이복 오빠 시흥왕(始興王) 유준(劉濬)과 혼인 후에도 관계를 끊지 못하고 계속 왕래했다. 이 사실을 안 조청은 해염공주에게 화를 냈지만 도리어 뺨을 맞았다. 조청은 치욕을 참지 못해 결국 스스로 목숨을 끊었고 그의 부친 조백부(趙伯符)도 부끄러움을 참지 못해 세상을 떠났다. 이보다 더 심한 경우도 있었는데, 남편에게 불만을 품고 몰래 남편을 음해해 단두대로 보낸 공주다. 송 문제의 6녀 임천공주는 학식이 뛰어난 왕조(王藻)와 혼인했지만 그가 사람들을 만나 학문을 논하는 것만 좋아한다는 이유로 몹시 미워했다. 그래서 여러 번 조카 효무제 유준(劉駿)에게 간언하고 남편에게 모반을 꾀했다는 누명을 씌워 처형하였다. 남편이 죽은 후 그녀는 곧 재가했다고 한다.

공주의 성격이 이렇게 오만하고 제멋대로이자 일부에서는 공주를 아내로 맞이하기를 꺼려했고 공주가 시집갈 곳을 찾지 못해 애를 태우는 상황까지 벌어졌다. 당 헌종 이순(李純)은 딸 기양공주(岐陽公主)의 배필을 찾지 못해 근심하고 있었는데, 한림학사 독고울(獨孤鬱)이 권덕여(權德輿)의 사위가 되자 "덕여도 사위를 보는데 난 그보다도 못하구나."라고 탄식하였다. 헌종은 결국 공주는 반드시 명문 가문에 시집을 가야 한다는 관례를 깨고 재상들에게 명해 공경(公卿)이나 대부(大夫)의 자제들 중에서 재능을 갖춘 사람을 사윗감으로 추천하라고 했다. 하지만 역시 모두들 공주를 아내로 맞이하고 싶지 않았기 때문에 마땅한 청년을 찾지 못했다.

남조 송 명제 때 부마감으로 선택되었던 한 청년은 혼인을 거부하는 상소를 올렸다. "진(晉)나라 이래로 공주를 아내로 맞이하여 행복하게 지낸 일이 없으며 공주가 부마를 노예처럼 업신여겨도 모든 것을 감수할 수밖에 없습니다. 심지어는 가문이 몰락하는 경우까지 있었습니다." 이 상소의 내용은 당시 많은 사람들의 생각이었다.

한편 공주들은 특수한 신분 때문에 혼인할 때에도 배우자를 직접 선택할 권리가 없었고 전적으로 부모의 결정에 따라야 했다. 그래서 종종 정치적인 도구로 이용되기도 했다. '화친(和親)'이 바로 그런 경우였다. 공주화친 정책은 한 고조 유방 때부터 시작되었다.

기원전 200년에 건국한 지 얼마 안 된 한나라에 흉노가 여러 차례 변경을 침범하자 한 고조가 친정을 나섰다가 그만 대패하고 돌아왔다. 그 후 조정 대신들은 화친 정책을 제의했는데 이름하여 화친이란 노원공주(魯元公主)를 흉노의 우두머리 묵돌선우(冒頓單于)에게 시집보내자는 것이었다. 대신들은 중원의 상황이 아직 어려워 흉노와 맞서 싸울 수 없으니 유일한 방법은 공주를 그에게 시집보내고 함께 후한

추하게 그려진 초상화 때문에 흉노에 팔려간 미인 왕소군

재물을 보내는 것이라고 했다. 그렇게 하면 묵돌선우는 싸우지 않고도 많은 재물을 얻을 수 있어 좋아할 것이고 중국 황제의 사위가 되면 자연스럽게 중원에 침범하지 않을 것이다. 장래에 공주가 낳은 아들이 묵돌선우의 뒤를 잇게 되면 그는 바로 중국의 외손자가 되니 자연히 중국을 적대시하지 않을 것이라는 주장이었다. 유방은 이 말을 듣고 크게 기뻐하며 자신의 외동딸 노원공주를 묵돌선우에게 시집보내기로 했다. 그러나 황후 여치가 이 사실을 알고 크게 화를 내며 단호히 반대했고 결국 황족의 딸 중 하나를 공주로 봉해 흉노에게 시집보냈다. 이것이 바로 중국 최초의 공주화친이었다. 유감스럽게도 그 여인의 이름과 성이 전해지지 않고 있다. 그녀는 이렇게 역사에 아무런 족적도 남기지 못한 채 정치의 희생양이 되어 일생을 변방에서 살아야 했다. 통계에 따르면 전한 시대에 흉노에게 시집간 공주는 모두 13명이다. 한나라 이후 화친 정책은 계속 사용되었는데 역대 화친공주들 중에 가장 유명한 이는 서한의 왕소군(王昭君)과 당의 문성공주(文成公主)다.

엄격하게 말해 왕소군은 공주는 아니었다. 그녀는 한 원제의 후궁이었다. 기원전 33년에 흉노의 호한야선우(呼韓邪單于)가 중국에 화친을 청하자 그녀는 황제의 사랑을 받지 못하여 비관하고 있던 터라 그에게 시집가겠노라고 자청하였다. 후한 때의 『서경잡기(西京雜記)』에 의하면 대부분의 후궁들이 화공에게 뇌물을 바치고 초상화를 아름답게 그리게 하여 황제의 총애를 구하였다. 그러나 왕소군은 뇌물을 바치지 않아 얼굴이 추하게 그려졌기 때문에 흉노의 아내로 뽑히게 되었다. 소군이 말을 타고 떠날 즈음에 원제가 그녀를 보니 절세의 미인이고 태도가 단아하여 크게 후회했으나 이미 어쩔 수 없는 일이었다. 원제는 크게 노하여 왕소군을 추하게 그린 화공 모연수(毛延壽)를 참형에 처하였다는 유명한 일화가 있다.

한 원제는 왕소군을 공주로 삼아 흉노에게 시집보내고 영호알씨(寧胡閼氏)라고 칭했다. 그런데 호한야선우가 죽고 그의 아들이 대를 잇자 한 원제는 왕소군에게 흉노의 풍속에 따라 새로운 왕의 아내가 되라고 명했다. 왕소군의 화친은 한나라와 흉노 간에 원만한 관계를 유지하는 데 큰 역할을 했다. 왕소군은 중국 기록이 전하는 최초의 화친공주며, 그녀의 슬픈 이야기는 각종 문학 작품에 많은 소재를 제공하였다. 그 중에서도 마치원의 『파유몽고안한궁추잡극, 한궁추(破幽夢孤雁漢宮秋雜劇, 漢宮秋)』가 가장 유명하다. 이백은 주변 이민족과의 화친을 위해 왕소군이 시집가는 것을 시로 풍자하였다.

昭君拂玉鞍

上馬啼紅顔

今日漢宮人

明朝胡地妾.

왕소군이 백옥 안장 떨치고

말에 올라 고운 얼굴 울고 있네.

오늘은 한나라 궁중 여인이나

내일 아침이면 오랑캐 땅의 첩이 될 몸이로구나.

왕소군과 마찬가지로 문성공주 역시 진정한 공주는 아니었다. 기

문성공주와 토번의 우두머리 송찬감포

록에 의하면 그녀는 당나라 초기 강하왕(江夏王) 이도종(李道宗)의 딸로
어려서부터 궁에서 자라 641년(정관 15년)에 토번(吐蕃, 지금의 서장西藏,
티벳)의 우두머리 송찬감포(松贊干布)에게 시집보내졌다. 그녀는 토번
에 도착한 후 중원과 토번 사이의 원만한 관계 유지에 큰 역할을 했
다. 또한 한족 문화를 세계의 지붕이라 불리는 토번에 전수하고 중원
의 곡식 재배와 양잠, 방직, 건축 및 제지 기술 등 여러 가지 생산 기
술도 전했다. 문성공주가 직접 설계했다는 대소사(大昭寺)와 그녀가
중건을 관장했다는 정수지소소소사(靜修之所小昭寺)는 오늘날까지도
중국 서장의 납살(拉薩)에 보존되어 있다. 대소사 내부에는 문성공주

가 장안에서 가지고 온 석가모니 금동상이 있고, 밖에는 그녀가 직접 심었다는 당버드나무가 우뚝 서 있다.

그 외에도 한 무제의 딸로 위장하여 오손왕 곤막(昆莫)에게 시집간 서한의 강도왕의 딸 오손공주(烏孫公主), 유세군(劉細君), 당의 굉화공주(宏化公主)가 있다.

멀리 변경으로 시집간 공주는 부모형제 하나 없고 언어와 생활습관이 달라 매일 고향을 그리워하며 힘겨운 나날을 보냈다. 오손공주가 고향을 그리며 눈물로 지은 시에는 구절구절 애절함이 묻어난다. 문성공주가 중건했다는 소소사의 문은 동쪽을 향해 나 있는데 이는 장안성이 동쪽에 있어 절의 문에 기대어 고향을 바라볼 수 있도록 하기 위함이었다고 한다. 화친공주들은 실로 처량한 일생을 살았다. 그녀들은 아무리 고향이 그립고 남편의 사랑을 받지 못한다 해도 마음대로 고향을 찾아갈 수 없었고 대부분 타향에서 생을 마감했다.

왕소군은 남편이 세상을 떠나자 한나라에 상소를 올려 중원으로 돌아갈 수 있게 해 달라고 청했으나 허락받지 못하여 죽은 남편의 아들에게 다시 시집가게 되었다. 그녀는 수천 겹 쌓인 시름을 어디 한군데 풀 곳이 없었고 결국에는 극약을 먹고 자결했다. 다른 화친공주들의 일생도 왕소군의 일생과 크게 다를 바 없었다. 물론 화친공주한 개인만 놓고 보면 혈혈단신으로 이국땅에 가서 피붙이 하나 없이 쓸쓸하게 지내니 마음속에 향수의 정이 가득할 만하지만, 국가적으로 볼 때 변경 지방을 편안하게 하고 민족 간의 화합과 민족 문화의 교류를 추진하는 큰 역할을 했던 것이다. 그러므로 역대 통치자들은 계속해서 이 화친 정책을 통해 정치적인 목적을 달성했다.

공주가 이민족에게 시집가는 방식 외에도 특별한 방식의 화친이 또 있었다. 수나라 초기에 돌궐족은 수나라와 여러 차례의 전쟁으로 큰 피해를 입게 되자 사람을 보내 화친을 청했다. 하지만 그의 화친 방식은 조금 달랐다. 돌궐의 칸 사발략가한(沙鉢略可汗)의 아내 천금공주를 수 문제 양견(楊堅)의 수양딸로 삼아 달라고 청했다. 천금공주는 본래 돌궐인이 아니라 수에 의해 멸망한 북주의 조왕 우문탁의 딸이었다. 북주의 선제가 돌궐과 우호관계를 맺기 위해 우문탁의 딸을 사발략가한에게 시집을 보냈던 것이었다. 수 문제는 돌궐의 제안을 받아들여 천금공주를 수양딸로 삼고 대의공주(大義公主)라는 칭호를 하사했다. 이는 대의를 위해서는 친족마저도 희생시킬 수 있다는 대의멸친(大義滅親)에서 따온 말이었는데 어떤 대의를 위해 어떤 친족을 희생했는지는 수양딸 혼자만이 알고 있을 것이다.

시를 잘 지었던 황제들

진정한 시는 거짓과 위선에서는 나올 수 없으며
내면에서 자연스럽게 나오는 것이어서
진정한 재능이 있는 사람만이 사람의 마음을 움직이게 하는 시를 지을 수 있네.

중국은 시가(詩歌)의 왕국이라 해도 과언이 아니다. 『시경(詩經)』에서 시작되어 수천 년의 역사 속에서 수많은 시인과 헤아릴 수 없이 많은 시가가 탄생했다. 후대에까지 전해 내려오는 유명한 시는 위로는 천자인 황제나 재상이, 아래로는 문인 학사와 평민 백성이 지은 것까지 다양하다.

위대한 황제이자 폭군으로 여겨지고 있는 진시황은 시를 지을 줄 몰랐던 것인지 아니면 시를 좋아하지 않았던 것인지 그가 지은 현존하는 시는 없다. 하지만 그 후 진을 멸하고 황제로 등극한 한 고조 유방은 「대풍가(大風歌)」라는 유명한 시를 지었다.

유방은 초한전쟁에서 공로가 큰 대장들을 제후왕으로 책봉하였다.

그들 중 공로가 크고 병력이 강한 이들은 초왕(楚王) 한신, 양왕(梁王) 팽월, 회남왕(淮南王) 영포였다. 유방이 즉위한 이듬해 한신이 역모를 꾀하려다가 발각되어 회음후로 강등되었다. 그런데 몇 년 후 장군 진희(陳豨)가 대왕(代王)을 자칭하면서 반란을 일으키고 주변의 20여 개 성을 점령하였다. 유방은 회음후 한신과 양왕 팽월에게 진희를 토벌하도록 명했지만 둘은 몸이 좋지 않다는 핑계로 싸우러 나오지 않았다. 그래서 직접 군대를 거느리고 진희를 토벌하러 간 사이에 유방의 부인 여후(呂后)와 승상 소하에 의해 진희가 일으킨 반란을 한신이 함께 공모했다고 모함하여 참살하였다.

3개월 후 유방은 진희의 반란을 평정하고 낙양으로 돌아왔다. 그런데 그 사이에 팽월이 반역을 꾀한다는 보고를 받고 사람을 보내 팽월을 사살하였다. 한신과 팽월이 살해당했다는 소식을 들은 영포는 자신의 종말이라고 생각하고 선수를 치자며 반란을 일으켰다. 영포는 승리를 거듭해 형초(荊楚) 일대의 넓은 땅을 차지했다. 유방은 이번에도 직접 군사를 거느리고 반란을 진압하러 갔다. 영포는 크게 패하고 달아나다가 도중에 살해당했다. 유방은 영포를 제거하고 돌아오는 길에 고향 패현에서 연회를 베풀었다. 주흥이 무르익자 읊어 내려갔다는 「대풍가」는 현재까지도 널리 전해지고 있다.

大風起兮雲飛揚
威加海內兮歸故鄕
安得猛士兮守四方.
큰바람 불고 구름 일더니

천하에 위세를 떨치며 고향에 돌아오네

어찌 용사를 얻어 천하를 지키지 않을쏜가.

　3구절 23글로 된 이 짧은 시가 역대 황제의 시 가운데 첫 편을 장식하였다. 유방은 농부의 아들에서 지고지상한 천자의 자리에 오른 입지전적인 인물이다. 그런 그가 금의환향했으니 당시 그의 위풍이 얼마나 드세었을지 미루어 짐작할 수 있다. 금의환향해서 지은 「대풍가」는 그때 유방의 심정을 그대로 표현하고 있다. 시의 분위기가 호방하고 의기충천하며 새로 패업을 달성한 황제가 용맹한 인재들을 얻어 천하를 지키고 싶어 하는 마음이 생동감 있게 표현되어 있다. 이 시는 후세에도 높은 기개의 상징으로 여겨졌으며, 주희(朱熹)는 이 시를 극찬하였다. 당 태종 이세민, 시선 이백, 농민봉기군의 우두머리 홍수전(洪秀全) 등 역사적으로 수많은 영웅과 재인들이 모두 이 「대풍가」를 좋아하고 즐겨 읊으며 자신의 기개와 포부를 나타내기도 했다.

　유방은 이 한 편의 시로 중국 시가 문학에서 중요한 위치를 차지하게 되었다. 황제들 가운데는 일생 동안 몇 수의 시를 지었지만, 단 한 편도 문학사에 기록되지 않은 이들도 많다. 청나라 건륭제도 그 중 한 명이다. 건륭제는 거의 매일 시를 지었으며 곳곳에 자신의 시를 남겼다. 그는 일생 동안 헤아릴 수 없이 많은 시를 지었다. 『소정잡록(嘯亭雜錄)』에도 그의 시가 실렸고 『어제시 5집(御制詩 五集)』에는 모두 10여 수의 시가 실렸으니, 자고이래 시인과 시객들 중에 그보다 더 많은 시를 지은 이는 없다. 그러나 지은 시는 많지만 특별히 잘 지어지거나 문학사에 기록된 시가 없어 후세에 널리 알려진 시는 하나도 없다.

시가의 발전사를 보아도 역대 황제들이 지은 시는 여러 편이다. 그중에는 개국 황제가 지은 것도 있고 망국의 군주가 지은 것도 있는데, 개국 황제로는 한 고조 유방 외에도 위 무제 조조, 위 문제 조비, 당 태종 이세민 등이 있다.

조조는 당시 정치적 · 군사적으로 권력이 가장 강한 인물이었을 뿐아니라 문단에서도 높은 지위를 차지하고 있었다. 그는 패업을 달성한 군주로서의 호방한 기개와 전란의 비통함에 대한 한탄 그리고 진취적인 정신 등을 시에 담아내 시가 역사상 불멸의 시인으로 추앙받고 있다. 그가 남긴 20여 수의 시는 사회 현실을 적나라하게 반영하였다. 또한 개인적인 정서를 담아내 경치의 아름다움을 묘사하였다. 특히 현실을 반영한 수작으로 평가되고 있는 「해로행(薤露行)」과 「호리행(蒿理行)」은 후세까지 널리 읊어지고 있다.

「해로행」은 동탁(董卓)이 후한의 헌제(獻帝)를 도와 낙양에서 장안으로 천도하면서 낙양성과 민가를 온통 불바다로 만들어 버렸던 역사적인 사실을 기록하고 있다. 「호리행」은 원소(袁紹)와 원술(袁術) 등의 군벌 세력이 동탁을 토벌하기 위해 서로 싸우고 죽이는 잔혹한 전쟁 상황을 잘 반영하고 있다. 「호리행」의 전문은 다음과 같다.

關東有義士, 興兵討群凶.
初期會盟津, 乃心在咸陽.
軍合力不齊, 躊躇而雁行.

勢利使人爭, 嗣還自相戕.

淮南弟稱號, 刻璽于北方.

鎧甲生蟣虱, 萬姓以死亡.

白骨露干野, 千里無鷄鳴.

生民百遺一, 念之斷人腸.

관동에 의로운 이들 있어, 흉한 무리 치고자 군사를 일으켰네.

맹진에서 만나 처음 기약할 제, 마음은 모두 임금 계신 도성에 있었네.

힘을 모음에 가지런하지 못하고, 혹은 앞서고 혹은 머뭇거렸네.

세력과 이익이 사람을 다투게 하고, 끝내는 서로 죽이며 돌아섰네.

회남에서는 임금이 참칭되고 옥새는 북쪽에서 새겨지니

갑옷과 투구에는 이가 생기고, 수많은 백성 싸움에 죽네.

백골이 들판에 널려 있고, 천 리에 닭 우는 소리 들리지 않으니

살아남은 자 백에 하나나 될까, 생각하면 애가 끊기는 듯하네.

    모두 80자로 이루어진 이 시는 군벌의 혼전과 권력 싸움으로 인해 천하가 황폐해지고 수많은 시체가 들판에 널려진 비참한 상황을 처절하게 묘사하고 있다. 작가의 비통한 심정과 군벌에 대한 강한 질책, 난국을 살아가는 무고한 백성들에 대한 동정심 등이 시 전체에 흐르고 있다. 이 시는 당시의 현실을 사실적으로 묘사하여 한나라 말기의 역사 실록으로 평가되고 있다. 조조는 이 밖에도 개인적인 정서나 수려한 경치를 표현한 시도 여러 편 남겼는데, 후대에 커다란 영향을 주었다. 그 중에서 「귀수수(龜雖壽)」는 지금까지도 널리 전해지고 있다.

조조의 단가행

「귀수수」에는 낙관적이고 적극적인 기상이 한껏 표현되어 있어 후
대에 많은 열사들을 감동시키기도 했다. 『세설신어, 호상편(世說新語,
豪爽篇)』에 의하면 동진의 신하인 왕돈(王敦)은 조정의 권세를 장악하
고 있었지만 원제(元帝) 사마예(司馬睿)에게 미움을 사 배척당했고, 그
의 정적인 조협(刁協), 유괴(劉槐) 등이 원제의 신임을 받고 있었다. 이
에 왕돈은 우울함을 달래기 위해 늘 술을 마시며 「귀수수」의 한 구절
인 '老驥伏櫪, 志在千里, 烈士暮年, 壯心不已(늙은 천리마 마구간에 매여
있어도, 그 마음은 천 리를 치닫고, 열사는 늙어도 장렬한 기개는 가시지 않네.)'를
읊곤 했다.

조조의 시 중에는 유명한 구절이 매우 많다. 「단가행(短歌行)」과 「관
창해(觀滄海)」는 후대에도 널리 읊어졌다.

　　山不厭高

　　海不厭深

　　周公吐哺

　　天下歸心

　　산은 높은 것을 마다하지 않고

바다는 깊은 것을 싫어하지 않으니
주공은 먹은 것을 토해내며
천하의 마음을 얻었네.

東臨碣石
以觀滄海
水何澹澹
山島竦峙
동으로 갈석산에 올라
푸른 바다를 바라보네.
엄청난 물줄기에
험준한 바위가 둘러섰다네.

조조가 패업을 달성하기는 했지만 그는 죽은 후에야 무제로 추대되었고 진정한 개국 황제는 그의 아들 조비였다. 조비는 33세에 위나라의 제1대 황제로 등극했는데, 문장과 재주가 뛰어나 40여 편의 시를 남겼다. 그러나 아버지 조조처럼 비통하고 처량한 시 구절이나 시의 격조가 부족해 역사시로서의 가치는 다소 떨어진다. 조비의 시는 남녀의 애정이나 이별의 슬픔을 노래한 것이 많아 조조의 시와는 완연히 다른 분위기를 느끼게 한다. 후대의 사람들은 그의 시의 수려함과 청아함을 호금을 타는 미인에 비유하고 있다. 조비의 시풍을 가장 잘 나타내 주는 시는 「잡시(雜詩)」와 「우청하견만선사신혼여처별(于淸河見挽船士新婚與妻別)」, 「연가행(燕歌行)」 등이다. 이 가운데 「연가행」은 전쟁터에 나간 남편을 기다리며 그리워하는 여인의 슬픈 심정을 그린 작품이다.

秋風蕭瑟天氣凉, 草木搖落露爲霜, 群燕辭歸鴈南翔.

念君客遊多思腸, 慊慊思歸戀故鄉, 君何淹留奇他方.

賤妾煢煢守空房, 憂來思君不敢忘, 不覺淚下沾衣裳.

援琴鳴弦發淸商, 短歌微吟不能長, 明月皎皎照我床.

星漢西流夜未央, 牽牛織女遙相望, 爾獨何辜限河梁.

가을바람 소슬하고 날씨 서늘하니

초목은 낙엽 지고 이슬은 서리가 되었네

제비는 작별하여 돌아가고 기러기는 남으로 날아가네

멀리 떠난 임 그리니 사모함에 애간장이 끊어지네

돌아오고 싶은 생각 간절하여 고향 그리울 만한데

임은 어이 그대로 타향에만 계시는지

이 몸 홀로 외롭게 빈방 지키며

시름 속에 임 생각 잠시도 잊을 길 없어

나도 몰래 눈물 흘러 옷자락을 적시네

거문고 뜯어 청상 가락 울려 보지만

단가 소리 가냘파 끝내 길게 잇지 못하네

휘영청 밝은 달은 침상을 비추는데

은하수 서쪽으로 기울었으나 밤은 아직도 길기만 하네

견우 직녀 서로 멀리 마주보건만

그대는 무슨 죄로 강을 사이에 두고 이리 멀리 떨어져 있는가.

이 시의 전편에 흐르는 애처로움은 읽는 이의 마음을 애절하게 하

당 태종의 글씨

여 예술적인 가치가 매우 높다. 또한 문학사적으로도 현존하는 최고의 가장 완전한 칠언시로서 중국 고대 칠언시의 형성에 크게 이바지한 것으로 평가되고 있다. 조비의 시 중에는 남녀 간의 정을 표현한 것뿐 아니라 인생에 대한 생각과 권문세족 자제들에 대해 풍자한 것도 있지만 그다지 큰 주목을 받지는 못했다.

당 태종 이세민은 스스로 천하를 일구고 황제에 올라 나라를 다스렸으며 문학과 무예에도 깊은 조예가 있었다. 그는 중국 역대 황제 가운데 가장 위대한 영웅으로 기록되고 있지만 시가에 있어서만은 조조 부자에 뒤진다.

이세민은 당의 역대 황제나 유명한 시인들보다 훨씬 많은 시를 지었다. 「전당시(全唐詩)」1권에 수록된 그의 시는 모두 98수나 되며, 짧은 연구시(聯句詩)인 「양의전부백량체(兩儀殿賦柏梁體)」1수도 전하고 있다. 그의 시는 순행이나 사냥의 흥겨움, 경치의 아름다움 그리고 황궁 생활 등을 묘사하는 등 주제도 다양하다. 하지만 모든 시가 높이 평가되고 있는 것은 아니며 시적 가치는 들쭉날쭉하다. 거의 100편에 달하는 그의 시 가운데 가장 뛰어난 작품으로 꼽히고 있는 것은 「행무공경선궁(幸武功慶善宮)」과 「재행무공(再幸武功)」이다.

한편 망국의 군주 가운데 시가로 유명한 황제는 남당의 후주 이욱과 남조 진 후주 진숙보다. 이욱은 나라를 멸망하게 한 군주로서의 비통한 마음을 처량한 어조로 시에 담았는데 한 구절 한 구절이 애처롭고 감동적이어서 문학사적으로 높이 평가되고 있다. 진숙보는 망국의 한을 담은 「옥수후정화(玉樹後庭花)」에서 지고지상한 황제의 자리에서 죄인으로 몰락해 옥에 갇히게 된 자신의 처지를 비참한 어조로 담아내고 있다.

남당의 3명의 군주는 정치적 역량에 있어서는 후대로 갈수록 약해졌지만 문학적 재능은 후대로 갈수록 높아졌다. 그 중에서도 마지막 황제인 이욱의 시가는 당시 문학의 최고봉으로 자리 잡았다. 그의 일생은 판이하게 다른 두 모습으로 나눌 수 있다. 40세 이전에는 황위 계승자로서 호화롭고 사치스러운 생활을 했기 때문에 이때 지은 시에는 호화로움과 연정을 표현한 것이 많다. 이욱은 25세 때 남당의 황제로 즉위했지만, 그 당시 남당은 이미 송나라를 받들고 있을 때였다. 15년의 재위 기간 동안 그는 통치자로서의 자질이 부족하여 송의 간섭과 압박에 어쩔 수 없이 굴복하였다. 그는 문학적인 감수성이 매우 뛰어나고 학문과 무예를 좋아하고 서화의 기법과 감상에도 뛰어 났으며 언어적 감각이 발달된 인물이다. 또한 술로써 자신의 힘든 처지를 잊고 싶어 했다. 이욱이 40세가 되던 해에 마침내 남당이 멸망하자(975년), 그는 송에 포로가 되어 변경으로 잡혀갔다. 지위가 갑자기 변하자 그의 시풍도 변화되었다. 3년간 포로 생활을 하면서 지은 시는 사상적으로나 예술적 기교로나 모두 시의 최고 경지에 다다랐다. 한 왕조의 군주에서 하루아침에 죄수로 전락하였기 때문에 국가 멸망의 비통함과 생리사별의 통한, 목숨을 부지하기 위해 참아 내야 했던 치욕스러움 등 온갖 비참함을 다 겪어야만 했다. 그래서 그 당시 지어진 시는 예전과 달리 우울하지만 힘이 있고, 강하지만 비참한 분위기가 흐른다. 이들 시는 너무나도 큰 고통을 인내하는 영혼의 신음이라고 할 수도 있고, 망국의 군주가 느끼는 참담함과 비애의 분출구라고 할 수도 있다. 구중궁궐에서 태어나 비참하게 생을 마감했지만 시인으로서는 성공했다고 할 수 있다.

이욱과 마찬가지로 주색과 가무에 빠져 나라를 망하게 한 군주로 진숙보가 있다. 진숙보를 이야기할 때 빼놓을 수 없는 것이 바로 망국의 노래인 「후정화」다.

煙籠寒水月籠沙
夜泊秦淮近酒家
商女不知亡國恨
隔江猶唱後廷花
안개는 찬 강물에 자욱하고 달빛은 백사장을 비추는데,

밤에 진회의 술집 가까이 배를 댄다.

술집 아가씨들 나라 잃은 서러움을 알지 못하고

강을 사이에 두고 후정화를 부르고 있구나.

이 시는 당나라 시인 두목 시의 한 구절이다. 진회(남경)는 수많은 왕조가 생겼다가 망한 지역으로 옛날부터 미인과 유명한 술집이 많은 곳이다. 향락의 고장 진회의 달밤에 도착해 보니 기생들의 노래 소리가 강 저편으로부터 넘쳐나고 있다. 술집 기생들이야 옥수후정화에 얽힌 사연을 모르고 부르겠지만 두목은 당나라의 쇠망을 일찍이 감지하여 그 심정은 처량하기만 하다. 이 시는 시 한 수에 황제와 나라의 운명을 연결시켰다는 점에서 매우 뛰어난 시라고 할 수 있다.

진숙보는 구중궁궐에서 자라났고 여색을 밝혔으며 온종일 술에 취해 지냈다. 황제가 그러하니 나라가 온전히 유지될 리 없었다. 하지만 그는 시가에는 능해 『진서(陳書)』, 『수서, 음악지(隋書, 音樂志)』, 『구당서, 음악지(舊唐書, 音樂志)』 등에 따르면 「옥수후정화」, 「임춘악(臨春樂)」, 「황앵류(黃鶯留)」, 「금채량벽수(金釵兩壁垂)」, 「춘화강월야(春花江月夜)」, 「당당(堂堂)」 등의 노래를 지었다. 하지만 이 6곡의 악보는 현존하지 않으며, 가사도 「옥수후정화」의 6번째 구절만 남아 있다. 「후정화」의 내용은 "妖姬臉似花含露, 玉樹流光照後庭(고운 여인의 뺨은 이슬 머금은 꽃과 같고, 계수나무 밝은 빛은 뒤뜰을 비치고 있네.)"라고 하여 유혹적이면서 음란하다.

진숙보가 주색에 빠져 있을 때 수 문제는 대군을 이끌고 남진의 국경을 압박하였다. 그러나 진숙보는 여전히 방탕한 생활을 하였고 「옥수후정화」가 후궁에 울려 퍼졌다. 진숙보는 결국 외인의 신세로 전락하게 되었고 「옥수후정화」는 대표적인 망국의 노래로 문학사에 기록되었다. 나라가 망했어도 「옥수후정화」는 계속 불리어졌다.

망국의 군주 가운데 또 한 사람으로 자기보다 뛰어난 시를 짓는 사람들을 무참히 살해했던 폭군 수양제가 있다. 수양제는 이름난 폭군이지만 풍류 재자(才子)이기도 했다. 그의 시에는 호방한 기상이 그대로 드러나 있어 문단에서 가장 뛰어난 작품으로 손꼽히고 있다. 하지만 그는 질투심이 강해 재능이 뛰어난 사람이나 자신보다 시를 잘 짓는 사람들은 모두 죽여 없앴다. 한번은 「연가행(燕歌行)」이라는 시를 짓고 모두의 칭송을 받았지만, 왕연의 시가 자신의 시보다 더 훌륭한 것을 알고는 트집을 잡아 죽여 버렸다.

위에서 언급한 몇몇 황제들 외에도 시문에 능했던 황제는 여럿 있다. 한 무제 유철, 남조의 양 간문제(簡文帝) 소강(蕭綱), 양 원제 소역, 남당 원종 이경(李璟), 후촉 맹창(孟昶), 송 태조 조광윤, 송 휘종 조길, 명 홍무제 주원장, 청 강희제 현엽 등의 시가 지금까지 전해지고 있다. 이 가운데 송 태조 조광윤의 「영초일(咏初日)」과 명 홍무제의 「국화시(菊花詩)」가 유명하다.

당 선종 이침(李忱)은 시인으로는 이름을 남기지 않았지만 시인 백거이를 애도한 시는 매우 유명하다. 역사적으로 많은 황제들이 시를 지었지만 시인 한 사람을 위해 애도시를 지은 이는 선종 한 사람뿐이다. 시에는 구구절절 죽은 자에 대한 애도와 황제의 진정 어린 비통함이 담겨 있어 커다란 가치가 있으며, 당나라에 시가가 크게 흥성할수 있었던 계기를 마련해 주었다.

불교와 도교에 심취한 황제들

통치자에게 있어 종교는 없어서는 안 될
영원한 필수품이니.

　후한 이전에는 중국에 불교와 도교가 아직 시작되지 않았다. 그 당
시 사람들이 믿고 제사를 올리던 것은 하늘 신을 비롯한 수많은 신들
이었다. 여기에는 하늘과 달, 별, 산과 바다, 바람과 비, 번개 등 모든
자연의 대상이 포함되어 있었다.

　전한의 평제(平帝) 유연 때 왕망은 뇌공묘(雷公廟), 풍백묘(風伯廟), 우
사묘(雨師廟)와 성숙지묘(星宿之廟)를 세웠다. 당시 국가에서 제사를 관
장하던 신묘는 683개나 되었으며, 왕망 때에 이르러서는 700개로
늘어났고, 후한 광무제(光武帝) 때에는 더욱 늘어났다.

　자연 현상을 신적인 존재로 여기고 신봉했던 것 외에도 전설 속의
신선을 믿는 신앙도 있었다. 진시황과 한 무제는 불로장생약을 구하

기 위해 여러 차례나 신선을 찾아 떠나기도 했었다. 사실 그들이 믿었던 신선과 불로장생약은 도사들이 꾸며 낸 것이었다. 한 무제는 말년에 자신이 50년간 신선을 찾기 위해 수많은 돈을 쏟아 부었던 것이 잘못이었음을 깨닫고 도사들을 모두 쫓아내기도 했다.

후한에 들어서는 사회적으로 도교와 불교가 점차 성행하기 시작했다. 도교는 중국에서 자생한 전통 종교로 후한 순제(順帝) 무렵에 생겨났으며 노자(老子)를 교주로 모셨다. 반면 불교는 외국에서 도입된 종교로 명제(明帝) 때 전해졌다. 불교와 도교가 유행하기 시작한 무렵의 황제들은 미신과 다신교에서 불교와 도교 쪽으로 옮겨 가기 시작했다. 후한에서 청나라 말기까지 2천 년에 이르는 세월 동안 중국 역사에서 불교와 도교는 황제들이 좋아하는 종교에 따라 다소 기복을 겪기도 했지만 전체적으로 보면 계속 발전했으며 중국 문화와 융합되어 황제와 백성들에게 커다란 영향을 미쳤다. 또한 중국 왕조의 흥망성쇠와 왕조 교체와도 밀접한 관련을 맺었다.

중국 역대 황제 가운데 처음으로 불교를 믿었던 황제는 후한의 명제 유장(劉莊)이었다. 서기 64년(영평 7년) 명제가 꿈에 신을 보았는데 머리 위에서 하얀 광채가 나고 대전 앞을 날아다녔다. 다음날 대신들에게 물으니 전의(傳毅)가 서방에 불(佛)이라는 신이 있다고 대답했다. 명제는 곧 낭중(郎中) 채음(蔡愔)과 박사제자 진경(秦景) 등을 대월지(大月氏, 전국 시대부터 한나라 때까지 중앙아시아 아무다리야 강 유역에서 활약한 이란계 또는 투르크계 민족—역자 주)에 보내 불법을 구해 오라고 명했다. 서기 68년(영평 11년) 채음이 대월지의 승려 가섭마등(迦葉摩騰), 축법란(竺法蘭)과 함께 불경 42장과 석가모니 입상을 흰 말에 싣고 낙양으

가섭마등
1세기 중인도의 승려로 중국에 건너와 백마사를 짓고 『사십이장경(四十二章經)』 등을 번역하였다. 중국에 최초로 불법을 전한 자로 알려져 있다.

로 돌아왔다. 그들은 곧 백마사(白馬寺)를 세웠는데, 이는 중국 역사상 최초의 불교 사원이었고 이때 들어온 불경과 석가모니 입상은 조정에서 들여온 최초의 것이다.

불교는 이렇게 후한 시기에 중국에 유입되어 조정으로부터 인정을 받았지만 유입되자마자 널리 퍼진 것은 아니었으며 영향력도 그다지 크지 않았다. 불교가 중국에서 크게 성행하기 시작한 것은 위진남북조 시대에 이르러서였다. 이때에는 불교 경전도 대량으로 번역되어 전수되었다. 통계에 따르면 위진 시대에만 702부 1,492권의 불경이

번역되었다고 한다. 남북조 시대에는 절이 세워지고 석가모니 상이 만들어져 불교가 더욱 성행하게 되었다. 북방에서는 낙양, 남방에서는 건강(建康)이 불교의 중심이 되었다. 당대의 시인 두목은 「강남춘(江南春)」이라는 시에서 "남조에 480개의 절이 있으니, 안개비 속으로 누대가 우뚝우뚝 서 있네."라고 하여 남방에서 불교가 매우 성행했음을 보여 주고 있다. 이 시에서 말한 절의 숫자는 실제로는 이보다 훨씬 많았다. 남조 시대에 건강 일대에 지어진 절만 700여 개였고 승려가 10만 명이 넘었으며, 낙양의 절과 승려는 이보다 더 많아 크고 작은 사원이 1,367개에 달했다. 남북조의 북위 말에는 절이 모두 3만여 개였으며, 승려는 200만 명이 넘었다. 새벽에 종소리가 중원을 깨웠고 저녁에는 북소리가 중원 대지에 울려 퍼졌으며 온통 향 연기가 자욱했다. 이 시기는 중국 역사에서 불교가 가장 성행했던 때이다.

불교가 남북조 시대에 이렇게 흥성할 수 있었던 까닭은 황제들의 적극적인 지지와 깊은 관계가 있다. 5호16국 시대 전진의 부견(符堅)과 후진의 요흥(姚興), 북위의 문성제(文成帝), 헌문제(獻文帝), 효문제(孝文帝), 남조의 송 문제(宋文帝), 송 명제(宋明帝), 양 무제(梁武帝), 진 후주(陳後主), 북제의 문선제(文宣帝), 무성제(武成帝) 등 방탕하고 우매한 군주이건 폭군이건 모두 불교를 숭상했다. 심지어는 국교로 삼아 온 백성들에게 믿도록 하였으며, 불교에 대해 정치적·경제적 지지를 아끼지 않았다. 역대 황제 가운데 불교를 신봉했던 것으로 유명한 황제는 남조의 양 무제였다.

양 무제 소연(蕭衍)은 남북조 시대에 재위 기간(502년~549년)이 가장 긴 황제로서, 38세에 황제로 등극해 86세에 사망할 때까지 무려

47년간이나 보좌에 있었다. 『사서』에 따르면 양 무제는 박학다식했으며 문무를 겸비했다. 하지만 안타깝게도 그는 정치에는 자신의 재능을 전혀 발휘하지 못하고 불교에만 심취했다. 특히 말년에는 불교에 푹 빠져 전파에 큰 힘을 쏟았다. 그는 도읍인 건강에 동태사(同泰寺)를 짓고 궁정 사원으로 삼았다. 황궁에서 절에 출입하는 것을 편하게 하기 위해 동태사의 문을 바라보고 있는 황궁의 벽에 커다란 문을 내고 대통문(大通門)이라 이름 지었다. 양 무제는 이 밖에도 연호를 보통(普通)에서 대통(大通)으로 바꾸어 이를 기념했다.

동태사는 527년(대통 원년) 3월에 건립되었는데 그 규모가 매우 크고 모든 대전이 해와 달의 형상을 본떠 지어졌다. 대전 6개와 소전, 정원, 9층탑과 7층 대불각이 하나씩 있었다. 이 밖에도 동서 양쪽에 3층의 반약대(盤若臺)와 선기전(璇璣殿)이 있었고, 중간에는 백량전(柏梁殿)이 있었다. 이 절이 지어졌을 때 양 무제는 이미 64세의 고령이었다. 그러나 그의 불심은 점점 깊어져 여러 번 동태사에 들어가 승려가 되려고 했고, 다 지어진 후에는 직접 불경을 해독하고 아침저녁으로 절에 가서 불공을 드렸다. 같은 해 3월에 그는 동태사로 들어가는 행동까지 했지만 3일 후에 다시 궁으로 돌아와 별다른 혼란을 일으키지는 않았다. 그러나 그는 2년 후인 529년 9월에 아예 곤룡포를 벗어 던지고 승려의 옷을 입고 동태사에서 기거했다. 불교에서는 속세를 버리고 절로 들어가는 것을 청정대사(淸淨大捨)라고 한다. 개인적으로는 속세와 인연을 끊고 청정대사를 이룬 것이었지만 한 나라에 하루도 군주가 없어서는 안 된다는 사실과 황제라는 그의 신분으로 볼 때는 매우 무책임한 행동이었다.

황제의 출가에 조정은 온통 혼란에 휩싸였다. 여러 차례 황제를 찾아가 환궁을 청했지만 대신들의 간청을 듣지 않았고 그렇게 73일이 지났다. 대신들은 마지막 수단으로 큰돈을 절에 기부하고 황제를 모셔오는 방법을 사용하였다. 승려들의 묵계 하에 문무백관들은 동태사의 동문 앞에서 황제에게 3차례나 환궁을 간청했고 양 무제는 결국 궁으로 돌아오게 되었다. 양 무제는 그 후로도 동태사와 끊으려야 끊을 수 없는 연을 맺고 여러 차례 출가했으며, 대신들은 그때마다 거액을 들여 그를 환궁시켰다. 결국 승려의 꿈을 이룰 수 없었고 조정은 그로 인해 혼란스러워졌으며 민심은 흉흉해졌다.

84세가 되던 해인 547년 4월 14일, 그가 세 번째로 절에서 환궁하던 날 저녁에 동태사에 벼락이 쳐 불이 났고 백량전과 단의전(端儀殿)을 제외한 절 전체가 온통 잿더미가 되었다. 이에 크게 상심하여 동태사를 새로 짓기로 했다. 그러나 동태사 복원 공사가 끝나기도 전인 549년에 신임하던 부하의 모반으로 세상을 떠나고 말았다.

양 무제는 중국 역사상 불교와 가장 인연이 깊었던 황제다. 표면적으로 보면 그는 불교에 온통 푹 빠져 누더기를 입고 하루에 한 끼만 먹었으며 육식도 하지 않았다. 모자 하나를 3년 동안 썼고 이불은 2년간 덮어 그의 불심이 진심인 것을 느낄 수 있다. 그러나 여러 차례 출가를 하고도 그때마다 다시 환궁한 것을 보면 황상에 대한 미련도 있었던 것으로 보인다. 이는 아마도 불심과 권력을 모두 가지고 싶어 하는 그의 모순된 마음 때문이었을 것이다.

양 무제가 남방에서 불교 전파에 힘을 쏟고 있을 때 북방에서는 대규모의 억불 사건이 2차례나 발생했다. 446년에 북위의 태무제(太武

帝)는 온 나라 안의 승려를 몰살하고 모든 불교 건축물을 부수고 불경을 태워 불교의 전파를 막으려 했다. 태무제 이전의 황제들은 불교와 도교를 모두 허용하는 정책을 폈다. 그런데 태무제의 억불정책으로 인해 불교도들이 봉기군과 결탁하거나 적을 도와 조정을 공격하고 절 안에 무기를 숨기는 등의 사건이 일어났다. 게다가 도교의 천사(天師)인 최호심(崔浩深)이 태무제로부터 두터운 신임을 얻으면서 태무제는 도교를 국교로 삼았다. 446년 3월, 온 나라에서 불교를 금지한다는 어명을 내렸다. 452년 태무제가 사망한 후 문성제(文成帝)가 황위를 계승하면서 불교에 대한 억압을 풀어 주었고 다시금 발전할 수 있었다.

그러나 북주의 무제(武帝) 때에 또다시 억불 정책이 시행되었다. 577년에 무제는 북제를 함락시킨 후 불교를 금지한다는 어명을 내리고 3백만 명에 달하는 승려와 비구니를 환속시키고 나라 안의 모든 절을 민가로 개조하도록 명령했다. 하지만 승려 혜원(慧遠)은 이에 굴복하지 않고 여러 차례 무제에게 저항하며 불교를 금지하면 지옥에 떨어질 것이라고 위협했다. 환속한 승려들도 상소를 올렸지만 무제는 이에 아랑곳하지 않고 불교가 외국의 종교이므로 중원에서는 발을 붙일 수 없다는 주장을 굽히지 않았다.

불교는 남북조 시대에 가장 성행한 후 당대에 이르러서는 그 위세가 다소 누그러졌다. 당나라가 이씨 왕조였고 도교의 창시자인 노자도 이씨였기 때문에 황제들은 자신을 노자의 후예라고 하면서 도교를 신봉했다. 당 태종은 노자를 태상현원황제(太上玄元皇帝)로 추존하기도 했다. 하지만 측천무후가 국호를 당에서 주로 바꾼 후에는 불교

북제 반가사유상

　가 도교보다 더 높은 지위를 차지하게 되었고, 그녀는 자신이 황제가
된 것은 이미 불경에 예언되어 있는 것이라고 하기도 했다.

　예종 때에 이르러서는 불교와 도교가 동일한 지위에 올랐고 현종
때에는 도교를 중시했다. 현종은 741년(개원 29년)에 북경과 남경 등
각지에 현원황제와 숭현학(崇玄學, 도가 교육기관)을 두고 노자와 장자
(庄子), 유자(劉子), 문자(文子) 등을 가르쳤다. 매년 시험을 치렀고 1만2
천 명에 달하는 승려와 비구니를 환속시켰다. 또한 문무백관들은 승
려나 비구니와 왕래할 수 없도록 금지령을 내렸다.

당 무종도 도교를 중시해 황제가 되던 해인 841년(회창 원년)에 황궁 내에 도교 사원을 지었고, 845년에는 불교를 금지하고 4천6백여 곳의 절을 불태웠으며, 26만 명에 이르는 승려와 비구니를 환속시켰다. 우스운 것은 무종이 불교를 억제하고 도교를 중시했지만 정작 자신은 도가의 금단에 중독되어 죽었다는 것이다. 도사들이 만든 금단에 중독되어 죽은 황제가 여럿 있었으니 아이러니한 일이다.

당나라 때는 불교보다 도교를 중시했지만 숙종, 헌종, 의종 등 불교를 믿었던 황제도 있었다. 특히 의종은 불교에 심취했다. 당나라 때는 황제들의 개인적인 취향에 따라 불교와 도교가 발전의 기복이 심했다. 한편 송나라 때는 도교가 불교보다 높은 지위에 있었으며 정치적인 권력도 도교가 더 강했다. 특히 송 휘종 조길(趙佶)은 도교에 크게 심취해 자신을 도교의 교주도군황제(敎主道君皇帝)라고 일컫기도 했다.

명의 홍무제 주원장은 본래 승려였기 때문에 불교를 숭상했다. 그는 동남의 명승 계덕(戒德)을 남경으로 데려와 법회를 열고 대신들과 함께 참석하였다. 환속한 승려 오인(吳印), 화극(華克) 등을 조정의 관리로 임명하고 자신의 측근으로 삼았다. 그는 자신이 좋아하는 승려를 궁으로 초청해 금으로 만든 가사를 내리고 함께 불도를 논하고 불교를 전담하는 관직을 만들기도 했다.

주원장은 불교를 숭상했지만 도교를 배척하지는 않았다. 그는 불교를 전담하는 관리를 두는 동시에 도교를 전담하는 관리도 두었다. 주전(周顚)과 철관자(鐵冠子), 장중(張中)을 데려다가 관리로 임명하기도 했다. 또한 도교의 경전인 『도덕경(道德經)』 읽기를 좋아했고 『어

주도덕경(御注道德經)』 2권을 저술했다.

명 가정제 주후총은 불교를 버리고 도교에 심취했다. 그는 궁중에 커다란 제단을 만들어 놓고 도교 의식을 거행했으며, 이를 반대하는 신하들은 모두 옥에 가두거나 유배를 보냈다. 그리고 도사의 말에 속아 불로장생약을 구하기 위해 국사를 내팽개치고 대신들과 단절된 상태에서 2년간 도교에 푹 빠져 지냈다. 호부주사인 해서(海瑞)가 죽음을 불사하고 관까지 들고 가 간언했지만 그를 하옥시켰고, 훗날 융경제가 즉위한 후에야 풀려날 수 있었다. 가정제는 도교를 숭배했지만 안타깝게도 불로장생약을 구하지 못했고 금단 중독으로 사망했다.

청나라 황제들은 주로 불교를 숭상했다. 청군이 중원에 들어온 후 최초의 황제인 순치제는 생전에 불교에 크게 심취하여 '행치(行痴)'라는 법명을 가졌고, '치도인(痴道人)', '진은도인(塵隱道人)' 등의 인장을 새겼다. 불교에 갈수록 깊이 빠졌던 순치제는 출가하여 승려가 될 마음까지 먹었지만 황제의 신분이었던 탓에 뜻을 이루지 못했다. 이 때문에 순치제가 훗날 출가해 오대산으로 들어갔다는 소문이 생겨나게 된 것이다.

순치제 외에 옹정제도 불교에 심취했다. 그는 자신을 '원명거사(圓明居士)', '파진거사(破塵居士)' 등으로 일컬었다. 그의 해석에 따르면 '거사'란 불학(佛學)을 연구하는 사람이며 불교의 계율에 억압되지 않는 불교도다. 그는 또 스스로 인간 세상의 야승(野僧)으로 자처하기도 했다. 옹정제는 말년에 궁중에서 법회를 거행하고 불법을 설파했으며 승려를 정치에 참여시켰다.

역대 황제들의 불교와 도교에 대한 취향이 다르기는 했지만 불교를 믿었건 도교에 심취했건 그 진정한 목적은 자신의 불로장생과 백성을 우롱하고 통치를 강화하는 것이었다. 불로장생을 원했던 어리석은 황제들은 금단 중독으로 사망하거나 종교에 너무 심취한 나머지 권력을 잃고 목숨까지 잃었다. 그리고 백성들을 우롱했던 황제들은 자신의 목적을 이루지 못했을 뿐 아니라 예기치 않았던 나쁜 결과를 야기했다.

　역대 농민봉기군의 우두머리들도 종교를 이용해 자신들의 비밀을 유지하고 일을 도모했다. 도교를 이용해 봉기를 일으킨 태평도(太平道, 후한 말기(2세기 말)에 거록군의 장각에 의해서 조직된 최초의 도교 교단)와 오두미도(五斗米道, 2세기 말부터 3세기 초에 사천성부터 협서성 남부에 퍼진 종교. 창시자라고 하는 장릉張陵이 신자에게 쌀 5두를 내게 하였기 때문에 이 말이 생겨났다고 한다)가 그러했고, 불교를 이용한 대승교기의(大乘敎起義), 백련교기의(白蓮敎起義), 명교(明敎)를 이용한 무을기의(毋乙起義)와 방랍기의(方臘起義), 왕념경기의(王念經起義) 등이 모두 그러했다. 이 가운데 어떤 교단은 왕조의 교체를 앞당겼으며 어떤 교단은 왕조를 전복하고 황제를 황위에서 끌어내리기도 했다. 중국 속담에 '불장난을 하는 자는 그 불에 자신이 데고 만다.' 라는 말이 있다. 역대 황제들이 불교와 도교를 숭상한 결과는 바로 이 인과응보의 불교 교리를 그대로 증명하고 있다.

황제도 모르는 태자의 출생

질투는 때로는 잔인함과 같은 말이 되니
한 여인의 질투로 황제도 모르게 출생한 아들이 있었으니.

　유명한 근대 경극 중에 『이묘환태자(狸猫換太子, 태자를 살쾡이로 바꾸다)』가 있다. 이 경극의 내용은 다음과 같다.

　"송 진종 때 이비(李妃)가 아들을 낳았는데, 유비(劉妃)가 그것을 질투해 환관 곽괴(郭槐)와 밀통하여 죽은 살쾡이를 가져다가 황자와 바꾸고 승어(承御) 구주(寇珠)에게 황자를 금수교(金水橋) 아래로 던져 버리라고 명한다. 그런데 구주가 차마 황자를 강에 버리지 못하고 환관 진림(陳琳)에게 도움을 청한다. 진림은 황자를 함 속에 넣어 팔현왕부(八賢王府)로 몰래 보내 잘 키우게 한다. 유비는 이비가 살쾡이를 낳았다고 모함해서 진종은 이비를 외진 궁에 가둔다. 곽괴는 구주와 진림이 금수교 위에서 나누는 이야기를 듣고 유비에게 모두 고한다. 유

송 진종 조항

비는 곽괴를 시켜 구주를 처형한다. 유비는 여기에서 그치지 않고 이
비를 죽이기 위해 그녀의 궁에 불을 질렀는데, 다행히 환관에게 구조
되어 황궁을 빠져나오게 된다. 그로부터 18년 후, 진종이 죽고 이비
가 낳은 아들이 그의 뒤를 이어 인종(仁宗)이 된다. 그때 진주에 가뭄
이 들어 포증(包拯)이 백성들을 구휼하러 왔다가 조주교(調州橋)를 지
나게 되었는데 이때 갑자기 이비가 나타나 억울함을 호소한다. 포증
은 모든 사실을 인종에게 보고한다. 인종은 진림에게 자백을 받아내
사건의 진상이 모두 밝혀지게 된다. 그 후 인종은 어머니 이비를 궁
으로 모셔 오고 곽괴를 참하고 유비는 외진 궁에 가둔다."

경극은 예술적 가공을 거친 것이기 때문에 이것이 완전한 역사적 사실이라고 할 수는 없다. 관련 야사에 의하면 극중 유비의 실제 주인공은 본명이 유아(劉娥)로 가주자사(嘉州刺史) 유통(劉通)의 딸인데 아버지를 일찍 여의고 은세공장이의 처가 되었다. 그런데 우연한 기회에 유아의 남편이 송 태종의 3남 조항(趙恒, 훗날 진종)에게 그녀를 바쳤다. 조항과 유아는 나이가 비슷하여 말이 잘 통하니 서로 깊이 사랑하게 되었다. 그러나 태종의 반대로 둘은 몰래 왕래만 하며 지냈는데 태종이 죽은 후 황제로 즉위한 조항은 곧 유아를 궁궐로 데려와 미인으로 봉했다. 진종의 총애를 독차지한 유아는 황후도 부럽지 않을 만큼의 권세를 누렸다. 장목황후 곽씨가 죽은 후 진종은 유아를 황후에 봉하고 싶었지만 대신들의 강력한 반대에 부딪쳐 성사시키지 못하였다. 3년 후 유아는 미인에서 수의(修儀)로 그리고 다시 덕비(德妃)로 진봉되었다. 빈비 가운데 최고의 지위를 차지하였다.

그러나 은세공장이의 처에서 최고의 권세를 누린 그녀에게도 치명적인 약점이 있었으니, 아이를 낳지 못한다는 것이었다. 진종과 무려 30여년간이나 부부로 살았지만 아이를 한 명도 낳지 못했다. 진종은 그 전에 다른 궁비에게서 몇 명의 아들을 보았지만 아쉽게도 모두 어려서 세상을 떠났고 슬하에 아들이 없었다. 어느날 진종은 유아의 시중을 들던 궁녀 이씨와 잠자리를 함께하게 되었는데 그녀가 회임을 하고 그 이듬해에 아들을 낳았다(1010년 4월 14일). 그 아들은 조정(趙禎)이라고 이름 지어졌고, 진종은 아들을 얻은 기쁨에 어쩔 줄 몰랐다. 이 소식을 들은 유아는 곧 이씨를 위협하여 그녀가 낳은 아들을 빼앗고 조정 안팎에는 자신이 아들을 낳았다고 알렸다. 진종도 유아가 아들 조정을 맡아 기르는 데 동의했고, 그 사실은 엄격한 비밀에 부쳐졌다. 진종은 조정을 유아의 아들로 선포하고 그녀를 황후로 봉했다(1012년). 바로 이것이 경극 『이묘환태자』의 기초가 된 일화다.

이씨는 출신이 미천하고 유아의 시중을 들던 궁녀였기 때문에 어쩔 수 없이 유아의 요구에 응할 수밖에 없었다. 후에 그녀는 완의(婉儀)에 봉해졌으나 여전히 자기가 낳은 아들의 얼굴을 보는 것은 허락되지 않았다. 1022년(건흥 원년) 2월에 진종이 병사하자 이제 갓 13세의 조정이 황제로 즉위하니 그가 바로 인종이다. 유아는 황태후의 신분으로 수렴청정을 했지만 이씨는 선대 황제의 후궁 신분으로 진종의 능을 지켰다. 쓸쓸히 여생을 보내던 이씨는 적막함과 외로움에 시름시름 앓다가 1032년 신비(宸妃)로 봉해지고 난 후 얼마 안 되어 병사했다. 그때 그녀의 나이 46세였다.

이비가 죽은 후 유아는 그녀의 장례를 성대하게 치르지 않고 일반 궁녀가 죽었을 때와 마찬가지로 대충 매장하려고 했다. 그런데 재상 여이간(呂夷簡)이 반대하며 말했다. "만일 태후께서 유씨 가문의 앞날을 생각하지 않으신다면 저도 긴 말씀을 드리지는 않겠습니다. 하지만 만약 유씨 가문의 장래를 생각하는 마음이 있으시다면 이씨의 장례를 성대하게 치러 주어야 한다고 생각합니다." 이 말에 유아는 번뜩 정신을 차리고는 자신의 죄를 참회하며 모든 사실을 여이간에게 털어놓았다. 결국 이비의 장례는 여이간의 의견대로 성대하게 치러졌다. 이비는 세상을 마지막으로 떠나는 길에는 황후의 옷을 입었으며 관이 수은으로 채워지고 1품 부인의 장례 법도에 따라 매장되었다.

그 이듬해 유아가 병으로 세상을 뜨니 인종은 가슴 아파했다. 인종

장의황후 이씨
북송 제3대 황제 진종의 계비이며
인종의 생모. 인종은 이씨를 장의황
후로 추존함.

은 그때까지도 유아를 자신의 친모로 생각하고 있었기 때문이다. 그
런데 종실인 연왕(燕王)이 인종에게 22년간 묻혀 있었던 사실을 모두
알려주었다. 연왕은 인종에게 친모는 유아가 아니라 지난해 사망한
이비이며 그녀가 비명횡사한 것이 분명하다고 말했다. 이에 격분한
인종은 곧 연로한 대신들에게 이것이 모두 사실임을 확인하고는 크
게 슬퍼하며 전국에 이 사실을 알리고 자신의 불효를 자책했다. 인종
은 그 후 이씨를 장의황후(章懿皇后)로 추존하고 황후의 장례법도에
따라 다시 장례를 거행할 것을 명했다.

　이비의 장례를 다시 거행하기 위해 관을 열자 그녀에게 황후의 옷
이 입혀져 있고 관이 수은으로 채워져 시신이 전혀 썩지 않고 그대로
보존되어 있었다. 인종과 문무백관들이 모두 놀라 의아해 했다. 재상

298

여이간 만이 그 진실을 알고 있었다. 인종은 유아에게 향하던 분노를 거두고 유아의 집안에 벌을 내리지 않았으며 오히려 관직을 올려 주었다. 만약 당시에 유아가 여이간의 권유를 받아들이지 않고 이비를 대충 땅에 묻어 버렸다면 유씨 가문의 운명이 어떠했을지 짐작할 수 있다. 여이간의 선견지명이 한 가문을 살린 것이다. 인종은 문무백관을 이끌고 이비의 무덤에 가서 애도했다. 또한 그의 유일한 외숙 이용화(李用和)에게 높은 관직과 후한 재물을 내리고 딸 복강공주(福康公主)를 그의 아들 이위(李瑋)에게 시집보냈다.

이와 비슷한 사건이 명나라 때에도 있었다. 1464년(천순 8년) 정월, 38세의 천순제가 병사하자 장자 주견심(朱見深)이 황위를 계승하여 성화제가 되었다. 그때 그의 나이 18세였다. 주견심이 어렸을 때 만(萬)씨 성을 가진 궁녀에게 시중을 들게 한 적이 있었는데 그녀의 본명은 만정아(萬貞兒)이고 산동 제성(諸城) 출신이었다. 그녀의 부친 만귀(萬貴)는 현의 낮은 관리였는데 후에 죄를 지어 패주(覇州)로 쫓겨갔다. 만씨가 4세 되던 해에 집안 사정이 어려워지자 궁녀로 입궁하였다. 그녀는 입궐한 후에 착한 마음씨와 부지런함으로 태황태후(효공장황후孝恭章皇后) 손씨로부터 신임을 얻어 후에 인수궁으로 보내져 의복 관리하는 일을 맡게 되었다. 1462년(천순 6년), 손태후가 병으로 죽자 만씨는 인수궁에서 동궁(東宮)으로 옮겨져 태자 주견심의 시중을 들게 되었다. 그때 만씨는 이미 35세였고 태자의 나이는 16세였다. 그녀는 어린 태자의 마음을 깊이 감싸 주며 태자와 사랑에 빠지게 되었다. 게다가 만씨는 몸매가 풍만하고 피부가 백옥처럼 희고 용모가 수려해 갓 스무 살을 넘긴 것처럼 앳된 모습이었기 때문에 태자는 온 종일 그녀에게 푹 빠져 곁을 떠나지 않았다.

1464년(천순 8년) 태자가 황제로 즉위하니 그가 바로 성화제다. 만씨는 자신이 황후가 될 것이라고 믿고 크게 기뻐했다. 그러나 뜻밖에 생모의 강요로 천순제가 생전에 간택해 준 궁녀 오씨가 황후로 간택되었다. 만씨는 이에 굴하지 않고 주견심을 이용해 자신의 목적을 달성하려고 마음먹었다. 주견심 역시 황후 오씨에게 별다른 관심이 없었고 여전히 만씨와 하루 종일 함께 지냈다. 황후 오씨는 만씨의 세력을 견제하려다가 오히려 계략에 넘어가 황후가 된 지 6개월도 안되어 폐후가 되었다. 주견심은 만씨에게 황후의 자리를 주려고 했으나 주태후의 반대로 왕씨가 황후가 되었다. 그러나 효정순황후 왕씨는 황후의 전권을 만씨에게 넘겨주고 꼭두각시 생활을 하였다.

1466년(성화 2년) 정월에 만씨는 아들을 낳았다. 주견심은 크게 기뻐하며 그녀를 귀비로 봉하고 또 그녀에 대한 자신의 사랑을 표현하기 위해 귀비 앞에 황(皇)자를 붙여 황귀비라고 했다. 아들을 낳은 후 만씨는 후궁 가운데 가장 높은 지위를 차지하게 되었지만 안타깝게도 그녀에게 무한한 영예과 부귀를 안겨다 준 아들이 1년 10개월 만에 요절하고 말았다. 이것은 이미 39세의 만씨에게는 치명적인 일이었다. 아들을 그리도 중시하던 시대에 아들을 잃는다는 것은 황후에 오를 자격을 상실했음을 의미했다. 이때부터 만씨의 성격은 크게 변하기 시작했다. 주견심에 대한 그녀의 집착은 늘어만 갔으며 일거수일투족을 감시하려 했다. 그리고 주견심의 아이를 회임한 궁녀가 있으면 수단과 방법을 가리지 않고 극약을 먹여 낙태시켰다. 심지어는 잔인한 고문을 가하기도 했다. 이렇게 되자 2년 동안 황제의 아이를 회임한 궁녀는 단 한 명도 없었으며 궁녀들은 승은을 입는 것을 두려워하기까지 했다.

1469년(성화 5년) 4월에 현비(賢妃) 백씨가 아들을 낳아 2년 후에 태자로 책봉되었는데 4개월 후에 돌연 죽고 말았다. 사서에는 이에 대한 기록이 남아 있지 않으며, 야사에서는 이것이 만씨가 저지른 일이라고 전하고 있다. 태자가 죽은 뒤 채 2개월도 되지 않아 기(紀)씨 성을 가진 궁녀가 회임을 했다는 소문이 나돌았다. 회임한 궁녀는 광서상사(廣西上司)의 딸이었는데 성화 연간에 포로로 잡혀와 궁녀가 된 여인이었다. 기씨는 외모가 수려하고 자태가 요염해 주견심이 그녀를 보고 한눈에 반해 황귀비 만씨 몰래 잠자리를 해왔다. 이 소식을 들은 만씨는 크게 화를 내며 궁아(宮娥)에게 기씨를 낙태시키라고 명했다. 그러나 마음 약한 궁아는 기씨를 동정해 그녀의 회임이 사실이 아니라고 보고했다. 만씨는 여전히 안심하지 못하고 기씨를 외진 안락궁(安樂宮)에 감금시켰다.

1470년(성화 6년) 7월에 기씨는 아들을 낳았지만 만씨에게 들킬까 두려워 환관 장민(張敏)에게 아기를 물에 빠뜨려 달라고 부탁했다. 그러나 장민은 지금은 황제에게 고할 수 없지만 황제에게 아들이 없으니 죽일 수는 없다며 서내(西內)로 옮겨 몰래 키웠다. 서내에 기거하고 있던 폐후 오씨는 그 사실을 알고 함께 아이를 돌봐 주었다. 만씨가 여러 차례 사람을 보내 수색했지만 황자의 존재를 찾지 못했다.

1475년(성화 11년) 초여름, 장민이 주견심의 머리를 빗겨 주고 있었는데 그가 거울을 보며 이렇게 탄식했다. "이리 늙도록 아들 하나 없으니!" 장민은 이 말을 듣고 주위에 아무도 없는 것을 확인하고 머리를 조아리며 기씨의 이야기를 알렸다. 주견심은 크게 놀라 곧장 서내로 달려가 아들을 만났다. 아이는 이미 6세였다. 주견심은 아들을 끌어안고 눈물을 흘렸다. 조정에서 황제의 득남을 경축하는 연회를 거행할 때 만씨는 한쪽에서 이를 악물며 독살을 계획하고 있었다. 그로부터 40일 후, 기씨가 갑자기 죽었다는 소식이 들렸고 전국 방방곡곡에 그와 관련된 온갖 소문이 떠돌았다. 기씨가 스스로 목숨을 끊었다고 하는 사람도 있었고 만씨에게 독살 당했다고 말하는 사람도 있었다. 『명사(明史)』에서는 그 일을 "만귀비가 죽였을 수도 있고 기씨가 자결했을 수도 있다."라고 전하고 있다. 그러나 주견심도 감히 만씨를 깊이 조사하지는 못했다. 얼마 후 환관 장민이 자결했는데 이는 분명 만씨가 강요한 것일 가능성이 높다.

기씨가 죽은 지 4개월 후에 황자가 태자로 봉해지고 우당(祐樘)이라고 이름 지어졌으며 태자를 안전하게 보호하기 위해 주견심의 생모인 주태후가 태자를 직접 길렀다. 하지만 태자를 죽이려는 만씨의 생각은 수그러들지 않았다. 한번은 만씨가 태자를 위해 연회를 베풀었는데, 주태후는 태자에게 연회에서 절대로 음식을 먹어서는 안 된다고 신신당부했다. 과연 만씨는 태자에게 음식을 먹으라고 계속 권유했지만 여섯 살바기 태자는 말을 듣지 않았다. 만씨가 그 이유를 물으니 독이 있을까봐 먹지 않는다는 대답에 만씨는 크게 화를 냈다. 만씨는 또 주견심에게 태자를 바꿀 것을 강요했지만 뜻을 이루지 못했고 외로운 나날을 보내다가 1487년(성화 23년) 1월 10일에 60세의 나이로 세상을 떠났다. 그녀의 죽음을 둘러싸고도 자결이니 병사니 하는 소문이 떠돌았다. 그리고 7개월 후 주견심은 죽은 만씨를 그리워하다 우울증으로 세상을 떠나고 태자가 황제에 즉위했는데 그가 바로 홍치제(弘治帝)다. 그때 그의 나이 18세였다.

이 두 역사적 사건에는 공통점이 있으며, 경극 『이묘환태자』는 이 두 사건에 예술적인 가공을 더해 만들어 낸 것임을 알 수 있다.

피리 부는 황제

예술의 매력은 거부할 수 없는 것
이것은 인간의 본성이며 황제 역시 다르지 않으니.

중국 고대 황제 가운데 음악과 희곡을 좋아하고 음악적 재능을 가지고 있던 이는 적지 않다.

진 이세황제 호해는 중국 최초로 희곡에 심취했던 황제다. 호해는 황위를 찬탈한 후 나랏일에서는 거의 손을 떼고 환관 조고의 방임 속에 온종일 주색에 빠져 지냈다. 그가 가장 좋아했던 것은 바로 가무와 악기 연주였다. 고대에 역신을 퇴치하기 위한 '나(儺)'라는 가무가 있었는데, 이것은 오늘날 희곡의 전신으로 여겨지고 있다. 호해는 '나'의 기초 위에 곡을 붙이고 악기 연주를 덧붙여 희곡으로 재탄생시켰다. 후에 사람들은 이 희곡을 '진강(秦腔)'이라고 불렀다.

한 무제 유철은 역대 황제 가운데 처음으로 음악을 중시하고 전문

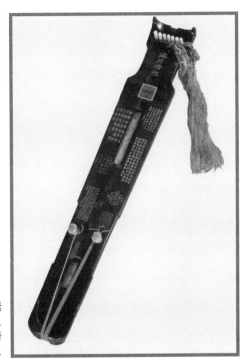

해월청휘칠현금
남송 때 만들어진 가야금.
이 금에는 명·청 사대부들의 시가
여러 수 적혀 있다. 건륭제의 소장품.

적으로 음악을 관장하는 기구를 설치한 황제다. '악부(樂府)'는 한 무제가 설립한 중국 최초로 음악을 관장하는 관서이며, 주로 조회와 연회, 황제의 거리 행차 등에 사용되는 음악을 관장했다. 악보를 만드는 일, 악공을 훈련시키는 일, 민간 시가 및 음악 수집 등을 맡아 민간 음악을 보존하는 데 큰 기여를 했다. 한 무제 외에 전한과 후한의 다른 황제들도 민간 음악을 매우 좋아했는데, 전한의 원제(元帝), 후한의 환제(恒帝), 영제(靈帝) 등은 모두 비파를 연주하고 동소(洞簫)를 불줄 알았다.

남조의 양 무제 소연은 음률에 매우 뛰어났다. 평소에 가야금(琴)

타는 것을 좋아했으며 '준음기(准音器)' 4개를 창제하여 이름을 '통(通)'이라고 칭했다. 또 그는 각각 음이 다르고 길고 짧은 피리 12개를 만들었다. 소연은 중국 최초로 악기를 만든 황제다.

삼국 시대의 위 무제 조조도 음악을 특별히 좋아했다. 목소리가 매우 좋아 노래를 잘했고 음률에도 정통해 틈만 나면 음악을 감상하고 연구했다. 때로는 사냥을 나가서 시를 지은 후 악사에게 음을 붙여 연주하도록 했다. 201년(건안 6년) 겨울, 조조는 업성(鄴城)에 동작대(銅雀臺)를 세운 뒤 방대한 규모의 가무단을 만들고 가무단을 위해 악부 가곡의 규격에 따라 「지행가(知行歌)」, 「기출창(氣出倡)」 등 24수의 시를 짓기도 했다.

당 태종 이세민이 진왕(秦王)이 되고 주를 멸했을 때 누군가 그에게 「진왕파진악(秦王破陣樂)」이라는 곡을 지어 주었다. 이세민은 황제에 즉위한 후 음악가 여재(呂才)에게 이 곡의 음률을 조율하게 하고 위징(魏徵) 등에게 가사를 붙이도록 하여 대형 가무극으로 변형시켰다. 가사는 모반자들의 토벌을 주제로 이세민이 사방을 정벌하여 천하를 평정시킨 무공을 칭송하는 내용이다. 6년 후, 이세민은 음악 선율과 장단에 따라 이 작품에 맞는 무용을 직접 안무하고, 여재에게 128명의 악공을 선발해 자신이 그린 안무도에 따라 무용을 연습하게 했다. 이 작품은 전곡이 3변(變)으로 이루어졌고, 각 변마다 4진(陣)이 있어 모두 52편으로 이루어져 있다. 악곡은 한족의 청상악(淸商樂)의 기초에 귀자악(龜玆樂)을 접목시켰는데, 『사서』에서는 '성운강개(聲韻慷慨)'라고 이름 붙였으며, 당대에 가장 유명한 가무대곡 중 하나다. 이세민은 중국 최초로 안무를 만든 황제다. 이 밖에도 음악 이론에도 독특한 견해를 가지고 있었다. 『구당서, 음악지』에 다음과 같은 기록이 남아 있다.

"정관 연간에 이세민은 대신들에게 음악과 정치의 관계에 대해 물었는데, 어사대부 두엄(杜淹)이 "진나라는 「옥수후정화」를 부르다 망했고, 제나라는 「반려(伴侶)」에 의해 망했으니, 진과 제의 망국의 원인은 바로 이들 망국의 노래 때문이었습니다."라고 말했다. 이세민은 그 말에 동의하지 않고 "짐이 생각하는 망국의 원인은 조정의 실책이오. 같은 음악이라도 듣는 사람의 기분에 따라 각기 다른 느낌을 갖게 되니 음악이 사람을 슬프게 하고 기쁘게 하는 것은 아니오. 진과 제 양국은 모두 잘못된 정치로 백성을 고달프게 했기 때문에 고달픈 심정으로 들으니 그 음악들이 슬프게 들리는 것이오."라고 말했다."

현대 음악 이론의 관점에서 볼 때 이세민의 논리는 일리가 있다. 후에 위징이 이 둘의 의견을 종합해 음악은 사람의 감정을 조절할 수 있도록 도와줄 뿐이며 사람의 희로애락을 결정할 수는 없다고 말하여 이세민은 그의 말에 동의했다고 한다.

명 홍무제 주원장은 극을 보는 것을 좋아했다. 잡극의 대사를 암기하고 있었을 뿐 아니라 그 가사를 모방해 시를 짓기도 했다. 천계제 주유교도 극을 좋아해서 자신이 직접 극을 공연하고 싶어 했다. 명나라 사람 진종(陳悰)은 『천계궁사(天啓宮詞)』에서 주유교가 고영수(高永壽) 등과 「설야토조보(雪夜討趙譜)」를 공연하던 때의 상황을 기록하고 있다.

"주유교는 극중에서 송 태조를 연기했는데 때마침 초여름이어서 날씨가 무더웠음에도 불구하고 사실적인 연기를 위해 두꺼운 겨울옷을 입고 연기했다."

주유교는 중국 황제들 가운데 처음으로 극을 직접 연기한 황제다. 청나라의 강희제와 건륭제는 위대한 황제로 손꼽힐뿐더러 음악을 매우 좋아했고 중시했다. 이 두 황제의 재위 시기는 수십 년의 시간차가 있지만 좋아하는 것이 비슷해 대규모 음악이론서 『율려정의(律呂正義)』를 함께 편찬했다. 이 책은 상, 하, 속, 후 총 4편으로 이루어졌다. 전반부 3편은 강희제의 칙명에 따라 1713년(강희 51년)에 예수회 선교사인 이탈리아인 페드리니(德理格)와 포르투갈인 선교사 페레이라(徐日昇)에 의해 편찬되었다. 상편 2권의 「정률심음(正律審音)」에서는 악률(樂律)을 논술하였고, 하편 2권의 「화성정악(和聲定樂)」에서는 악기의 음률을, 속편 1권의 「협균도곡(協均度曲)」에서는 서양의 악부와 음악이론을 논하였다. 이 저서는 『율려신서(律呂新書)』, 『율려정의(律呂精義)』와 더불어 중국의 대표적인 악률서로 꼽히고 있으며, 특히 중국에서 서양음악의 오선보로 된 악보와 음계의 명칭 등이 기록되어 있다.

강희제가 전반부 3편을 편찬한 지 33년 후인 1746년(건륭11년), 그의 손자 건륭제는 전120권의 율려정의 후편을 완성했다. 후편에는 청 궁정 음악의 악보와 무보, 악기의 그림 등이 소개되어 있다. 그 중에는 단폐대악(丹陛大樂), 청악(淸樂), 요가대악(鐃歌大樂), 몽골족의 가취악(笳吹樂)과 조선 악기의 그림 등과 함께 명나라의 음악 자료가 실려 있어 역사적인 가치가 매우 크다. 건륭제는 또 페드리니와 페레이라가 오래전 궁중으로 가지고 온 서양 악기와 외국의 사신들이 선물한 악기, 중국의 악공이 모방해 만든 서양 악기와 함께 중국 악기 상아적(象牙笛), 철현비파(鐵弦琵琶) 등의 악기를 이용해 14명으로 구

경극

경극은 북경에서 발전하여 중국 전역으로 퍼져나갔고, 현재까지도 환영받고 있는 고전 희곡이다. 명대에 널리 유행하던 전기(傳奇)의 기세가 누그러지면서, 청대의 건륭제 때부터는 아부(雅部)와 화부(花部)로 구분되기 시작하였다.

성된 중국 최초의 관현악단을 만들었다. 특별히 외국에서 서양 악기 연주자들을 초청해 관현악단의 지도를 맡기기도 했다. 유감스러운 것은 관현악단이 지속되지 못해 현재는 연주를 들을 수 없고 그들이 연주했던 악기도 볼 수 없다는 것이다.

청나라의 황제들은 음악 외에도 희곡을 매우 좋아했다. 그들은 황궁 내에서 항상 극을 보았고, 특히 황제나 황후의 생일이나 명절, 경사스러운 날에는 반드시 극을 공연했다. 며칠 혹은 수십 일 동안 계속 되었으며 하루에 공연 시간이 6, 7시간에 달하기도 했다.

1790년(건륭 55년), 건륭제의 80세 생일에는 남방의 삼경(三慶), 사희(四喜), 춘대(春臺)와 화춘(和春) 등 4대 극단을 북경으로 초청해 공연하였다. 경극계에서는 이 4대 극단이 북경으로 들어온 때부터 경극이 시작되었다고 여기고 있으니, 경극사에 있어서 건륭제의 공헌은 실로 크다. 건륭제는 극을 보는 것뿐 아니라 북을 칠 줄 알았고 스스로 극을 공연하고 곡을 만들고 극본을 쓰기도 했다. 그의 후대 황제 가운데 함풍제(咸豊帝)와 동치제(同治帝)가 그의 재능을 물려받아 함풍제는 극을 좋아하여 직접 극을 쓰거나 공연했다. 그는 환관들과 함께 극을 공연했는데 「황학루(黃鶴樓)」에서는 자신이 조운(趙云)을 연기하고 환관 고사(高四)가 유비를 연기해 군신관계가 바뀐 배역이었지만 그는 전혀 꺼리지 않았다고 한다.

황제나 황후의 생일에는 궁중에서 항상 대대적으로 극을 공연했다. 그때 공연한 극은 '구구대경(九九大慶)'이라고 불렀다. 1884년(광서 10년) 10월 10일은 서태후의 50세 되는 생일이었는데 이를 경축하기 위해 9월 20일부터 28일까지 창음각(暢音閣)에서 공연하였다. 10일 후인 10월 8일에는 또다시 장춘궁(長春宮)에서 시작해 18일에야 끝났으며 매일 6, 7시간을 공연하였다. 이 공연에서 분장을 위해 들어간 비용만 은자 11만 냥에 달했다. 10년 후 서태후가 60세 생일을 맞이했을 때에는 거대한 악무경축 행사가 열렸는데 극 공연을 위한 분장과 소품에 은자 52만 냥이 넘는 비용이 사용되었다. 서태후가 극을 좋아하고 지원을 아끼지 않은 덕분에 청 말기에는 황궁 내에서 공연이 성행했다. 또한 러시아 서커스단을 이화원으로 불러 구경한 적도 있었다. 이를 위해 필요한 비용은 모두 백성들에게 떠안겨졌다. 청의 국고는 서태후 때 이미 바닥을 드러내고 있었다.

황제들은 음악과 희곡을 좋아하거나 중시했다. 하지만 음악에 소질을 가진 황제를 꼽자면 당 현종 이융기를 제일 먼저 꼽을 수 있다.

그는 각종 악기를 다루는 데 소질을 보였고 작곡에도 능해 전문적인 음악가 수준이었다.

당나라 남탁(南卓)이 편찬한 『갈고록(羯鼓錄)』에는 후당의 명종이 음률에 정통하고 작곡에 뛰어났다고 기록하고 있다. 실제로 명종은 음악에 대한 조예가 매우 깊어 갈고를 치고 옥적(玉笛)을 부는 데 능했다. 갈고는 일종의 타악기로 남북조 시대에 서역에서 전래되어 당 현종 때 크게 성행했다. 명종은 갈고 연주에 매우 열중해 갈고를 치는 막대기가 수없이 부러졌다고 한다. 시인 이상은(李商隱)은 「용지(龍池)」라는 시에서 명종이 용지에서 열린 연회에서 갈고를 연주하는 정경을 묘사하기도 했다.

명종은 갈고 외에 옥적이라는 피리도 매우 잘 불었다. 당시 피리를 잘 불기로 유명한 이모(李暮)라는 소년이 어느 해 정월 14일 저녁에 우연히 상양궁(上陽宮)에서 옥적 소리를 들었다. 그 곡은 바로 명종이 창작해 연주한 곡이었다. 며칠 후 명종은 위장을 하고 궁 밖으로 나갔는데 주루에서 구슬픈 옥적 소리가 희미하게 들려왔다. 그 곡은 바로 자신이 작곡한 곡이었다. 그는 크게 놀라 다음날 그 곡을 연주한 이모를 궁으로 불렀다. 명종이 그 곡을 어찌 아느냐고 물으니 이모는 어느 날 저녁 천율교(天律橋)에서 달구경을 하는데 황궁에서 들리는 그 곡을 듣고 곡이 너무 좋아서 가락을 외웠다가 불게 된 것이라고 했다. 명종은 이 말을 듣고 이모를 풀어 주었다고 한다. 이 일화에서 명종이 작곡한 곡이 매우 훌륭했음을 알 수 있다.

역사적으로 음악과 희곡을 좋아했던 황제는 많지만 실제로 전혀 재능 없이 좋아하는 시늉만 했던 황제들도 있다. 송 태종 조광의가

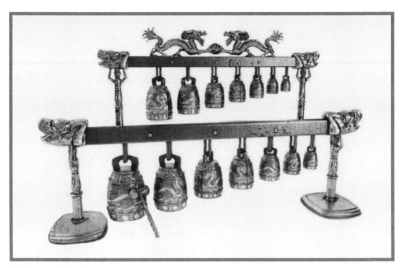

중국 고대 악기 편종

바로 그런 경우다. 당시 궁중에는 비파를 연주하는 주문제(朱文濟)와 채예(蔡裔)라는 악사가 있었다. 하루는 조광의가 그들을 불러다가 칠현금을 구현금으로 바꾸어 다시 곡을 연주해 달라고 했다. 채예는 감히 어명을 거스를 수 없어 망설였지만, 주문제는 당초에는 오현금이었는데도 연주할 때 그 현을 다 사용하지 않았고 이미 7현으로 늘어난 상태이니 현을 2개 더 늘릴 필요가 없을 것이라고 대답했다. 그러자 조광의는 악사 따위가 자신의 말을 듣지 않는다고 크게 화를 내면서 옛날에는 현이 5개였지만 주문왕과 무왕이 각각 하나씩 늘려 현이 7개가 되었는데, 자신이 2개 더 늘려 9현으로 만든다고 해서 안 될 것이 무엇이냐고 호통을 치며 주문제를 쫓아냈다. 채예는 태종의 어명대로 현을 2개 더 늘려 구현금을 만들었다고 하지만 그 악기는 현존하고 있지 않다.

황제의 신분으로 볼 때 극을 공연하는 예인들은 매우 미천했으며 황제와 황후를 위해 연기하는 천민에 불과했다. 그래서 황제들은 자신이 기분이 좋을 때에는 그들에게 후한 상을 내렸지만 심기를 거스르면 곧 죽여 버렸다. 『소정잡록(嘯亭雜錄)』의 기록에 따르면, 옹정제가 잡극을 보고 난 후에 상주자사를 연기한 예인을 매우 마음에 들어 하며 연회를 베풀었는데 그 자리에서 한 예인이 사소한 일로 옹정제의 마음을 건드려 죽음을 당했다고 한다.

  역사적으로 각 왕조마다 개국 초기에 새로운 국악을 창작하여 조정의 모든 의식에서 시용했다. 국악을 새로 창작할 때에는 전 왕조의 국악을 고쳐서 사용하는 것이 일반적이었다. 물론 전 왕조의 국악이 마음에 들지 않아 자신이 좋아하는 음악을 연주하게 하고 그 음악을 들으며 흥에 겨웠던 황제도 있다. 금나라의 세종이 바로 그러했다. 『금사, 세종본기(金史, 世宗本紀)』에 따르면, 1173년(대정 13년)에 세종은 재상에게 지금 연회에서 사용하는 음악은 모두 한족의 음악이므로 마음에 들지 않으니 만주족의 민가를 궁중 음악으로 연주하라고 명했다. 1185년(대정 25년)에는 황무전(皇武殿)에서 연회를 베풀었는데 자신이 직접 그 민가를 부르면서 감정에 겨워 눈물을 흘리기까지 했다. 민가는 패업을 달성하고 선대의 업적을 계승하기가 매우 어렵다는 내용이었다. 세종은 연회에 참석한 모든 이들에게 이 노래를 따라 부르도록 했다고 하니, 그는 음악의 교육적인 효과를 잘 이용할 줄 알았던 듯싶다. 노래는 바로 각 민족의 정서와 민족의식을 계승하고 전통을 발전시키는 효과적인 수단이었던 것이다.

황제의 단명과 장수, 무자비

복은 화에 의지해서 오며 화는 복의 내면에 도사리고 있네
옳고 그름과 공과 실은 모두 후대에 평가되는 것이니.

    하늘의 뜻인지는 몰라도 역대 황제들은 모두 천하의 재물은 한 손
에 가지고 있었지만 장수한 이는 매우 드물다. 통계에 따르면 진시황
부터 청의 선통제 푸이에 이르기까지 400여 명에 달하는 중국 황제
들의 평균 수명은 36세다. 황제들이 대부분 인생의 황금기에 세상을
등지고 만 것이다.

    그렇다면 온 천하의 모든 복은 다 누리는 황제들이 왜 장수의 복은
누리지 못한 것일까. 아마도 그 주요 원인은 복이 화를 불렀기 때문
인 것 같다. 전한의 문학가인 매승(枚乘)은 『칠발(七發)』에서 황제들이
단명한 원인을 분석하여 기록했다. 이를 현대적 시각에서 해석해 보
면 출입할 때 모두 가마를 이용하여 몸을 움직이지 않으니 몸에 마비

가 오고, 깊은 궁 안에서 생활하니 몸에 한기와 열기가 음습했으며, 미인들에 둘러싸여 방탕한 생활을 하고, 술과 기름진 음식을 너무 많이 먹어 위장을 해쳤다는 이론이다. 매승의 분석은 역대 황제들의 단명 원인을 잘 설명하고 있다.

25개의 왕조를 살펴보면 궁에서 나고 자라고 부인의 손에 키워졌으며 주색에 빠져 지낸 황제들이 단명한 예가 많다. 북제의 문선제(文宣帝) 고양(高洋)은 매일 주색에 빠져 지내다가 31세에 요절했다. 전한의 성제 유오도 미녀들은 물론 미소년들까지 궁에 데려다 놓고 문란한 생활을 즐겼다. 그가 연회를 열 때에는 사방에 남녀 간의 상열지사를 그린 병풍이 둘러쳐져 있었고 그는 이렇게 자신의 정력이 다할 때까지 주지육림(酒池肉林)에 빠져 지냈다. 회춘약을 먹고 사망했을 때 그의 나이는 42세였다.

역대 황제들 가운데 주색으로 몸을 망친 이는 한둘이 아니었다. 그러나 그 중에서도 장수한 황제는 여럿 있다. 청 건륭제(89세), 남조 양 무제(86세), 남송 고종(81세), 오 월왕(81세), 한 무제(70세), 당 현종(78세), 측천무후(82세), 원 세조(80세), 명 홍무제(71세) 등이다. 하지만 그들의 공통점은 천하를 손에 넣은 지 얼마 되지 않은 용맹한 군주였거나 정권을 손에 넣기 위해 노력하던 군주들이었다는 점이다. 어떻게 하면 자신의 사욕을 채울 수 있을까 고민하던 후대의 황제들과는 근본적으로 달랐다.

역대 황제들 가운데 수명이 가장 길었던 이는 바로 건륭제다. 그가 장수할 수 있었던 비결은 양생법(養生法, 몸과 마음을 건강하게 잘 다스리는 법)을 철저하게 실천한 덕이다.

첫째 '십상사물(十常四勿)'을 빼놓을 수 없다. '십상'은 10가지 동작을 자주 하는 것이다. 이빨을 서로 부딪치고, 침을 삼키고, 귀를 부드럽게 주무르고, 코를 부드럽게 주무르고, 눈동자를 항상 움직이며, 얼굴을 비비고, 발을 안마하고, 배를 돌리고, 손과 발을 펴고 근육을 이완시키고, 항문을 조이는 것이다. '사물'은 해서는 안 되는 4가지로 먹을 때 말하지 않고, 누워서 말하지 않으며, 마실 때 취하지 않고, 색에 열중하지 않는 것이다.

둘째, 동정(動靜)의 조화다. 건륭제는 만주족 출신답게 운동을 매우 좋아했다. 또한 여행을 매우 좋아해 명산대천이나 고찰 등에 많은 족적을 남겼다. 운동과 유람을 많이 하는 한편 조용히 실내에서 시서화를 즐김으로써 움직임과 고요함의 조화를 이루었다.

셋째, 늘 보약을 복용했다.

넷째, 신선한 채소를 위주로 먹고 육류는 적게 먹었다.

다섯째, 한약재나 곡식으로 담근 술을 취하지 않게 적당히 마셨다.

여섯째, 절제를 잘 했다. 좋은 술과 미인이 가득한 황궁에서 유혹에 넘어가지 않기는 대단히 어려웠으나 여색에 빠지지 않았다.

건륭제 외에 남조 양 무제도 장수를 누렸는데 그는 불교에 심취한 것으로 유명한 황제였다. 그도 본래는 주색을 몹시 즐겼었는데 불교에 심취하고 나서부터는 술을 끊었다. 50세가 넘은 후에는 여인과 잠자리를 하지 않았으며 음식도 채식만 고집했다.

사실 위에서 말한 두 황제의 양생법이 세상의 모든 향락을 누릴 수 있는 황제들로서는 더욱 쉽지 않았을 것이다. 매일 산해진미와 미인들을 눈앞에 두고 주색을 멀리하는 것은 웬만한 의지가 아니고서는

무자비
측천무후는 시안에서 60킬로미터 떨어진 건릉에 고종과 합장되었다. 500미터 길이의 참배로에는 동물을 본뜬 120개의 석상이 줄지어 있다. 참배로 가장 안쪽에 무자비가 있다.

실천하기 힘든 것이다.

물론 양생을 잘하건 못 하건, 장수하건 단명하건, 또 황제건 백성이건 사람은 태어나면 반드시 죽는 것이 이치다. 사람은 죽어서 이름을 남긴다고 했던가. 누구든 죽은 후에 누군가 자신을 기리는 비를 세워 주고 이름이 후세에까지 전해지기를 바랄 것이다. 특히 황제의 경우에는 더욱 그렇고 또 이것이 관례가 되어 있기도 하다. 당 고조 이연은 죽은 후에 높이 6.4미터, 폭 1.86미터의 묘비가 세워졌으며, 측천무후의 아들 중종 이현의 비에 새겨진 비문은 6천 자에 달한다. 그들의 비문에는 생전의 업적이 크게 부풀려져 기록되어 있다. 하지만 여러 가지 이유로 황제가 죽은 후에 비에 아무런 비문도 새기지 않은 경우가 있었는데, 이런 비석을 무자비(無字碑)라고 부른다.

오악(五岳)의 최고로 불리는 태산의 정상에 높이 6미터, 폭 1.2미터의 무자비가 세워져 있다. 한 무제가 기원전 109년(원봉 2년)에 태산에 처음 올랐을 때 세운 비라고 전해지고 있다. 한 무제가 황상에 앉아 30년간 세운 공이 너무도 많고 위대하여 비에 모두 기록할 수 없음을 암시하기 위해 아무런 글도 새기지 않았다는 설도 있고, 태산의 장엄한 풍광에 한 글자도 적지 못했다는 설도 있다.

무자비를 세운 또 한 명의 황제는 측천무후다. 섬서 건현의 양산(梁山)에 위치한 건릉에는 당 고종과 측천무후의 합장릉이 있다. 건릉은 산의 형태를 그대로 이용하여 만들었고, 사방에는 안과 밖 두 겹의 성벽으로 둘러싸여 있다. 내성의 길이는 1,450미터, 두께가 24미터다. 그 능 앞에 2개의 석비가 세워져 있다. 하나는 당 고종의 '술성비(述聖碑)'고 또 다른 하나는 측천무후가 자신을 위해 세운 무자비다. 기록에 따르면 측천무후가 임종 직전에 자신의 공과 실을 후대인들이 평가하라고 유언을 남겼다. 그래서 그녀의 사후에 무자비가 세워졌던 것이다. 생전부터 업적과 과실에 대한 논쟁이 많았던 측천무후에게는 이것이 현명한 방법이었을 것이다. 수백 년 동안 측천무후의 업적과 실정에 대한 논쟁이 계속되었지만 여전히 확실한 정론은 없는 상황이다. 역시 측천무후에 대한 평가는 후세에 남겨 두는 것이 좋을 듯싶다.

이 두 황제 외에도 부득이한 이유로 무자비가 세워진 황릉이 있다. 명나라의 13릉(明十三陵)에 있는 여러 개의 비석이다. 기록에 의하면

명13릉
중국 북경 북쪽 4킬로미터 지점의 천수산 아래에 조성된 명나라 황제 16명의 13릉.

홍무제 주원장은 황제의 비석에는 신하가 글을 올릴 수 없으며 오직 황제의 뒤를 이은 황제만이 비문을 지을 수 있다고 규정했다. 그래서 홍무제의 비문은 건문제가 썼으며, 건문제의 비문은 영락제가 썼다. 본래 명 황제들의 비문은 이렇게 내려오고 있었는데, 황위 계승자들 가운데에는 선대의 비문을 짓기 싫어하는 불초자들도 있었다. 가정제 주후총도 그들 중 하나다.

본래 비석이 없던 영락제 장릉(長陵), 홍희제 헌릉(獻陵), 선덕제 경릉(景陵), 천순제 유릉(裕陵), 성화제 무릉(茂陵), 홍치제 태릉(泰陵), 정덕제 강릉(康陵)에 1536년(가정 15년) 비석이 세워졌다. 당시 예부상서였던 엄숭이 가정제에게 7개 비에 비문을 적어 달라고 간청하였다. 가정제는 주색에 빠져 국사를 돌보지 않고 신선이 되겠다는 허무맹랑

한 생각에 온통 정신을 쏟고 있었으니 7개나 되는 비문을 지을 정력
이 남아있지 않았다. 그런 이유로 7개의 비석은 무자비로 남게 되었
다. 가정제 이후의 황제들은 선대 황제가 비문을 짓지 않았으니 감히
비문을 지을 수 없다고 하여 모두 무자비로 남게 되었다.

황릉의 건설과 참혹한 도굴

코끼리가 상아로 인해 해를 입듯이 무덤은 보물로 인해 파헤쳐지네
무덤에 보물이 함께 묻히니 영원히 안전할 수 없어라.

어떤 황제도 불로장생의 꿈을 이루지는 못했다. 모든 황제들이 자신도 언젠가는 죽게 된다는 것을 알고 있었기 때문에 황제로 즉위하는 날부터 불로장생의 약을 찾는 것과 죽어서 묻힐 침릉을 짓는 일은 게을리 하지 않았다. 그리고 불로장생약을 찾기 어려운 만큼 침릉 건설에 더욱 힘을 쏟게 되었다.

진시황은 황제가 되던 그해부터 자신의 능을 짓기 시작했는데 그가 죽을 때까지 완성하지 못했다. 그의 아들 진 이세황제가 이어서 지어 장장 38년간에 걸쳐 진시황의 능이 건설되었다. 능 건설에 투입된 사람들이 70만 명에 이르렀다. 한 무제는 황제로 즉위한 이듬해부터 자신의 능을 짓기 시작해 죽기 1년 전에 완공하여 능 건설에

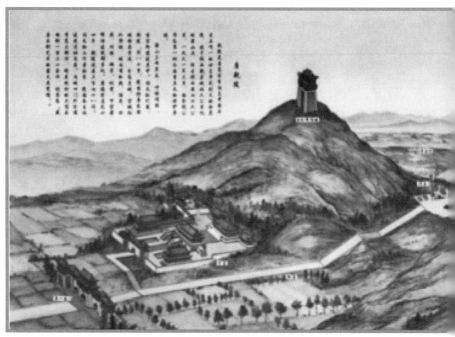

건릉의 모습 중국 산시성 셴양 지역에 위치한 당 고종 이치와 측천무후의 합장능.

무려 52년이나 걸렸다.

역대 황제들이 능 건설에 들인 시간과 규모는 모두 달랐지만 그 내부의 부장품들은 모두 화려했다. 그들은 생전에 자신이 가졌던 모든 금은보화와 부귀영화를 모두 능 안으로 가지고 들어가려고 했다. 특히 개국 황제와 왕조 중기의 황제들에게서 이러한 경향이 더욱 두드러졌다. 황제의 능에 수많은 금은보화들이 묻혀 있었기 때문에 도굴꾼들이 몰려들었다.

역대 황제들은 사후 안녕을 위해 온갖 수단과 방법을 가리지 않았다. 어떤 황제들은 능의 건설에 동원되었던 인부들을 모두 죽여 능의

위치와 내부 구조가 알려지지 않도록 입막음했다. 또한 각 기관에 능을 보호할 수 있는 조치들을 마련해 두었다. 수은과 철을 무덤으로 들어가는 통로에 붓고 능을 지키는 병사들을 곳곳에 배치했다. 그러나 역대 황제들의 무덤은 거의 모두 도굴 당했다. 『송사, 태조본기(宋史, 太祖本紀)』를 보면, "송 태조가 개보 3년 9월에 서경과 봉상(鳳翔), 옹(雄), 요(耀) 등 각지에 명령해 조사한 결과, 주나라의 문왕(文王), 성왕(成王), 강왕(康王)의 3개 능, 진시황, 한의 고조(高祖), 문제(文帝), 경제(景帝), 무제(武帝), 원제(元帝), 성제(成帝), 애제(哀帝)의 8개 능, 후위의 효문제(孝文帝), 서위의 문제(文帝), 후주의 태조, 당 고조, 태종, 중종(中

宗), 숙종(肅宗), 대종(代宗), 덕종(德宗), 순종(順宗), 문종(文宗), 무종(武宗), 선종(宣宗), 의종(懿宗), 희종(僖宗), 소종(昭宗) 등 27개의 능이 모두 도굴당했음을 발견했다."라는 기록이 있다. 섬서에 위치한 수십 개의 황릉 가운데 도굴되지 않고 완전한 모습을 보존하고 있는 능은 건릉(乾陵) 한 곳뿐이었다. 사실 건릉도 도굴꾼들이 찾아내지 못한 것은 아니었으나 워낙 견고하게 지어져 도굴하지 못한 것으로 보인다.

건릉이 이렇게 무사할 수 있었던 원인은 무엇일까. 송나라 때 정대창(程大昌)이 지은 『고고편(考古編)』에 의하면, 건릉은 건축할 때 모래를 채워 넣었고 입관한 후에는 황토가 아니라 가는 모래로 메워 도굴꾼들이 능의 위치를 파악하기가 매우 어려웠다. 설령 찾아낸다 해도 모래를 파내기가 힘들어 구멍을 뚫고 들어갈 수가 없었다고 기록하고 있다. 하지만 이것만으로는 설명이 불가능하다. 아마도 견고한 건축 방식 때문이었을 것으로 추측된다. 건릉은 양산(梁山) 기슭에 동굴을 파고 지어져 산 전체가 하나의 무덤이 되었다. 건릉의 정남방에 위치한 묘도(墓道)는 묘실까지 이어져 있는데 그 길이가 65미터에 폭이 3.87미터다. 측천무후의 관이 입관된 후에 장방형의 돌덩이로 그 묘도를 봉쇄했다. 그리고 묘실의 문에서 묘도까지 총 39층의 돌을 쌓은 뒤 돌 사이를 쇠기둥으로 고정시키고 또다시 윗물을 부어 완전히 막았다. 그런 까닭에 건릉은 철옹성이 되어 도굴꾼들에게 파헤쳐지지 않았다. 소수의 사람들이 짧은 시간 안에 이렇게 견고하게 지어진 능을 파내는 것은 거의 불가능했을 것이다. 양산은 또 천연적인 석회암으로 이루어진 산이었기 때문에 다른 곳에서 파서 들어가는 것도 불가능했다.

전란이 일어날 때마다 수많은 황릉이 도굴되었던 것을 걱정해 아예 능을 짓지 않은 황제도 있었다. 진나라와 원나라의 황제들은 모두 황릉을 짓지 않았다. 정확히 말해 황릉을 짓지 않은 것은 삼국 시대 위나라가 가장 최초다. 삼국 시대 초기 위 무제 조조가 죽은 후 생전의 유언에 따라 그의 시신을 업지(鄴地)로 옮겨 후한의 법도에 따라 능과 제단을 만들었다. 그러나 후에 그의 아들 위 문제 조비는 당시의 정국이 혼란함을 고려해 업지가 전란에 휩싸이게 되면 황릉을 보존하기가 어려울 것으로 생각하여 222년(황초 3년)에 황릉을 짓지 않고 대신 사당을 짓기로 했다. 또 그는 자신을 종묘에 묻도록 유언하고 후대에는 황릉을 짓지 말 것을 명했다.

239년(경초 3년) 정월, 위 명제(明帝)의 양자 조방(曹芳)이 8세의 나이로 황위를 계승한 후 조상(曹爽)은 조방에게 낙양에 있는 위 명제의 능에 가서 제를 올리도록 했다. 그 틈에 사마의가 궁중 내에서 정변을 일으켜 대권을 빼앗았다. 위나라는 그때부터 이미 이름뿐인 정권으로 몰락해 있었다. 사마의는 자신의 자손들이 다시는 이런 전철을 밟지 않도록 하기 위해 임종 직전에 황족이나 황손들은 황릉을 짓지 말도록 명했다. 그때부터 황릉을 높이 쌓아 올리지 못하게 되었다. 위진의 황제들은 황릉을 짓지 않았기 때문에 조조의 무덤이 어디 있는지는 아직까지 알려지지 않고 있다.

위진 시대에 황릉을 짓지 않는 것이 도굴을 당하거나 정변이 일어날 것을 두려워했던 것이 이유였다면 원나라 때는 민족 특유의 매장 관습과 관련이 있다. 『도려잡록(陶廬雜錄)』에 따르면 원나라의 장례 관습은 향나무를 두 쪽으로 갈라 안을 파내고 그 안에 시신을 넣은 다음 다시 닿아 기름칠을 한 후에 황금으로 세 군데를 봉하고 침원(寢園)의 깊은 곳에 매장했다. 그런 이유로 원나라 황제의 시신이 어디에 묻혔는지는 현재까지도 알 수 없으며, 사서에서도 기록하고 있지 않다.

　개국 황제인 칭기즈칸의 능도 예외는 아니다. 칭기즈칸은 서하 원정을 위해 고비 사막을 건너던 1226년에서 1227년 겨울에 진군을 멈추고 사냥하던 중에 말에서 떨어져 크게 다쳤다. 하지만 탕구트와 전쟁을 계속하다가 수도를 포위하고 마지막 승리를 얼마 앞둔 1227년 8월에 칭기즈칸은 병사하였다. 병사들의 사기를 떨어뜨리지 않도록 비밀리에 매장하라는 그의 유언에 따라 장례는 엄격하게 비밀에 부쳐졌고 공주와 왕공대신들만 참석했다. 따라서 칭기즈칸 무덤의 정확한 위치는 지금까지 알려지지 않고 있으며, 제사도 그의 무덤이 아니라 그가 생전에 사용하던 백색궁장(白色宮帳) 앞에서 치러졌다. 또한 수백 년 후에도 그의 무덤을 찾지 못해 사람들은 수청능원(垂靑陵園)에 있던 2개의 커다란 나무 바퀴를 가져다 놓고 그 앞에서 제사를 지냈다. 사람들은 그 바퀴가 칭기즈칸의 시신을 옮긴 수레의 바퀴라고 생각했기 때문이다. 『원조비사(元朝秘史)』에 따르면 칭기즈칸의 시신을 옮길 때 나무수레의 바퀴가 구덩이에 빠져 5마리의 백마에게 끌게 했지만 그래도 꼼짝도 하지 않았다고 한다. 이때 따르던 관리가 "하늘의 뜻을 받은 우리의 천자이시여! 천자께서 세운 나라와 천자의 황비와 황자, 천자의 고향이 모두 천자의 곁을 따르며 보호할 것입니다."라고 소리쳤다. 그러자 수레바퀴가 웅덩이에서 빠져나와 순조롭게 목적지에 도착할 수 있었다고 기록하고 있다. 그후로 그 커다란 바퀴가 칭기즈칸의 능을 상징하는 중요한 물건이 되었던 것이다.

역대 황제들의 궁전은 모두 남향으로 지어졌으며, 황릉 역시 남쪽을 향하게 지었다. 그러나 여산(驪山) 남쪽 기슭에 있는 진시황릉은 예외다. 진시황릉은 수도인 셴양(咸陽)의 도시 계획을 그대로 반영하여 설계하도록 한 것이다. 무덤 안은 병마용(兵馬俑)에 둘러싸여 묻혀 있다. 말이나 마차를 타거나 무기를 지닌 병마용들은 형상이 제각각인데 모두 동쪽을 향하고 있고 동으로 만든 마차들도 모두 동쪽을 향하고 있다. 전문가들은 여러 차례의 연구를 거쳐 진시황의 능도 동쪽을 향하고 있다는 결론을 내렸다.

진시황릉의 특이한 구조는 여러 가지 추측을 만들어냈다. 어떤 이들은 진시황이 생전에 여러 번 불로장생약을 찾기 위해 3백 명의 아이들을 동쪽으로 보냈고 자신도 여러 차례 동쪽으로 순행을 다녀왔기 때문에 죽은 후에도 동쪽을 바라보고 누워 신선과 불로약을 기다리기 위한 것이라고 했지만 일반적 견해는 아니다. 또 다른 견해는 진시황이 6국을 통일한 후 동관(潼關) 동쪽이 비옥하고 물자가 풍부하며 기후가 온화한 것을 알았다. 그래서 동쪽의 세력이 자신이 이룬 위업을 모두 짓밟고 진을 멸망시킬 것이 두려워 자신의 통치력을 과시하기 위해 5차례나 동쪽으로 순행을 나섰다. 그래서 죽은 후에도 동쪽을 바라보며 동방의 세력을 억압하기 위해 이렇게 지어졌다는 것이다. 물론 이것들은 모두 추측에 불과하며 진시황이 정말로 동쪽을 향해 누워 있을지 또 만약 그렇다면 그 진정한 이유가 무엇이었는지는 아직은 확실한 결론을 낼 수 없다.

역대 황제들은 자신의 능이 오랫동안 안전하게 보존되도록 하기 위해 온갖 방법으로 황릉을 견고하게 건설했다. 그러나 도굴꾼들에게서 자유로울 수 없었다. 도굴꾼들은 일단 황릉을 발견한 후에는 온갖 수단과 방법을 가리지 않고 무덤을 파내 보물을 훔쳐갔다. 그래서 역대 황제들의 무덤은 일부를 제외하고는 모두 심하게 훼손되었다. 그 중에서도 남송의 6명의 황제 능은 그 유골마저 심하게 훼손되었다. 고종의 영사릉(永思陵), 효종(孝宗)의 영부릉(永阜陵), 광종의 영숭릉(永崇陵), 영종(寧宗)의 영무릉(永茂陵), 이종(理宗)의 영목릉(永穆陵), 도종(度宗)의 영소릉(永紹陵)은 소흥(昭興)의 천보산(天寶山)에 위치해 있다.

1285년(원 세조 지원 22년) 8월, 강남불교의 승려들은 남송의 옛 신하들이 6릉 옆의 태녕사(泰寧寺)를 침범했다는 이유로 능을 지키는 관병들을 몰아내고 영종과 이종, 도종의 능을 파헤쳐 보물을 훔치고 시신을 훼손했다. 그들은 이종의 입 안에 귀한 구슬이 숨겨져 있다는 말을 듣고 시신을 나무에 3일간 매달아 놓았는데 그래도 구슬을 찾을 수 없자 화가 난 나머지 시신의 목을 베어 해골에 술을 담아 마셨다고 한다. 생전에 천자로서 지고지상한 지위를 누리던 황제가 죽은 뒤 해골에 술이 담기다니 어처구니없고 비참한 일이다. 승려들은 황릉 도굴의 맛을 보고 나자 3개월 후에는 고종과 효종, 광종과 그 황후의 능도 모두 파내고 묻힌 보물을 모두 훔쳤으며, 황제와 황후의 시신은 여기저기에 버려 훼손하였다.

청나라 황릉 역시 남송의 6릉과 비슷한 운명이었다. 하북 준화현(遵化縣) 하북성에 위치한 준화청동릉(遵化清東陵)은 중국에서 현존하는 가장 큰 능원으로 체계가 잘 잡힌 제왕릉묘(帝王陵墓) 중 하나다. 청나라 순치 때인 1661년에 세워졌다. 15기의 왕릉에는 모두 15명의 황

준화청동릉
중국에서 현존하는 가장 큰 능원으로, 체계가 잘 잡힌 제왕릉묘 중 하나다. 청나라 순치제 때인
1661년에 세워졌다. 2000년 유네스코에 의해 세계문화유산에 등재되었다.

제와 15명의 황후, 136명의 비빈, 2명의 공주, 3명의 왕자들을 포함
하여 모두 161명이 묻혀 있다. 중심 건축물은 황릉 5기, 즉 순치제, 강
희제, 건륭제, 함풍제, 동치제 그리고 동태후, 서태후 등 후릉(后陵) 4
기, 비원(妃园) 5기, 공주릉(公主陵) 1기가 있다.

　한 군벌의 부장이었던 손전영(孫殿英)은 이곳에 묻힌 보물을 탐내
1928년 7월에 병사들을 동원해 동릉을 겹겹이 포위하고 지뢰와 대
포 등으로 건륭제와 서태후의 황릉을 훼손하고 무덤 안에 있던 수많
은 보물을 훔쳐 갔다. 기록에 따르면 당시 능에서 훔친 보물을 운반
하는 데만 15일이 걸렸다고 한다. 또한 건륭제와 서태후의 입 안에
있는 보물을 빼내기 위해 치아를 모두 부수기도 했다. 서태후는 매장
된 지 20년에 불과해 시신이 온전하게 보존되어 있었지만 달고 있던
장신구와 가죽옷은 모두 남김없이 벗겨졌고 순식간에 동릉 전체가

진시황릉의 병마용
사마천의 기록에 따르면 진시황릉은 세상의 축소판이었다고 한다. 8천 명의 실물 크기 병사들로 이루어진 유명한 테라코타 군대는 인간의 모습을 본떠 만든 것으로 황제의 묘를 지키기 위해 진짜 창과 칼을 들고 있다. 이 군대는 진형을 펼치고 있어서 마치 막 전투를 하려는 듯하다.

참혹한 현장이 되었다. 생전에 권세가 하늘을 찔렀던 황제와 후비들이 사후에 이런 재앙을 겪게 된 것은 모두 황릉 안에 묻힌 보물 때문이었으니, 코끼리가 상아 때문에 화를 입는 것과 같은 이치다.

『한서, 유향전(漢書, 劉向傳)』에는 진시황릉의 도굴과 관련된 기록이 남아 있다. 진시황이 묘에 묻힌 지 4년째 되던 해에 항우가 대군을 이끌고 진도의 함양을 점령했다. 그들은 아방궁과 진시황릉의 지상부분을 모두 태워 버리고 30만 대군을 동원해 능을 파내 그 안의 보물을 모두 훔쳐 갔다. 그 후 한 목동이 주변에서 양을 치다가 양이 무덤에 뚫린 구멍으로 빠졌는데 양을 찾기 위해 횃불을 들고 무덤

안으로 들어갔다가 큰불이 나면서 무덤 안에 있던 관과 부장품 등이 모두 타 버렸다. 이 불은 3개월 동안이나 지속되었다고 한다. 진시황릉의 도굴과 관련된 이 기록은 2천 년간 전해져 내려오며 진실로 받아들여졌다.

그러나 1974년 우물을 파던 노인에게 진시황의 병마용이 발견된 뒤 중국의 고고학자들이 수은함량측량법 등으로 연구를 계속하였고, 1981년부터 진시황릉에 대한 발굴을 시작했다. 4년 동안의 노력 끝에 역사서의 기록과는 상반된 결론을 얻을 수 있었다. 진시황릉은 아무런 훼손 없이 완벽하게 보존되어 있다는 것이다. 물론 이 결론이 사실인지는 더욱 연구를 해야 하겠지만 현재로서는 진시황릉의 도굴 여부는 수수께끼로 남아 있다.

위치가 정확히 알려졌음에도 도굴당하지 않은 황릉들을 발굴한다면 더 많은 역사적 사실들을 밝혀내고 땅속에 묻힌 보물들도 빛을 볼 수 있겠지만 아직은 기술적인 문제로 발굴하지 못하고 있다. 능을 발굴할 때 완전하게 보존되어 있던 부장품들이 공기와 닿게 되어 급속히 산화되는 것이 안타까울 따름이다. 그러므로 앞으로 과학이 더 발전해 이런 문제점들을 해결할 수 있을 때까지는 그 지하 궁전들을 그대로 보존해 두는 편이 나을 것이다.

연호, 묘호, 시호

역사는 엄정하구나
어떤 아름다운 미사여구와 칭호로도
그들의 본모습은 가릴 수 없나니.

오늘날 대부분의 국가가 기년법(나라나 민족이 지나온 역사를 계산할 때, 과거의 어떤 특정 연도를 기원으로 하여 햇수를 헤아리는 방법)으로 서기를 사용하고 있다. 서기는 본래 기독교에서 온 것으로, 그리스도가 탄생한 해가 서기 원년(전한 평제 원시元始 원년)이 된다. 지금처럼 서기를 A.D. 라고 표시하기 시작한 것은 서기 6세기경부터다.

본래 세계 각지의 기년법은 모두 달랐다. 유럽에서는 그리스에서 처음 올림픽이 열렸던 기원전 776년을 원년으로 했고, 로마는 기원전 754년 로마성이 건축된 해를 원년으로 삼았다. 또 이슬람의 원년은 서기 622년 마호메트가 메카에서 메디나로 옮겨간 해이다. 중국의 정확한 원년은 서주(西周)의 공화(共和) 원년, 즉 기원전 841년이다.

기원전 140년 한 무제 유철은 황제에 즉위한 후 전통적으로 사용해 오던 기년법을 폐지하고 연호(年號)를 만들었다. 연호는 대부분 두 글자로 이루어지며 개원(開元), 천보(天寶) 등 길하고 상서로운 글자들로 조합된다. 아주 드물게는 세 글자나 네 글자, 혹은 여섯 글자로 된 연호도 있다. 세 글자로 된 연호는 남조의 양 무제가 제정했던 '중대동(中大同)'과 '중대통(中大通)' 그리고 전한 말기의 섭황제 왕망이 권력을 잡은 뒤에 제정했던 '시건국(始建國)' 이렇게 3개뿐이다. 네 글자로 된 연호는 19개나 되는데, 만세통천(萬歲通天), 만세등봉(萬歲登封), 대중상부(大中祥符), 대성천왕(大聖天王), 대성흥승(大成興勝), 천의치평(天儀治平), 천책만세(天册萬歲), 천안예정(天安禮定), 천우민안(天佑民安), 천우수성(天佑垂聖), 천서경성(天瑞景星), 태평흥국(太平興國), 태평진군(太平眞君), 태초원장(太初元將), 중원극복(中元克復), 연사영국(延嗣寧國), 건중정국(建中靖國), 건무중원(建武中元), 복성승국(福聖承國)이다. 여섯 글자로 된 연호는 서하의 경종(景宗)이 사용했던 '천수예법연조(天授禮法延祚)'와 서하 혜종(惠宗)이 사용했던 '천사예성국경(天賜禮盛國慶)' 2개다.

　　중국 최초의 연호는 '건원(建元)'이다. 건원 원년은 기원전 140년(일설에는 한 무제의 원정元鼎 연간(기원전 116년)이 최초의 연호이며, 그전의 연호는 모두 후대에 만들어진 것이라고도 한다)이며, 이후 각 시대별로 연호를 사용했다. 마지막 연호는 청나라 마지막 황제 푸이의 '선통(宣統)'이다(위안스카이의 '홍헌洪憲'은 연호로 치지 않는다). 2천 년의 유구한 세월 동안 모두 651개의 연호가 사용되었다. 새로운 황제가 등극할 때마다 가장 처음 하는 일은 연호를 제정하는 것이었다. 역대 연호 가운데 가장 오래 사용된 연호는 황제의 재위 기간이 가장 길었던 청나라 강희

(康熙)로 사용 기간이 무려 61년이나 된다. 사용된 기간이 가장 짧은 연호는 제정된 지 몇 시간 만에 사라진 북위의 영흥(永興)이다.

연호를 만들어 낸 것은 한 무제가 중국과 세계의 문명사에 남긴 커다란 공헌이라고 할 수 있으니 그 의미는 매우 크다. 진나라를 건국한 후 진시황은 자신이 황제의 시조, 즉 시황(始皇)이라고 자처하며, 아들을 이세(二世)라 하고 자자손손 만세까지 나라를 흥성시키겠다는 웅대한 뜻을 품었다. 하지만 한나라를 건국한 한 고조 유방은 진시황과는 달리 연호를 만들고 새로운 황제가 즉위한 해를 다시 원년으로 잡아 각 시대의 구분을 명확하게 했다. 연호가 매우 실용적이었기 때문에 한국, 일본, 베트남 등에서도 고대에는 연호를 사용했다. 위안스카이마저도 황제로 자처하면서 가장 먼저 한 일이 홍헌(洪憲)이라는 연호를 만든 것이다. 이것만 보아도 연호가 한 정권에서 얼마나 중요한 의미를 지니는지 가히 짐작할 수 있다.

그러나 역사가 발전하면서 연호는 단순히 햇수를 세는 기능 외에도 나라의 흥성을 축원하는 기능을 가졌고, 한 나라가 건국되거나 커다란 사건이 일어날 때 새로운 연호로 바꾸기도 하였다. 연호를 바꾸는 것을 개원(改元)이라고 한다. 어떤 황제는 이유도 없이 연호를 바꾸는 것을 좋아했고, 재위 기간이 길면 연호를 쉴 새 없이 갈아 치웠다. 연호를 창시한 한 무제는 54년의 재위 기간 동안 11번 바꾸었으니, 평균 5년에 한 번 꼴로 개원한 셈이다. 그의 뒤를 이어 즉위한 황제들도 3, 4년에 한 번씩 연호를 바꾸었다. 심지어 당 고종은 재위 기간 34년 동안 15번이나 개원을 했으며, 측천무후는 16년밖에 안 되는 재위 기간 동안 18번이나 연호를 바꾸었다. 그녀가 사용했던 연호

가운데 사용 기간이 가장 긴 것은 4년이었고, 대부분 1년에 1번 혹은 2, 3번 바꾸었다. 측천무후는 서기 695년 정월에 연호를 연재(延載)에서 증성(證聖)으로 바꾸더니, 9월에 또 천책만세(天册萬歲)로 바꿨으며, 12월에 또다시 만세등봉(萬歲登封)으로 개원했다. 그리고 이듬해 3월에 또 만세통천(萬歲通天)으로 바꿨다. 이보다 더 심했던 황제는 북위의 마지막 황제인 효무제(孝武帝)로 그는 하루에도 몇 번씩 연호를 바꿨다. 그는 서기 532년 4월에 즉위하면서 연호를 태창(太昌)이라고 제정했는데, 12월에 영흥(永興)으로 바꿨다. 그리고 연호를 바꾼다는 어명이 궁궐 문을 나서자마자 또다시 영희(永熙)로 개원했다. 연호 바꾸기를 무슨 놀이쯤으로 생각한 듯싶다.

연호는 이렇게 수시로 바뀌면서 본래의 의미를 상실하게 되었고 명대에 가서야 본래 기능이 회복되었다. 명 홍무제는 일생 동안 단 하나의 연호만을 사용했고, 그 후 청대에 이르기까지 28명의 황제들 가운데 숭덕제가 2개의 연호를 사용한 것을 제외하면 모두들 재위 기간 동안 하나의 연호만을 사용했다. 따라서 오늘날 중국에서는 명대와 청대의 황제들을 부를 때, 홍무(洪武), 가정(嘉靖), 강희(康熙), 건륭(乾隆) 등 연호만으로 부르곤 한다. 명과 청을 제외하고는 연호를 가지고 황제를 대신할 수 없을 정도로 너무나도 혼란스럽게 사용되었다.

연호를 세우는 것은 새로운 정권을 세웠다는 하나의 상징이기 때문에 지방에서 군웅이 할거하던 시대와 크고 작은 봉기가 일어나 지방에 새로운 소정권들이 세워졌을 때 그들도 나름대로의 연호를 사용했다. 그러므로 같은 연호가 쓰인 경우도 있는데 사용된 기간이 짧게는 수십 년에서 길게는 1천여 년의 차이가 있다. '태평(太平)'의 경우에는 무려 8번이나 쓰였다. 가장 처음 사용되었던 때는 삼국 시대 오나라의 회계왕(會稽王) 손량(孫亮) 때인 서기 256년~258년이며, 그 후로 진(晉), 북연, 남조의 양(梁), 수(隋), 요(遼) 등에서도 사용되었다. 마지막으로 사용된 시기는 원나라 말기 홍건군의 수령이었던 서수휘(徐壽輝)가 사용했던 서기 1356년~1358년이다.

동일한 연호가 여러 번 사용되면 시기를 구분하기가 어려워진다. 예를 들어 '영평(永平)'이라는 연호가 새겨진 유물을 발견했다면, 그 유물이 어느 시대의 것인지 확실하게 알 수가 없다. 후한의 명제 때(서기 57년~75년)일 수도 있고 서진의 혜제 때(서기 291년), 혹은 북위의 선무제(宣武帝) 때(서기 508년~512년)일 수도 있다. 그도 아니면 전촉의 고조 왕건 때(서기 911년~915년)일 가능성도 있다. '영평'이라는 연호가 사용되었던 시기들 간에 거의 1천 년의 차이가 존재하는 것이다.

역대 황제들은 연호를 제정하면서 길하고 상서로운 의미의 글자들을 골랐다. 새로운 연호를 제정하는 것은 조정의 대사 중 하나였기 때문에 신중을 기했다. 대신들과 문인학사들이 논의해 황제에게 좋은 연호를 올렸다. 송 태조 조광윤은 '건덕(乾德)'이라는 연호를 제정하면서 지금까지 전혀 사용된 적이 없는 연호라고 생각했다. 그런데 후에 거울에 '건덕'이라는 글자가 새겨져있는 것이 발견되었다. 알아보니 전촉의 후주 왕연이 사용했다는 사실을 알았다. 송 태조는 "재상들이 모두 학식이 뛰어난 사람들이거늘 사용한 적이 없고 길한 뜻을 가진 연호를 만든다는 것이 이리도 어려울 줄이야."라고 탄식했다는 기록이 전해지고 있다. 청나라 때 사학자 조익(趙翼)은 명나라에서 사용하는 '영락(永樂)', '천순(天順)', '천계(天啓)' 등의 연호가 모두 이전에 수없이 사용된 것들이라며 이런 연호를 사용하면 후대에 웃음거리가 될 것이라고 한 적도 있었다. 연호는 중복되지 않아야 할 뿐더러 좋은 의미를 가지고 있어야 했기에 제정하는 데 더욱 어려움이 있었다.

지금까지 사용된 수많은 연호들 가운데 불길한 뜻을 담고 있는 것들도 간혹 보인다. 북제의 개국 황제 문선제가 사용했던 '천보(天保)'는 제정할 당시에는 '상천보호(上天保護)', 즉 하늘이 보우(保佑)한다는 의미에서 지어졌지만 훗날 사람들은 이 연호가 불길한 징조였다고 여겼다. '천보(天保)'라는 두 글자를 풀어 보면 '一大人只十(큰 사람 하나가 10(년)뿐이리)'이 되므로, 결과적으로 문선제가 즉위한 지 불과 10년 만에 병으로 세상을 떠났다는 것이다. 정말 우연의 일치가 아닐 수 없다. 이외에도 비슷한 경우가 여러 번 있다. 북제의 후주 고위(高緯)는 '융화(隆化)'라는 연호를 사용했는데, 그는 훗날 북주에 포로로 잡혀 생을 마감했고 후대 사람들은 연호의 글자가 불길했다고 했다. 송나라 때도 이와 비슷한 일이 있었다. 1126년(정강靖康 2년) 12월, 정강지변(靖康之變)이 발생했는데, 이 정강(靖康)이라는 두 글자를 풀어 보면 공교롭게도 '十二月立康(12월에 강康이 일어나리)'이 되니, 정말로 하늘에서 이미 정한 일이었을까 궁금해지기까지 한다. 한자는 조합된 글자들이 많아서 하나씩 떼어 내면 그 뜻은 본래의 뜻과 완전히 달라진다. '정(正)' 자도 분리해 보면 '一而止(하나로써 그친다)'가 되니, 하루아침에 끝날 운명이라 하여 불길한 글자로 여겨졌다. 하지만 이 정(正) 자가 연호에 사용된 경우는 수없이 많다. 원 혜종의 지정(至正),

명 영종의 정통(正統), 청 세종의 옹정(雍正) 등에 모두 정(正) 자가 들어가지만 그 황제들은 비참하게 몰락하지 않았다. 한 시기의 흥망성쇠와 연호 사이에 직접적인 관계는 없으며, 이런 이야기들은 그저 후대 사람들이 지어낸 것에 불과하다.

연호는 때로는 다른 용도로 쓰이기도 했다. 중국의 4대 도자기 산지 중의 하나인 경덕진(景德鎭)은 본래 창덕진(昌德鎭)이라는 명칭이었지만, 송 진종(眞宗)이 경덕 연간에 경덕진으로 개명한 것이다. 유명한 공예품인 경태람(景太藍)도 본래 명칭은 '동태겹사법랑(銅胎掐絲琺瑯)'이었다. 자주색 동으로 태(胎)를 만들고 구리철사로 각종 꽃문양을 새긴 후 다시 법랑 유약을 채워 넣고 구워 낸 것이기 때문이다. 그런데 이 공예법이 명나라 경태(景太) 연간에 크게 유행하면서 이를 '경태람'이라고 부르게 되었다.

시호(諡號)는 황제가 붕어한 후에 조정이나 후대 사람들이 황제의 생전 업적을 평가해 붙이는 칭호다. 시호가 처음 생긴 것은 주나라 때이며, 진시황이 폐지했다가 한나라부터 다시 사용되었다. 시호는 『시법(諡法)』에 의해 정하는데 시법은 서주에서 시작되어 여러 차례 수정을 거쳐 송나라 때 『시서(諡書)』로 편찬되었다. 『시법』은 역대 통치자들을 존중하기 위해 만들어진 것으로서, 168시(諡)와 311조(條)로 구성되어 있다. 시호는 세 가지로 분류할 수 있는데, 신(神), 성(聖), 현(賢), 덕(德), 명(明), 문(文), 무(武) 등 칭송하는 의미의 글자와 영(靈), 려(厲), 축(丑), 양(煬), 려(戾), 혜(慧), 무(繆) 등 비판하는 의미의 글자, 그리고 도(悼), 상(傷), 애(哀), 회(懷), 유(幽), 상(殤) 등 동정하는 의미의 글자가 있다. 『시법』에는 시호로 쓸 수 있는 글자와 글자가 담고 있는 의미를 규정해 두었다. '문(文)'은 글에 뛰어남, '현(賢)'은 인의를 앎, '양(煬)'은 예의 바름, '려(厲)'는 무참한 학살 등을 나타낸다.

황제의 시호는 대부분 예관에서 제정하고 새로 즉위한 황제의 허가를 받아 선포했다. 시호는 죽은 황제에 대한 평가와 새로 즉위한 황제에 대한 충고를 담고 있으며, 고를 때에는 보통 그 황제에게 필요했던 것을 선택했다. 그래야만 진정한 시호였기 때문이다. 후한 헌제(獻帝) 유협(劉協)은 나라를 멸망시킨 황제였지만, 그가 죽은 후에는 명석하고 지혜롭다는 의미의 '헌(獻)'이 시호로 봉해졌다. 황제의 시호는 기본적으로 한 글자였으나 가끔은 두세 글자가 되기도 했다. 특히 한나라 이후에는 효문제(孝文帝), 효무제(孝武帝) 등 두 글자로 된 시호가 비교적 많았다.

황제의 시호 앞에는 또 묘호(廟號)라는 것이 붙게 된다. 묘호란 황제가 붕어한 후 태묘(太廟)에 안장될 때 사용하는 칭호다. 묘호가 처음 만들어진 것은 상(商)나라 때였으며 진나라에 와서 폐지되었다가 한나라 때 다시 부활되었다. 고대에는 역대 황제에게 제사 지내는 곳을 태묘라고 불렀는데, 상나라와 주나라에 7개의 묘(廟)가 있었다. 한나라 때는 모두 176개나 되었고 묘 하나에 황제 한 명를 모시던 것이 위진남북조 시대 이후에는 묘 하나에 여러 황제를 모시도록 바뀌었고, 당나라 때는 묘 하나에 9명의 황제를 모시도록 정해졌다. 명나라와 청나라 때는 이 밖에도 따로 조묘(祧廟)를 세워 원조(元祖)를 모셨다.

황제가 붕어하면 태묘에 모셔졌고 묘호를 봉했다. 한나라 때부터 각 나라마다 첫 황제를 태조(太祖), 고조(高祖) 혹은 세조(世祖)에 봉했고, 그 다음 황제를 태종(太宗), 세종(世宗) 등으로 봉했다. 한 경제(景帝)가 즉위했을 때에는 신하들이 고황제(高皇帝)의 공이 가장 크고, 효문황제(孝文皇帝)의 덕이 가장 높다며, 고황제의 묘를 태조지묘(太祖之廟)로 고치고, 효문황제의 묘를 태종지묘(太宗之廟)라고 고칠 것을 간언한 적도 있다. 한나라 때는 황제의 묘호를 선정하는 데 매우 신중을 기했기 때문에 묘호가 봉해지지 않은 황제들도 적지 않았다. 하지만 이후에는 그다지 엄격하지 않았고, 특히 당나라 이후에는 당 현종(唐玄宗), 당 무종(唐武宗), 송 인종(宋仁宗), 송 휘종(宋徽宗), 명 광종(明光宗), 명 사종(明思宗), 청 세종(淸世宗), 청 덕종(淸德宗) 등 기본적으로 종(宗) 자를 붙여서 묘호를 정했다.

묘호는 시호의 앞에 붙이는 것이 일반적이었는데, 시호와 함께 황제를 칭하는 전체 명칭이 되었다. 한 무제 유철의 전칭은 '세종효무황제(世宗孝武皇帝)'인데, 세종이 그의 묘호이며, 효무는 시호다. 수양제 양광은 양(煬)이라는 시호만 있을 뿐 묘호는 없다.

당나라 때부터는 묘호와 시호 외에도 황제에게 존호(尊號 혹은 徽號)가 붙여졌다. 생전에 존호가 있었듯이 사후에도 존호를 따로 봉했다. 생전에 사용하던 존호는 신하가 황제에 대한 존경을 표시하기 위한 것으로 조정의 경사가 있을 때마다 신하들이 황제에게 올리는 칭호였다. 당 현종 이융기는 739년(개원 27년)에 '개원성문신무황제(開元聖文神武皇帝)'라는 존호를 받았다. 가장 전형적인 예는 아마도 청나라의 서태후일 것이다. 그녀는 동치제에게 처음으로 '자희(慈禧)'라는 존호를 선사받은 뒤, 조정에 경사가 있을 때마다 존호를 받아 나중에는 존호가 '자희단우강이소예장성수공흠헌숭희황태후(慈禧端佑康頤

昭豫庄誠壽恭欽獻崇熙皇太后)로 19자까지 늘어났다. 하지만 존호를 받는 것을 싫어하는 황제들도 있었다. 청의 강희제는 신하들이 여러 차례 존호를 올렸지만 받지 않았고, 60세가 되는 생일에도 존호를 거절했다. 건륭제도 생전에는 존호를 받지 않았고 죽은 뒤에 존호가 붙여졌지만 이는 엄밀히 말해 시호다. 한 황제에게 여러 번 존호를 붙이니 황제의 존호는 점점 길어졌다. 당 고조 이연은 635년(정관 9년) 5월에 붕어했는데, 같은 해 10월에 '대무황제(大武皇帝)'라는 시호가 봉해지고, 고조로 묘호가 봉해졌으며, 674년(함형 5년) 8월에 또다시 '신요황제(神堯皇帝)'라는 존호가 붙었고, 749년(천보 8년) 6월에 '신요대성황제(神堯大聖皇帝)'가 되었고, 754년 2월에는 '신요대성대광효황제(神堯大聖大光孝皇帝)'로 봉해졌다. 존호를 자꾸 붙인 결과 후대로 내려갈수록 황제들의 시호는 점점 더 길어졌다. 당대에 가장 긴 시호는 선종(宣宗) 이침(李忱)으로 모두 20자였다. 송대에는 이런 현상이 더욱 심해져 시호가 대부분 20자 이상이었다. 명 태조인 주원장의 시호는 무려 23자나 되었고, 청 태조 누르하치의 시호는 역사상 가장 긴 27자였다. 황제의 시호가 너무 길어지자 후대 사람들이 부르기 어렵게 되었다. 그리하여 당대 이전의 황제들을 부를 때에는 한 고조, 한 무제, 수 양제 등 묘호를 제외한 시호만을 부르고, 당대 이후의 황제들은 당 현종, 송 태조, 송 휘종 등 묘호로 부른다. 그리고 명과 청대 황제들은 영락제, 가정제, 강희제, 옹정제 등으로 대부분 그 연호를 따서 부른다.

〈중국의 역사 연대표〉

왕조			시기
하(夏)			BC21세기 ~ BC16세기
상(商)			BC16세기 ~ BC1046년
주(周)	서주(西周)		BC1046년 ~ BC771년
	동주(東周)	춘추(春秋)	BC771년 ~ BC476년
		전국(戰國)	BC475년 ~ BC221년
진(秦)			BC221년 ~ BC206년
한(漢)	전한(前漢)		BC206년 ~ AD8년
	후한(後漢)		AD25년 ~ 220년
삼국(三國)	위(魏)		220년 ~ 265년
	촉(蜀)		221년 ~ 263년
	오(吳)		222년 ~ 280년
진(晉)	서진(西晉)		265년 ~ 316년
	동진(東晉)		317년 ~ 420년
5호16국(五胡十六國)			304년 ~ 439년
남북조(南北朝)	남조(南朝)	유송(劉宋)	420년 ~ 479년
		남제(南齊)	479년 ~ 502년
		남량(南梁)	502년 ~ 557년
		후량(後梁)	555년 ~ 587년
		남진(南陣)	557년 ~ 589년
	북조(北朝)	북위(北魏)	386년 ~ 534년
		동위(東魏)	534년 ~ 550년
		서위(西魏)	535년 ~ 556년
		북제(北齊)	550년 ~ 577년
		북주(北周)	557년 ~ 581년

왕조		시기
수(隋)		581년~618년
당(唐)		618년~907년
오대십국 (五代十國)	후량(後梁)	907년~923년
	후당(後唐)	923년~936년
	후진(後晉)	936년~946년
	후한(後漢)	947년~950년
	후주(後周)	951년~960년
	십국(十國)	902년~979년
송(宋)	북송(北宋)	960년~1127년
	남송(南宋)	1127년~1279년
요(遼)		907년~1125년
서하(西夏)		1032년~1227년
금(金)		1115년~1234년
원(元)		1271년~1368년
명(明)		1368년~1644년
청(淸)		1636년~1912년
중화민국(中華民國)		1912년~1949년
중화인민공화국(中華人民共和國)		1949년 10월 01일

황제들의 숨겨진 중국사

지은이 ı 장위싱   옮긴이 ı 허유영
펴낸이 ı 최병섭   펴낸곳 ı 이가출판사
초판 1쇄 발행 ı 2017년 1월 3일
출판등록 ı 1987년 11월 23일
주소 ı 서울시 영등포구 도신로 51길 4
대표전화 ı 716-3767   팩시밀리 ı 716-3768
E-mail ı ega11@hanmail.net
정가 ı 16,000원
ISBN ı 978-89-7547-113-1 (03910)